Gen… CLERC

50 modèles de résumés de textes

MARABOUT

INTRODUCTION

Du charbon au diamant,
il n'y a qu'une différence de densité.
Mila Fata

Ce livre est centré sur le seul problème du résumé, le problème de l'analyse et de la synthèse de documents n'y étant évoqué que brièvement.

Nous procédons en trois temps correspondant aux trois grandes parties :

1. LES PRINCIPES ;
2. LA MÉTHODE ;
3. L'ENTRAÎNEMENT.

Dans la partie « Les Principes », nous expliquons ce qui vous est demandé en nous appuyant sur les textes officiels qui définissent l'épreuve. Il s'agit de quelques principes très simples, mais ceux qui les ignorent vont immanquablement à l'échec.

La partie « La Méthode » est une explication par l'exemple. Notre expérience de correcteur nous permet de dire avec précision ce qu'il faut faire et ce qu'il faut éviter. Cette partie est articulée en quelques chapitres qui correspondent aux principaux problèmes que rencontre l'apprenti résumeur. Elle permet, en particulier, de montrer que si notre titre parle de « *modèle* », il se réfère à une conception ouverte du modèle. Il n'existe jamais une seule manière de résoudre intelligemment un problème.

Enfin, la partie « Entraînement » se réfère volontairement à un terme sportif. Le résumé est une technique qui ne peut s'améliorer que par l'exercice répété.

Ce livre est véritablement un outil d'apprentissage permettant un progrès dans ce type d'épreuve quel que soit le niveau. Mais, pour véritablement progresser, VOUS DEVEZ FAIRE LE RÉSUMÉ AVANT DE LIRE LE CORRIGÉ. Nous ne disons pas que ce livre sera tout à fait inutile si vous vous contentez de le lire. Mais les conseils de la partie « La Méthode » ne seront vraiment profitables que si vous vous êtes au préalable confronté avec le texte.

Le résumé est un exercice très utile qui apprend à lire et à écrire et qui n'est en rien incompatible avec la formation d'une pensée personnelle. Rousseau se faisait des sortes de résumé des grandes œuvres qu'il étudiait et apprenait par cœur. Il pouvait ainsi se promener dans la nature avec en tête tout un arsenal d'idées pour servir d'aliment à sa réflexion. Cette méthode ne l'a pas empêché de devenir un philosophe profondément original.

SOMMAIRE

Introduction 5

LES PRINCIPES

1. Qu'est-ce qu'un résumé 13

2. Comment faire un mauvais résumé 17

3. Comment faire un bon résumé 21

4. Conseils pratiques 35

5. La présentation des copies 41

6. Le jour de l'examen 47

LA MÉTHODE

1. Dégager l'idée principale 55

Exemple n° 1 : « L'exil intérieur », Roland Jaccard 59

Exemple n° 2 : « La fin et les moyens », Gilbert Cesbron 67

Exemple n° 3 : « L'amour d'une mère », Albert Cohen 74

Exemple n° 4 : « Faire des expériences », Célestin Freinet 78

2. Travailler sur le texte 85

Exemple n° 1 : « La fin et les moyens », Gilbert Cesbron 88

Exemple n° 2 : « Éloge de l'âge », Christian Combaz 93

Exemple n° 3 : « Les foyers de l'histoire », Marc Ferro 103

3. Visualiser la structure 113

Exemple n° 1 : « Les nouveaux bureaucrates », Michel Crozier 115

Exemple n° 2 : « Les nouveaux paysans », Henri Mendras 124

Exemple n° 3 : « Les grandes inventions », Gérald Messadié 134

Exemple n° 4 : « L'habit fait le skieur », Annie Kahn 147

Exemple n° 5 : « Fonction politique de la manifestation », Pierre Favre 158

Exemple n° 6 : « Les risques pédagogiques de l'informatique », Bruno Lussato 169

Exemple n° 7 : « Le despotisme démocratique », Alexis de Tocqueville 180

4. Le traitement des exemples 195

Exemple n° 1 : « Violence sur les stades », Michel Platini 196

Exemple n° 2 : « Les emprunts culturels », Michel Leiris 203

Exemple n° 3 : « Le coût de la santé », René Lenoir 212

5. Organiser des paragraphes 221

Exemple n° 1 : « Pour de nouveaux critères économiques », René Lenoir 232

Exemple n° 2 : « Bucéphale », Alain 238

Exemple n° 3 : Trois paragraphes sur les problèmes du journalisme, Jean Lacouture ... 245

6. L'enchaînement des paragraphes 251

Exemple n° 1 : « Le risque écologique », Patrick Lagadec 257

Exemple n° 2 : « Grandeurs naturelles et grandeurs d'établissement », Blaise Pascal 267

Exemple n° 3 : « La nature n'est pas toujours bonne », Norbert Bensaïd 274

7. Peut-on reprendre les mots du texte ? 281

Exemple n° 1 : « Les effets de la privation de travail sur le chômeur », Georges Friedmann 292

Exemple n° 2 : « Le machiavélisme tel qu'on l'imagine », Claude Lefort 298

Exemple n° 3 : « La trahison des clercs », Julien Benda 305

Exemple n° 4 : « De l'esclavage », Jean-Jacques Rousseau 315

L'ENTRAÎNEMENT

1. Entraînement et exercices 323

2. Autres types d'exercices 331
L'analyse 331
La synthèse de documents 336
La contraction croisée 338

3. La maîtrise de la langue 339

4. L'acquisition d'une culture générale 341

Index des auteurs étudiés 343
Index des problèmes de méthode 345
Index des matières 347

Les titres donnés aux extraits ont été, sauf exception, choisis par nous.

Quand nos sous-titres indiquent, par exemple, « Résumé en 200 mots », cela ne signifie pas que le résumé a exactement 200 mots, mais indique seulement que le résumé se trouve dans les limites autorisées par un sujet demandant un résumé en 200 mots.

LES PRINCIPES

1. Qu'est-ce qu'un résumé
2. Comment faire un mauvais résumé
3. Comment faire un bon résumé
4. Conseils pratiques
5. La présentation des copies
6. Le jour de l'examen

1
QU'EST-CE QU'UN RÉSUMÉ

Il importe avant tout de connaître les principes fondamentaux sur lesquels repose cet exercice.

La réduction d'un texte de départ

Vous êtes en présence de ce que nous appellerons désormais le *« texte de départ »*. Il s'agit, comme on aurait pu le deviner, de condenser, de réduire ce texte de départ. Cet exercice est d'ailleurs parfois appelé la *« contraction de texte »*.

La première question qui se pose est de savoir dans quelle proportion doit être effectuée cette réduction du texte de départ. La réponse vous est le plus souvent donnée dans le libellé du sujet. Ce libellé précise le nombre de mots que doit comporter le résumé. Nous verrons plus loin les règles à appliquer pour le décompte des mots et les limites dans lesquelles il est possible de s'écarter du nombre imposé.

L'absence d'idées personnelles

Le résumé a pour but d'évaluer votre aptitude à rendre compte de la pensée d'autrui. Vous devez donc vous effacer derrière l'auteur que vous résumez. Il ne faut ni déformer sa pensée, ni en omettre des éléments essentiels, ni y ajouter du vôtre. Vous rendez compte, sans plus.

Vos idées personnelles, vous aurez l'occasion de les exprimer dans la discussion, mais elles ne doivent pas apparaître dans le résumé. Il vous suffit de rendre compte en abrégeant.

Parler comme si on était l'auteur du texte de départ

Serait-il possible de rendre compte du texte *« en troisième personne »*. Cela consisterait à se trouver dans la situation d'un journaliste rendant compte d'un document. Vous seriez, dans ce cas, amené à employer des tournures du type *« Dans ce texte extrait de... l'auteur affirme... »* ; *« L'auteur revient sur l'idée... »*, etc.

Il faut absolument, même au début du résumé, éviter cette procédure. Vous êtes l'auteur à qui on a demandé de dire la même chose en moins de mots.

Il n'y a donc pas besoin de formules d'introduction. Vous résumez tout simplement *comme si vous étiez l'auteur*.

Rendre le mouvement du texte

Le bon résumé rend le mouvement de la pensée qu'un lecteur compétent perçoit dans le texte de départ. L'auteur, souvent, pose un problème, en expose les données et aboutit à une conclusion. Sa pensée progresse selon tel ou tel cheminement. Il s'agit de retrouver cette progression. On exprime cette option en disant que le résumé *« suit le texte »*.

Il n'est donc pas utile de s'ingénier à déplacer les éléments du texte de départ, de mettre au début du résumé ce qui se trouve à la fin du texte ou vice versa.

Et là réside la grande difficulté du résumé. Il faut rendre le mouvement du texte, mais il importe de ne pas le *« démarquer »*. Tout le secret du résumé réside dans cette distinction. Vous trouverez dans les pages qui suivent des conseils qui vous permettront d'éviter la tentation toujours fatale du démarquage. Le résumé doit être une synthèse et non un simple exercice de marqueterie.

Nous appelons démarquage la technique consistant à :

— reprendre des fragments du texte et à les agencer ;
— reprendre des fragments ou des structures de phrase en se contentant de changer quelques mots ;
— résumer le nez sur le texte, paragraphe par paragraphe ou phrase par phrase.

Le résumé est un condensé du texte de départ, dans des proportions imposées, mis en forme par un rédacteur qui s'exprime comme s'il était l'auteur et qui rend le mouvement d'ensemble du texte.

2
COMMENT FAIRE UN MAUVAIS RÉSUMÉ

Oui, vous avez bien lu le titre ci-dessus. Nous allons évoquer la méthode pratiquée par huit candidats sur dix et qui, à coup sûr, débouche sur un mauvais résumé.

Le résumé paragraphe par paragraphe

Nous envisagerons plusieurs situations. Le texte peut tout d'abord être très aéré et comporter un grand nombre de paragraphes, une dizaine et même une douzaine. Le candidat se contente de résumer paragraphe par paragraphe et, si le texte de départ comporte dix paragraphes, il propose un résumé qui en a, de même, dix. Cette méthode est mauvaise car elle aboutit à un résumé éclaté.

Et là apparaît déjà une première règle. *On ne doit pas sentir, en lisant le résumé, qu'il s'agit d'un résumé.* La pensée doit se suivre, les idées s'enchaîner, comme dans un texte normal. Les matériaux doivent être répartis en paragraphes, mais il doit s'agir de paragraphes consistants et qui, pour chacun d'entre eux, correspondent à une unité de sens. Lorsque le texte de départ est constitué d'un grand nombre de paragraphes, le rédacteur du résumé doit donc, pour éviter le démarquage, procéder à des regroupements permettant de mettre en évidence les principales unités de sens.

Le résumé paragraphe par paragraphe, qui comporte autant de paragraphes que le texte de départ, est donc à éviter, sauf dans les cas assez rares où le texte de départ ne comporte que trois ou quatre paragraphes très consistants et qui correspondent aux grandes unités de sens.

Le résumé en miettes

Le résumé paragraphe par paragraphe aboutit, le plus souvent, à un résumé en miettes, mais d'autres procédures débouchent sur un résultat du même type. Certains avancent dans le texte de départ comme une souris dans un fromage. Et, au fur et à mesure de cette progression, ils produisent des phrases qu'ils se contentent de juxtaposer. D'autres barrent dans le texte de départ un certain nombre d'éléments et, pour faire leur résumé, ils recopient simplement les éléments qui ont survécu.

Toutes ces méthodes qui consistent à faire le résumé le nez sur le texte s'apparentent à ce que nous appelons le résumé « *bête* ». Dans tous les cas, le candidat croit à tort qu'il peut obtenir un bon résultat sans avoir à penser. De ce fait, la pensée est effectivement absente de son résumé. Celui-ci se présente comme un simple tas de phrases, une juxtaposition d'idées sans aucun principe directeur et dans lequel, bien sûr, il est impossible de percevoir la moindre progression.

Il faut donc, comme nous allons le voir plus loin, procéder autrement. Le texte ne doit pas être démarqué. Il est indispensable qu'il soit *repensé*.

Le résumé compact

A l'opposé du résumé en miettes, où le rédacteur va à la ligne à chaque phrase, se rencontre le résumé se présentant comme un gros pavé compact, sans le moindre alinéa. Bien qu'il ne soit pas émietté dans sa forme, ce résumé peut cependant être du type de ceux que nous venons d'évoquer. Il est « *en miettes* » du point de vue intellectuel. Il peut s'agir aussi, cela arrive, d'un bon résumé, mais dont la lecture est rendue difficile du fait d'une présentation déficiente.

On veillera donc toujours à répartir les matériaux en quelques paragraphes perceptibles dès le premier coup d'œil.

Ce conseil vaut pour les résumés ayant la longueur habituelle (environ 200 mots). Pour un résumé de 50 mots, il est préférable de faire un résumé « monobloc ».

Le bon résumé devant rendre le mouvement d'ensemble du texte de départ, il faut éviter tout ce qui s'apparente à un simple démarquage. Il faut éviter le résumé bête fait le nez sur le texte.

3

COMMENT FAIRE UN BON RÉSUMÉ

On ne fait donc pas un bon résumé le nez sur le texte. Tout au contraire, on ne fait un bon résumé que si, au moment où l'on rédige, on ne regarde plus le texte. Mais n'anticipons pas.

Le conseil fondamental est le même que celui donné par les professeurs de langue à leurs étudiants apprenant à faire des versions.

La méthode *« bête »* est celle de l'étudiant débutant qui, dès qu'il reçoit son texte, fonce tête baissée et se met à traduire les premières lignes. Le professeur de langue déconseille formellement cette pratique. Il ne faut commencer à traduire qu'après avoir pris connaissance de l'ensemble du texte, qu'après en avoir eu une perception globale.

Il faut procéder de même pour le résumé, en allant même plus loin, puisque, avant de passer à la rédaction, il est indispensable de faire le plan du texte.

Tout le texte. Rien que le texte.

Il ne faut rien ajouter au texte, mais il ne faut rien retrancher de ce qui est essentiel. L'exercice consiste à éliminer l'accessoire et à conserver la totalité de ce qui est essentiel. On n'est donc pas autorisé, dans le souci d'économiser des mots, à laisser de côté un pan entier du texte.

Cette remarque vaut surtout pour la conclusion car l'omission de la conclusion de l'auteur est un cas de figure qui se présente souvent. Le candidat a fait un résumé correct ; on suit bien la pensée de l'auteur du texte, mais la conclusion de cet auteur manque dans le résumé. On imagine sans peine que le rédacteur du résumé, ayant épuisé le quota de mots qui lui était alloué, n'est pas allé jusqu'au bout de son effort et a omis de rendre compte des dernières lignes du texte.

Il s'agit là d'une faute relativement grave et donc sanctionnée en conséquence. L'auteur a pris la peine de faire une démonstration de deux ou trois pages pour aboutir à une conclusion et cette conclusion manque dans le résumé. Ce résumé n'a donc pas rendu le mouvement du texte puisqu'est omis l'élément le plus important, le point d'arrivée.

Un résumé axé sur l'essentiel

Pour bien percevoir le problème essentiel autour duquel sera organisé le résumé, nous conseillons la procédure suivante : essayez de résumer la totalité du texte en une seule phrase.

Nous déconseillons de faire figurer cette phrase au début du résumé. Puisqu'on a le souci de rendre le mouvement d'ensemble du texte, il n'est pas bon d'anticiper dès la première ligne sur la conclusion. Cette phrase ne figurera même pas à l'intérieur du résumé. L'effort requis pour la formuler a pour objectif de vous aider à prendre conscience de ce qui est essentiel dans l'exposé de l'auteur.

Ce travail se fera parallèlement à l'établissement du plan puisque ce qui est essentiel ne peut être perçu que par une personne ayant déjà une bonne connaissance du texte.

Suivre l'ordre du texte

Puisqu'il s'agit de mettre en évidence le mouvement de la pensée de l'auteur, il va de soi que le résumé doit suivre l'ordre du texte. Pourtant, cette prescription doit être nuancée car il importe là encore de ne pas tomber dans le démarquage.

Quand le texte de départ va d'un point A à un point D, en passant par des points B et C, le résumé doit faire de même. Il faut donc éviter, par souci d'originalité, de commencer son résumé par la conclusion du texte ou d'opérer des translations inutiles.

Pourtant, s'il faut suivre l'ordre du texte en gros, on n'est pas obligé de le faire dans le détail. Nous insisterons sur la nécessité d'avoir des paragraphes cohérents et structurés axés sur les grands centres d'intérêt. Pour obtenir de tels paragraphes, il est parfois nécessaire de déplacer des éléments ou d'en regrouper. On est autorisé à le faire à l'intérieur d'un centre d'intérêt. Cela s'impose, en particulier, pour éviter une répétition. L'auteur qui dispose de trois pages peut se permettre de revenir sur une question déjà abordée, mais, dans le cadre étroit du résumé, la chose n'est pas possible. La structure d'ensemble doit l'emporter sur le détail.

Faire le plan du texte

La première question que doit se poser le candidat est : *combien mon résumé aura-t-il de paragraphes ?*

Nous savons déjà que ces paragraphes ne doivent pas être trop nombreux et que le résumé ne doit pas se présenter comme un pavé compact. Le résumé comportera un nombre relativement restreint de paragraphes, trois, quatre, à la rigueur cinq. Au-delà, il faut voir s'il n'est pas possible de procéder à des regroupements.

Ces paragraphes seront consistants. Chacun d'entre eux correspondra à une unité de sens. Mais, à combien de paragraphes va-t-on s'arrêter pour un texte donné ? Pour déterminer ce nombre, il est indispensable de *faire le plan du texte*.

Cela veut dire que, pour un temps, on va s'éloigner de l'objectif prioritaire — la rédaction du résumé — pour y revenir ensuite. Ce qui demande un effort sur soi-même, puisque pendant une demi-heure, il va falloir faire autre chose que ce qui apparaît comme la tâche la plus urgente. Mais cette aptitude à savoir différer l'action visée pour mieux y revenir est le propre de l'activité intelligente.

Avec un peu d'expérience, il n'est même plus nécessaire de transcrire ce plan sur le papier sous la forme d'un schéma quelconque. Mais, dans la phase d'apprentissage, il vaut mieux s'astreindre à le faire.

Dans la partie relative aux exemples commentés, on trouvera un certain nombre d'exemples de ces schémas qu'il faut établir avant d'entreprendre la rédaction du résumé.

Respecter les proportions du texte

Il faut respecter les proportions du texte, mais, disons-le tout de suite, d'une manière approximative.

Pour que ce conseil soit vraiment utile, nous en expliciterons les deux composantes, en précisant ce que signifient « *respecter les proportions du texte* » et « *de manière approximative* ». Ces explications montreront que le résumé ne peut jamais être fait d'une manière mécanique. Il est nécessaire à chaque instant d'opérer des choix et donc de mettre en œuvre son intelligence.

Afin de faire comprendre ce que signifie « *respecter les proportions du texte* », nous reviendrons sur une situation déjà évoquée. Au départ, un texte comportant quatre centres d intérêt, quatre unités de sens d'importance et de longueur égales. Étant donné la nature de ce texte, le résumé *doit* comporter quatre paragraphes d'importance égale. Prenons maintenant le cas du candidat pratiquant la méthode « *bête* », celle qui consiste à entreprendre immédiatement le résumé avant de faire un état des lieux. Le résultat est assuré : au début, même s'il est sur ses gardes, ce rédacteur va prendre son temps et ne pas être trop économe de ses mots. Mais plus son capital en mots diminue et plus il abrège. Au bout du compte, alors qu'il a accordé douze lignes au premier centre d'intérêt, il n'en a plus que trois pour le quatrième, dont l'importance est pourtant égale. Parfois même, nous l'avons vu, comme sa réserve de mots est épuisée et qu'il est pressé par le temps, il se résout à laisser de côté le dernier paragraphe du texte de départ, lequel contient malheureusement la conclusion de tout le développement.

Cette situation est imaginaire sans l'être. Les correcteurs la rencontrent constamment. Elle conduit de bons candidats, mais qui manquent de méthode, à se retrouver en dessous de la moyenne.

Nous ne cesserons de le répéter, parce que la réussite est à ce prix, il ne faut pas se lancer dans la rédaction du résumé avant d'avoir une sorte de vue d'avion du texte de départ. Comment pourrait-on en faire ressortir la structure si on ne l'a pas, au préalable, perçue ?

D'une manière approximative

Cependant, ce respect des proportions du texte n'a rien de rigoureusement mathématique et pour une raison simple : la nécessité de distinguer l'essentiel de l'accessoire. Nous donnerons des exemples ultérieurement, mais il n'est pas mauvais de commencer en expliquant les choses in abstracto.

Le texte est le plus souvent axé autour d'un problème. Doit être considéré comme essentiel ce qui se rattache à ce problème, et accessoire ce qui en est éloigné. Imaginons que l'auteur fasse une digression assez longue, avant d'en revenir au problème principal. Du fait qu'elle occupe une dizaine de lignes dans le texte de départ, cette digression ne peut pas être négligée dans le résumé. Mais il sera quand même possible de passer un peu vite et de moins s'attarder que si le passage se trouvait dans un rapport étroit avec le problème principal.

Il en va de même pour les exemples. Soucieux de fournir un exemple, l'auteur peut s'étendre pour donner les explications qu'il juge nécessaires afin de rendre l'exposé moins sec. Mais, au moment de résumer, on condensera peut-être ce passage avec plus de vigueur qu'on ne le fera pour d'autres développements.

Le respect des proportions doit donc tenir compte du nombre de lignes du passage concerné, mais aussi de son importance par rapport au problème essentiel du texte de départ, problème autour duquel doit être organisé le résumé.

La méthode Jivaro

Les Jivaros sont des Indiens d'Amérique du Sud célèbres pour leur technique qui consistait à réduire la tête de leurs ennemis. Ces têtes réduites attestaient la victoire et montraient que les ancêtres avaient été vengés. Réduite à la grosseur d'une grosse pomme, la tête conservait cependant ses principales caractéristiques : les yeux, le nez, la bouche, les oreilles. Elle était plus petite, mais elle restait une tête.

Cette image dont me fait cadeau l'ami Michel Dansel illustre bien ce que doit être la réduction exigée par le résumé. Comme chez les réducteurs de tête, les déformations sont inévitables, mais la structure est conservée. Ceux qui s'intéressent aux modèles réduits nous comprendront sans peine. Car ce qui vient d'être dit des têtes réduites par les Jivaros vaut aussi pour le bateau ou le château en modèle réduit.

Nous utilisons parfois une autre image pour faire comprendre que la réduction du texte de départ doit correspondre au schéma de la page 29. Le texte est comme un pays dont s'éloigne une fusée. Plus la fusée s'éloigne et plus les détails disparaissent. Mais la structure demeure. A une certaine altitude, le réseau hydrographique et le relief sont encore perceptibles dans leurs grandes lignes. Ensuite, ils ne le sont plus, mais la forme d'un pays entouré d'eau apparaît encore.

Pensez donc aux Indiens Jivaros ou au pilote de fusée pour vous souvenir que le résumé doit avoir une unité organique et qu'il doit rendre à la fois la structure du texte et sa substance.

Illustration du propos précédent par un schéma ➡

Pour bien faire comprendre ce qui vient d'être dit, nous partirons d'un schéma. Ce schéma correspond au texte de la page 134 auquel il n'est pas utile de se reporter. Ce texte est articulé en trois grandes unités de sens comme le montre le haut de la page.

Nous proposons des résumés de plus en plus réduits, mais dans lesquels se retrouvent toujours la structure en trois temps du texte de départ.

Pour les premiers résumés, les plus longs, aux trois grandes unités de sens correspondent les trois paragraphes du résumé. Quand la réduction devient très forte, la distinction en trois paragraphes n'est plus possible (puisque les paragraphes du résumé doivent être consistants). Mais la structure trinitaire perdure.

Un conseil

Pour éviter le résumé « bête », pour bien percevoir la structure d'ensemble, un bon conseil : commencez par lire le début du texte (en général une mise en problème) et la conclusion. Ensuite, reprenez la lecture pour voir comment l'on est passé de l'un à l'autre.

Faire de vrais paragraphes

Quand on jette un premier coup d'œil sur une copie, la première impression est bonne si on voit immédiatement se distinguer quelques paragraphes. Le correcteur se dit, avant même de lire, que le rédacteur a bien appliqué la règle selon laquelle les matériaux du résumé doivent être répartis en quelques paragraphes consistants. Mais il arrive qu'à la lecture, on déchante.

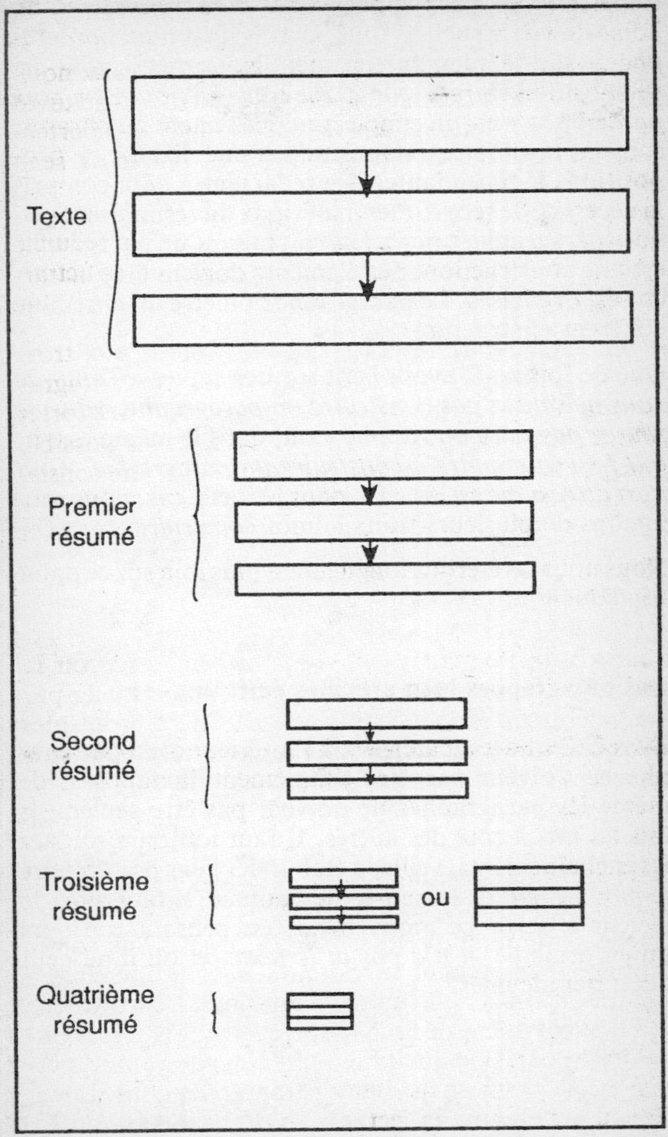
Texte
Premier résumé
Second résumé
Troisième résumé
ou
Quatrième résumé

En effet, ces paragraphes — « *paragraphes* » d'un point de vue visuel — sont parfois de « *faux paragraphes* » sur le plan intellectuel. Nous retrouvons ici l'opposition entre un *tas* et une *construction*. Le « *faux paragraphe* » est un simple amoncellement de phrases, souvent la simple juxtaposition d'une dizaine de propositions indépendantes. Le rédacteur a déjà compris la nécessité de répartir les matériaux du résumé en quelques paragraphes, mais il ne sait pas qu'un paragraphe est une construction. Ses éléments doivent être hiérarchisés, organisés. Le paragraphe doit être un ensemble cohérent et structuré.

Que de fois nous avons écrit sur des copies « *Tant que vous ne saurez pas construire un paragraphe, vous ne saurez pas faire un résumé* » ou, dans le même esprit, « *Il faut apprendre à construire un paragraphe. Tout l'art du résumé est là.* » Et, dans les deux cas, nous soulignons de plusieurs traits le mot *construire*.

Nous nous arrêterons longuement plus loin sur ce point fondamental.

Des paragraphes bien articulés entre eux

De même que les matériaux à l'intérieur d'un paragraphe ne doivent pas être simplement juxtaposés, de même les paragraphes ne doivent pas être seulement mis les uns à côté des autres. Il faut toujours soigner les enchaînements, veiller à établir des liens pour rendre le *mouvement* de la pensée de l'auteur. Il faut aider le lecteur à saisir ce mouvement, en pensant toujours qu'en principe, *il n'a pas lu le texte*, et qu'il ne peut donc rien deviner.

Ne pas abuser des phrases courtes

Il ne faut pas abuser des propositions indépendantes. Cette injonction est dans la suite immédiate de la remarque précédente. Nous venons d'évoquer les paragraphes qui se présentent comme un simple entassement de phrases, sans le moindre lien entre elles. Or, il s'agit, le plus souvent, de simples propositions indépendantes du type « *sujet-verbe-complément* ».

On vous a répété à l'école primaire, et peut-être même au collège, que, si vous n'étiez pas capable de faire des phrases longues correctes, il fallait en faire des courtes. Mais vous n'êtes plus à l'école primaire et il faut apprendre à faire des phrases un peu plus sophistiquées. L'accumulation de propositions indépendantes devient vite fastidieuse et débouche sur des textes, à la limite, illisibles.

Par ailleurs, le bon résumé est celui où les liaisons logiques sont soignées. Or souvent, une phrase bien construite suffit à souligner les articulations.

Dans toutes les écoles de journalisme, on insiste sur les vertus de la phrase courte ; celle qui ne comporte pas plus de 18, ou 17, ou 15 éléments. C'est pourquoi il nous plaît de citer, à titre d'antidote, le texte d'un journaliste, Christian Vellas.

Cette phrase savoureuse est tirée de *L'Hippopotame rêvait de violettes* (Editions Rousseau, Genève), ouvrage qui rassemble des chroniques parues dans *La Tribune de Genève*.

La phrase

La phrase naît pour exprimer l'idée, se donne aussitôt un sujet, tyran autoritaire qui voudra sans cesse tout ramener à lui, puis cherche soigneusement ses verbes, comme autant de capitaines pour conduire ses propositions, ou comme des pieux fichés dans une terre en friche, vigoureux repères chargés de cadencer l'articulation de la pensée, de la diriger, de l'infléchir, de la faire rebondir quand elle s'épuise, sélectionne ses compléments (les directs marchent seuls, les indirects tiennent la main à des prépositions), organise autour ses attributs, groupes de mots déjà rivaux, dont certains dépendent du sujet, d'autres de l'objet, formés de noms, d'adjectifs, de participes, que sais-je encore, tous aussi envahissants les uns que les autres, qu'il faut sans cesse surveiller, trier, éliminer, coupes douloureuses qui allègent et écartent la menace obstinée de ces parasites suçeurs de sève (je ne parle pas des adverbes qui s'accrochent lourdement, inévitablement, lamentablement !), purge nécessaire qui l'autorise à repartir de plus belle, à installer la hiérarchie de ses propositions, principales, subordonnées, indépendantes, comme des bataillons bien organisés, ayant chacun sa mission, sa guerre à gagner, purge salvatrice qui lui donne assez d'élan pour se prolonger encore, ivre de ses ressources, qui lui permet de s'étirer comme une plante luxuriante, poussant ses rejets, ses circonvolutions, ses digressions, faisant des pauses, ouvrant des parenthèses, folle de ses structures qu'elle se plaît à imaginer croissant à l'infini, se moquant des traités de journalisme (« Dix-huit mots maximum par phrase », ah, ah ! Quelle farce !) et soudain meurt d'un seul coup, en pleine apothéose, frappée en traître par le point final.

Christian Vellas, *L'Hippopotame rêvait de violettes*, © Éditions Rousseau.

Le contenu avant la forme

On ne vous donnera jamais à résumer un texte littéraire comme un poème. Les textes stylistiquement marqués sont évités. Les extraits qui vous sont proposés apportent une information et mettent en œuvre une argumentation.

Votre effort doit porter sur cette information et sur cette argumentation. La reformulation qui constitue le résumé doit montrer que vous avez compris, que vous maîtrisez la langue française et que vous savez organiser des matériaux.

Pour autant que l'on puisse séparer l'un et l'autre, il faut donc privilégier le contenu par rapport à la forme.

Le bon résumé rend compte du mouvement de la pensée de l'auteur. Il suit donc la démarche d'ensemble du texte. Ses matériaux sont répartis en quelques paragraphes consistants et structurés correspondant aux grands centres d'intérêt du texte de départ. Un grand soin est accordé à l'articulation de ces paragraphes entre eux.

4
CONSEILS PRATIQUES

On trouvera ci-dessous la réponse à quelques questions un peu techniques ou à des questions de méthode sur des points précis.

Attitude envers le titre

Inutile de vous torturer les méninges pour transposer le titre éventuel du texte de départ. Nous avons encore en mémoire ce stagiaire qui, à l'occasion d'un travail sur un texte un peu technique se rapportant au pétrole, avait remplacé un titre du type « *Les grandes crises pétrolières* » par « *Noir c'est noir* », titre d'une chanson en vogue quelques années plus tôt.

Ou bien vous présentez votre résumé sans titre ou bien vous reprenez le titre du texte de départ. A noter que, le plus souvent, ce titre n'est pas dû à l'auteur mais à la personne qui a choisi le texte.

Les références du texte

Dans la présentation du texte ou en bas de page figurent, en général, un certain nombre de références : nom de l'auteur, titre du livre ou de l'article d'où est tiré le passage à résumer, date. Inutile de reprendre ces références. Évitez, en particulier, de mettre le nom de l'auteur à la suite de votre propre texte.

Le décompte des mots

Il existe une règle pour le décompte des mots, mais, avant de l'exposer, nous préciserons quelques points :

— On ne prend pas en compte les mots du titre pour l'établissement du total.
— Quand le libellé du sujet ne précise pas le nombre de mots que doit comporter le résumé, il faut faire un résumé au quart. Cela signifie que le résumé aura un nombre de mots qui sera approximativement le quart du nombre de mots utilisés dans le texte de départ.
— Quand le libellé du sujet indique le nombre de mots exigés, il existe une marge de tolérance de 10 % dans un sens ou dans un autre. Un résumé pour lequel le sujet alloue 200 mots pourra donc avoir entre 180 et 220 mots. Cette marge est relativement importante et il faut veiller à ne pas la dépasser.
— Le correcteur ne s'amuse évidemment pas à compter les mots. Mais, comme il corrige un grand nombre de copies, il voit tout de suite si la norme est dépassée. Les répercussions sur la note sont, dans ce cas, assez nettes et cela est justifié : quand un résumé est trop long, il est plus difficile de savoir si le rédacteur a vraiment distingué l'essentiel de l'accessoire.

Pour le décompte des mots, on applique le principe suivant : on appelle mot l'unité typographique limitée par :

— deux blancs ;
— deux signes typographiques ;
— un signe typographique et un blanc ;
— un blanc et un signe typographique.

Dans cette définition, sont appelés « *signes typographiques* » tous les signes employés par l'imprimeur et qui ne sont pas des lettres : donc un point, un point virgule, deux points, une virgule, un tiret, une apostrophe, un point d'interrogation ou d'exclamation, etc.

Donc le « l' » compte pour un mot (entre un blanc et une apostrophe) ; « *c'est-à-dire* » compte pour quatre mots (dans l'ordre un blanc, une apostrophe, un tiret, un tiret, un blanc), « *par exemple* » compte pour deux mots.

L'application stricte de cette règle pose quelques problèmes, en particulier pour les sigles. Si j'écris U.N.E.S.C.O., comme je devrais le faire en toute rigueur, l'application de la règle exigerait que soient comptés autant de mots qu'il y a de lettres ; alors que si j'écris UNESCO, je n'ai plus qu'un seul mot. Il va de soi que l'on simplifie et que l'on compte les sigles pour un mot.

Il est inutile de s'appesantir trop longtemps sur le détail en ce qui concerne le décompte des mots. Si un correcteur compte « *c'est-à-dire* » pour trois mots et un autre pour quatre, cela importe peu du fait de la marge de 10 % dont vous disposez.

Un résumé trop long, et qui dépasse nettement la marge autorisée, n'a pas la moyenne. Il ne permet pas, en effet, de voir si le « résumeur » a distingué l'accessoire de l'essentiel.

Éviter les abréviations

Le bon résumé est entièrement rédigé et on ne sent à aucun instant qu'il s'agit d'un résumé. C'est pourquoi *il faut éviter tout ce qui peut ressembler de près ou de loin à du style télégraphique.*

Le mieux est de bannir systématiquement l'emploi des parenthèses. Celles-ci économisent peu de mots et, surtout quand leur emploi est répété, elles donnent à l'expression quelque chose de maladroit et de haché. Prenez donc une bonne habitude : pas de parenthèses dans le résumé.

Certains candidats font aussi un abus des deux points. Ils commençent une phrase puis, après les deux points, accumulent des mots qui sont mis en apposition. Procédé facile et qui donne un côté *« pas rédigé »*.

Il faut avoir le courage de sacrifier des éléments de sens pour pouvoir rédiger sans donner l'impression que l'on a été gêné par la nécessité d'être bref.

La reprise des mots du texte

Nous retrouvons le problème du démarquage. Le texte doit être repensé et formulé. La procédure consistant à opérer des ponctions dans le texte et à procéder ensuite à l'assemblage des éléments retenus ne peut aboutir qu'à une catastrophe. Mais, là encore, il faut éviter de procéder d'une manière mécanique. Il n'est pas utile de remplacer systématiquement tous les mots du texte par des équivalents.

Un exemple suffira. Nous sommes en train de corriger un paquet de copies portant sur le rôle du chercheur dans l'entreprise moderne. L'un des étudiants s'est évertué à ne jamais employer le mot *« chercheur »*, s'appliquant toujours à le remplacer par *« scientifi-*

que » ou par d'autres termes du même genre. Ce n'était pas utile en l'occurrence et cela d'autant plus que le mot « *chercheur* » ne posait aucun problème de compréhension.

La plupart du temps, en effet, mots ou expressions du texte sont conservés parce que l'étudiant ne les a pas compris et ne peut donc les remplacer.

Nous n'aimons pas, quand nous corrigeons, sentir que le rédacteur a procédé à une sorte de collage de mots ou d'expressions pour masquer son ignorance. Le résumé doit donner, en très peu de temps, le sentiment que le texte de départ a été parfaitement compris. Tout ce qui s'apparente au démarquage va dans un sens opposé.

Reste le problème de savoir si l'on peut citer entre guillemets des passages du texte. En principe oui, mais il vaut mieux, chaque fois qu'on le peut, éviter cette procédure qui est trop souvent — comme les parenthèses — une solution de facilité. On ne s'y résoudra que lorsque l'on se trouvera en présence d'une formule « *intraduisible* ».

Au passage, notons que nous sommes alors dans la situation du traducteur qui se voit contraint de conserver le mot de la langue originale et d'ajouter une note en bas de page. L'analogie entre résumé et version que nous avons déjà soulignée est d'ailleurs évidente. La bonne version est celle qui évite le démarquage, celle qui, par rapport au texte de départ, est fidèle sans être servile. Il en va de même du bon résumé.

5
LA PRÉSENTATION DES COPIES

Le rapport que vous entretenez avec le correcteur est simple : vous voulez obtenir quelque chose de lui et ce quelque chose est une bonne note. Vous devez donc imaginer la situation qui est la sienne. Ce correcteur n'éprouve pas un plaisir particulier à corriger des copies, et, quand il s'agit de copies d'examen, il trouve même ce travail tout à fait fastidieux.

Quelle est la meilleure copie à ses yeux ? Disons-le franchement, c'est la copie blanche, laquelle est payée au même prix que les autres et corrigée en un temps record. Vient ensuite la très bonne copie, elle aussi vite corrigée. Mais ces deux cas limites sont relativement rares. Entre les deux se trouve la masse des copies parmi lesquelles se retrouvent avec une étonnante régularité les mêmes défauts.

Revenons à notre correcteur qui n'est plus séparé des vacances que par un paquet de deux cents copies posées sur son bureau. Laissons de côté les aspects intellectuels du résumé qui viennent d'être évoqués et cantonnons-nous à la présentation.

Le premier coup d'œil

La lecture intellectuelle est précédée par une lecture visuelle. Notre correcteur a pris la copie et il l'a immédiatement jugée, en quelques secondes, à différents points de vue :

— l'écriture ;
— la répartition des matériaux ;
— la mise en page ;
— l'absence de sous-titres.

L'écriture

« *Un mort ça m'émeut. Dix mille morts, c'est de la statistique* » disait Berthelot. Ayez bien cela en tête quand vous passez un examen. Le correcteur n'est ni un philanthrope ni une assistante sociale. Il n'a donc pas le temps de prendre en compte la spécificité de votre situation particulière. A ce propos d'ailleurs, inutile de faire suivre votre résumé de quelques lignes pour attirer son attention sur ce qu'a de particulier votre cas personnel. Il n'a pas le temps de s'y arrêter. Il faut donc simplement mettre en œuvre tout ce qui pourra faciliter sa tâche et vous attirer sa bienveillance.

Intervient ici le rôle fondamental de l'écriture. Ce correcteur, en général médiocrement payé, n'a pas le temps de procéder à une opération de déchiffrage. Il nous est arrivé, nous l'avouons, exceptionnellement, mais quand même plusieurs fois, de mettre 6 à une copie dont il aurait fallu déchiffrer chaque mot. Un 6 dans un concours dont la note éliminatoire est 7, évidemment, est quelque chose d'un peu douloureux. Mais certaines copies sont, du point de vue de la présentation, un mélange d'inconscience et d'impolitesse qui ne mérite pas mieux. Il existe des candidats qui, au fond d'eux-mêmes, n'ont pas envie de réussir. Pourquoi les priver de ce plaisir ?

Mais laissons les cas exceptionnels pour nous arrêter à la grande masse des copies. Principe de base : tout effort supplémentaire que vous imposerez au correcteur, il vous le fera payer. Donc, il faut se fixer comme objectif une lisibilité maximale. Les principes qui suivent peuvent y contribuer :

— *Une encre assez foncée* : il faut penser à tout et, en particulier, à un correcteur qui a les yeux fatigués. Même s'il a de bons yeux, certaines encres sont à ce point délavées qu'elles rendent la lecture pénible. Ayez donc recours à de l'encre noire ou à une encre bleu foncé. Par ailleurs, évitez un excès de sophistication dans la couleur de l'encre. Évitez aussi le rouge, même pour souligner, puisque cette couleur est le privilège du correcteur.

— *Formez les majuscules* : nous ne nous situons pas ici sur le plan de l'orthographe, mais toujours sur celui de la lisibilité. Pour le correcteur qui pratique évidemment les techniques de la lecture rapide et fait circuler son regard sur toute la page, les majuscules sont des points d'accroche importants. En les omettant, vous compliquez sa tâche.

Ce problème de la majuscule se pose surtout pour le L. Dans deux copies sur dix, ce L, en début de ligne, reste en fait un « l » minuscule. Le « L » chantourné de l'école primaire est jugé trop compliqué, mais il n'est pas remplacé. Utilisez, si vous le souhaitez, le L majuscule des caractères d'imprimerie, mais formez-le nettement.

— *Mettez les accents* : là encore, nous nous situons dans le domaine de la lisibilité. L'absence d'accents, de points sur les « i », de barres aux « t » rend la lecture plus compliquée. Elle traduit de plus une négligence, un manque de rigueur, une absence de souci du détail que le correcteur sanctionnera négativement. Il est là pour ça.

Donc, d'une manière générale, on accordera au problème de la lisibilité toute l'attention qu'il mérite. Si pour une recherche d'emploi vous allez à un rendez-vous, on peut imaginer que vous accorderez le plus grand soin à votre tenue vestimentaire. Procédez de même pour la « *tenue* » graphique de votre copie.

La répartition des matériaux

Avant même de lire, le correcteur a déjà une première impression sur la qualité d'ensemble de ce qu'il a sous les yeux. La règle est toujours de lui éviter un effort supplémentaire. S'il est en présence d'un gros pavé de quarante lignes, il sait qu'il va devoir peiner pour voir si, en dépit de cette disposition, vous avez perçu et mis en évidence la structure du texte de départ. S'il a devant lui un résumé de dix ou douze paragraphes, il a déjà, avant de lire, la certitude que le résumé sera mauvais parce que trop éclaté.

Il faut donc que, dès le premier coup d'œil, ce correcteur voie apparaître les grands paragraphes du résumé, lesquels correspondent aux grandes unités de sens du texte. Pour distinguer ces paragraphes, il suffit d'utiliser l'alinéa (la ligne ne commence pas au ras de la marge mais en retrait de un ou deux centimètres vers la droite).

Cet alinéa ne sera pas utilisé inconsidérément, mais seulement quand on passe d'un centre d'intérêt à un autre. Il ne s'agit pas d'aérer pour aérer, mais de faire apparaître, au premier regard, les grandes unités de sens.

Se pose ici un problème. Peut-on sauter une ou plusieurs lignes entre chaque paragraphe du résumé ? En toute rigueur, il faudrait répondre non, et cela en fonction d'un principe énoncé plus haut : le résumé doit ressembler à un texte normal et on ne doit pas se rendre compte, en le lisant, qu'il s'agit d'un résumé.

Or, quand on lit un texte dans un livre ou une revue, les différents paragraphes ne sont séparés, le plus souvent, que par un alinéa. L'espace est utilisé seulement pour marquer le passage d'une partie à une autre.

En tant que correcteur, pourtant, nous n'avons rien contre le fait de sauter une ligne ou deux entre les quelques paragraphes du résumé. Cela rend souvent plus aisée la lecture et cette procédure est d'ailleurs utilisée dans certains ouvrages comme dans celui que vous êtes en train de lire. Mais, là encore, il faut éviter de tomber dans l'excès inverse. Certains candidats laissent six ou sept centimètres entre chacun des paragraphes du résumé. On retombe, du point de vue visuel du moins, dans une sorte d'éparpillement. Or le résumé doit — visuellement d'abord — rendre l'unité et la structure du texte de départ.

Le sens de la mise en page

Même si on ne travaille pas dans l'édition, il faut avoir le sens de la mise en page. Évitez donc de trop tasser, de commencer au ras du bord de la feuille, ou tout en haut, ou encore de tasser en bas de page pour ne pas avoir à utiliser une nouvelle page. Dans un contexte où la communication écrite continue de jouer un grand rôle, il importe de montrer que l'on a le sens de la mise en page.

Éviter les sous-titres

Le texte doit être d'une seule coulée et en même temps bien articulé. On évitera les sous-titres. Dans le même esprit, il faut éviter de souligner les mots clés.

Il n'est pas interdit, à l'occasion d'une énumération, d'avoir recours à une suite de tirets en début de ligne.

A titre personnel, nous n'aimons cependant pas beaucoup rencontrer ce procédé. Plus le résumé sera rédigé et mieux cela vaudra.

La ponctuation

Il importe d'accorder toute l'importance qu'elle mérite à la ponctuation. Informez-vous sur les principales règles. Revoyez soigneusement votre copie sur ce point. Une ponctuation fantaisiste ou absente donne le sentiment d'un manque de rigueur. De plus, elle rend la lecture du texte concerné plus difficile. En conséquence, la note diminue.

6
LE JOUR DE L'EXAMEN

Dans une épreuve de quatre heures, on consacrera environ deux heures au résumé, et si possible un peu moins, de manière à disposer de suffisamment de temps pour le vocabulaire et la discussion.

Chacun a son tempérament et nous ne proposons pas une grille passe-partout pour l'organisation du temps durant ces deux heures. Nous nous contenterons d'énoncer quelques principes à partir desquels chacun élaborera sa propre organisation du temps.

Apprendre à travailler vite

Il faut, en moins de deux heures, lire un texte assez long, le relire pour en dégager les grandes lignes, établir un plan détaillé ou, directement sur le texte, mettre les principaux éléments en évidence, rédiger, relire attentivement son résumé, de temps à autre opérer un décompte des mots : tout cela prend du temps et vous ne réussirez que si vous vous êtes entraîné en temps réel.

Accepter de « perdre du temps » pour l'établissement du plan

Il faut accepter de *« perdre du temps »* pour établir le plan. Nous parlons à la fois du plan du texte et du plan du résumé puisque c'est le même. On a compris, bien sûr, que nous mettons *« perdre du temps »* entre guillemets parce qu'il s'agit en fait d'en gagner.

Ce conseil est certainement le plus difficile à faire admettre. Ayant participé à l'encadrement de stages sur le résumé, nous avons constaté qu'en fin de stage, il reste toujours des étudiants qui continuent à pratiquer la méthode *« bête »* : celle qui consiste à commencer la rédaction avant d'avoir une vue d'ensemble du texte et du résumé.

Il faut donc avoir le courage de *« perdre son temps »* pour mettre au jour la démarche d'ensemble, ce qui, en même temps, vous permettra de distinguer ce qui est accessoire de ce qui est essentiel.

Trouver un titre ou résumer en une phrase

Si le texte a un titre, arrêtez-vous sur lui un instant. Il y a beaucoup de chances que ce titre porte sur l'essentiel. Il peut donc être bon de tenir compte de cette piste.

Si le texte n'a pas de titre, essayez d'en trouver un qui en exprime la substance. Cela vous aidera à percevoir ce qui est essentiel.

Vous pouvez, dans le même esprit, essayer de ramener la totalité du texte à une seule phrase. Vous obtiendrez ainsi, non pas une phrase du résumé, mais l'axe autour duquel le résumé doit s'organiser.

Travailler directement sur le texte

Là encore, chacun sa méthode. Certains aiment utiliser un surligneur, d'autres préfèrent un crayon ou un stylo. L'important est seulement de bien savoir quel est l'objectif. Il ne s'agit en aucun cas de faire ressortir les éléments que l'on va conserver et, qu'ensuite, on mettra bout à bout en changeant seulement quelques mots. Nous l'avons dit, cette méthode est celle qui conduit le plus sûrement à l'échec.

Le travail sur le texte a pour but de faire apparaître son organisation. Si vous êtes un adepte du surligneur, vous pouvez vous en tenir aux principes suivants :

— à éviter avec un texte recto-verso pour ne pas gêner l'étude du verso ;
— utiliser une couleur différente pour les mots correspondant à une articulation logique (mais, donc, toutefois, etc.) et pour les éléments jugés importants.
— ne pas surligner à l'excès car, dans ce cas, l'intérêt de cette mise en évidence disparaît.

Si vous travaillez avec un crayon ou un stylo, établissez votre propre code. Par exemple, un carré pour les articulations logiques, un rond pour les éléments faisant partie d'une même énumération, un trait ondulé pour ce qui est jugé le plus important, un trait droit pour ce qui ne doit pas être négligé, etc.

En procédant à ce travail sur le texte, pensez toujours que, avant de vous lancer dans la rédaction du résumé, il va falloir répondre à la question : *combien y aura-t-il de paragraphes dans mon résumé ?*, ce qui implique de pouvoir répondre à la question : *combien y a-t-il de grandes unités de sens dans le texte ?*

La réponse à ces questions doit apparaître dans votre travail sur le texte. Par une ligne horizontale traversant toute la page, il faut découper celui-ci en quelques tranches correspondant aux grandes unités de sens.

Ce découpage peut apparaître artificiel dans la mesure où il introduit une coupure alors qu'on vous a demandé de souligner le mouvement de la pensée. En fait, il n'en est rien. Les phrases sont bien séparées par des points et cela n'empêche pas l'expression d'une pensée qui se suit. De la même manière, le fait de répartir les matériaux du résumé en quelques grands paragraphes n'est pas incompatible avec l'expression d'une pensée qui ne cesse d'avancer. Il suffira de bien articuler ces paragraphes entre eux.

Ayant ainsi dégagé les grandes articulations du texte, vous pouvez maintenant commencer à résumer *« paragraphe par paragraphe »*, mais il s'agit des paragraphes du résumé et non de ceux du texte.

La méthode du plan détaillé

Il est donc possible de procéder comme nous l'expliquons ci-dessus et de rédiger à partir d'un texte de départ dont la structure a été *« visualisée »*. Mais, pour ne pas avoir les yeux sur le texte durant la rédaction, et donc pour ne pas être tenté par le démarquage, il est possible de « perdre » encore un peu plus de temps. Cette méthode, qui a notre préférence, consiste à établir un plan du texte très visuel et relativement détaillé. La rédaction se fera à partir de ce schéma. Cela permet d'obtenir un résumé très structuré dans lequel le texte est véritablement repensé.

Une relecture minutieuse

Conseil banal et pas toujours facile à appliquer : il faut se ménager une dizaine de minutes en fin de séance pour soigner la finition. Votre copie doit donner une impression de précision et de netteté.

Dans les concours professionnels, qu'il s'agisse d'ailleurs de l'écrit ou de l'oral, pensez que l'examinateur se pose souvent la question « *Est-ce que j'aurais envie d'embaucher celui-là ? Est-ce que j'aurais envie de l'avoir comme collaborateur ?* » La réponse est autant dans la finition de votre copie que dans son contenu.

LA MÉTHODE

1. Dégager l'idée principale
2. Travailler sur le texte
3. Visualiser la structure
4. Le traitement des exemples
5. Organiser des paragraphes
6. L'enchaînement des paragraphes
7. Peut-on reprendre les mots du texte ?

1
DÉGAGER L'IDÉE PRINCIPALE

La grande règle du résumé est qu'il faut éliminer l'accessoire pour ne conserver que l'essentiel.

Plus facile à dire qu'à faire. Ouvrons donc un livre sur le résumé pour savoir comment procéder. L'auteur nous conseille d'entourer les mots clés. Or, pour entourer les mots clés, il faut déjà avoir résolu le problème et donc avoir perçu ce qui est essentiel. Ce qui ne veut pas dire pour autant que ce conseil soit mauvais.

Infra-lecteur et maxi-lecteur

Revenons à la situation de départ : un individu en présence d'un texte. Imaginons différentes situations, en commençant par deux situations extrêmes et diamétralement opposées.

Celui qui ne connaît pas la langue française ne comprend absolument rien. Le francophone qui n'a passé que quelques années sur les bancs de l'école ne vaut guère mieux. Ils seront bien en peine l'un et l'autre d'entourer les mots clés.

Passons maintenant à l'opposé : un lecteur maîtrisant parfaitement la langue française, très cultivé et rompu à ce genre d'exercice. N'ayant même pas besoin d'entourer les mots clés, il va immédiatement percevoir l'idée force et l'articulation de la pensée. Après avoir mis quelques points de repère sur le texte, il peut rédiger en un quart d'heure le résumé sur lequel vous allez vous échiner pendant deux heures.

Vous vous situez sur une échelle entre cet infra-lecteur et ce maxi-lecteur. Votre problème est de progresser sur cette échelle. Pour ce faire, il faut progresser dans les trois domaines que nous avons évoqués :

— maîtrise de la langue ;
— culture générale ;
— entraînement à la technique du résumé.

Il n'y a pas d'autre méthode. Pour les deux premiers points, reportez-vous au dernier chapitre de ce livre.

Mais, en attendant les effets de ce travail de longue haleine, travaillons sur le troisième point et cherchons à améliorer votre aptitude à percevoir la substance du texte.

Résumer le texte en une seule phrase

Ce chapitre et ceux qui suivent ont pour but d'améliorer cette aptitude à circuler dans le texte et à en saisir rapidement l'essentiel. Il faut vite découvrir ce qui constitue la colonne vertébrale du texte, c'est-à-dire l'idée force autour de laquelle tout s'organise.

Un bon exercice pour s'améliorer dans ce domaine et pour éviter le résumé désordonné et vague est celui consistant à résumer en une seule phrase la totalité du texte.

Cet exercice doit être pratiqué systématiquement durant les exercices d'apprentissage. Nous vous conseillons aussi de faire de même le jour de l'examen.

Bien sûr, on peut nous faire le même reproche que celui évoqué plus haut : cette phrase ne sera satisfaisante que si l'essentiel a déjà été perçu et sa rédaction n'aide donc pas à percevoir en quoi réside l'essentiel.

L'objection est tout à fait recevable, mais il faut distinguer les moyens et l'objectif. Les moyens pour aller au cœur du texte, vous les trouverez tout au long de ce livre. L'exercice que nous proposons, à défaut de vous faire trouver l'essentiel, a déjà le mérite d'ancrer dans votre esprit l'idée qu'il y a un essentiel et que la première chose à faire est de le percevoir. Tous les textes qui vous sont proposés ont un axe. Pour que le résumé ne soit pas un chaos d'idées confuses, il doit avoir le même axe.

La « phrase » ne figure pas dans le résumé

L'idée selon laquelle cette phrase résumant la totalité du texte doit se trouver au début du résumé est fausse. Le résumé devant rendre la démarche de la pensée, il faut évidemment éviter d'évoquer la conclusion dès la première phrase.

Cette procédure, consistant à faire figurer une phrase résumant l'ensemble du texte au début de la contraction, ne vaut que pour l'« analyse », exercice différent du résumé et dont nous parlons en fin d'ouvrage.

Intérêt de cette procédure à l'oral

Dans cette digression sur l'oral, nous parlons surtout des oraux de culture générale portant sur des textes non littéraires ou sur des illustrations. Nous avons constaté que de nombreux candidats pataugent un bon moment avant d'en venir à ce qui est important. Pour éviter ce travers, nous leur conseillons de commencer par une phrase résumant l'essentiel, le reste de l'exposé servant à expliciter cette synthèse. Vous donnerez ainsi une impression de fermeté et l'examinateur comprendra immédiatement que vous êtes sur la bonne piste.

Avant de lire notre corrigé, essayez de pratiquer la méthode « *tout en une phrase* » sur le texte de Roland Jaccard qui suit. Dans un premier temps, classez les informations du texte en trois colonnes :

1. Éléments essentiels : qui doivent absolument être retenus dans le résumé.
2. Éléments secondaires : qui pourraient être retenus dans un résumé si le nombre de mots alloués était important.
3. Éléments accessoires : qui de toute façon seront éliminés.

Ensuite, vous rédigerez « la » phrase. Il est important de s'en tenir au principe d'une seule phrase.

EXEMPLE N° 1

Le texte qui suit est extrait du livre de Roland Jaccard intitulé *L'Exil intérieur*. Dans cet ouvrage, Roland Jaccard analyse la tendance de l'homme moderne à se replier sur lui-même d'une façon presque pathologique. L'homme des sociétés de type occidental tend à ressembler aux schizophrènes ou aux schizoïdes, malades mentaux coupés du monde et se contentant du monde imaginaire qu'ils se sont créé.

OBJECTIF

- **Classer les éléments du texte en trois catégories (essentiel, secondaire, accessoire).**

- **Résumer le texte en une seule phrase.**

- **Faire un résumé de 40-50 mots.**

L'exil intérieur

Dans le train qui me ramenait de Zurich à Lausanne, durant l'été 1974, j'observais dans le wagon-restaurant la soixantaine de dîneurs solitaires, pour la plupart des hommes, répartis par table de quatre. Ils mangeaient en silence, sans lever les yeux ou alors le regard absent, perdu. Personne ne voyait personne. Personne ne parlait à personne. La campagne helvétique, éclaboussée de soleil, avec ses maisonnettes propres et ses champs ondoyants, était aussi abstraite que la nourriture que l'on me servait, que ce wagon silencieux.

Le repas terminé, mon voisin, un solide Helvète d'une cinquantaine d'années, au visage franc et buriné, commanda un kirsch. Il plongea un sucre dans son verre et, de satisfaction, me sourit ; je répondis à son sourire par un sourire. Il plongea alors un second sucre dans son kirsch et, l'espace de quelques secondes, tendit imperceptiblement sa main dans ma direction ; vraisemblablement, il souhaitait que je goûte le *canard* qu'il avait préparé à mon intention. Mais entre nous, entre nos corps, il y avait un mur. Un mur infranchissable. Son geste avorta.

Ces hommes dans ce wagon-restaurant vivaient avec l'idée que chacun est un îlot ; un îlot à respecter. Et qu'on n'entre pas impunément en contact avec ses semblables.

Aussi ne s'adressaient-ils pas la parole. Mais dans leur silence, que de dialogues angoissés, souriants ou exaltés ! Dialogues avec un fils, une mère, une maîtresse, un patron — *intériorisés*. Dans notre imaginaire, que d'êtres réels et inventés que nous construisons et reconstruisons, modelons et remodelons sans fin ! Nous ne parlons plus à autrui ; nous dialoguons avec autrui en nous. Cela m'apparut alors clairement.

L'exil intérieur, c'est ce retrait de la réalité chaude, vibrante, humaine, directe ; et le repli sur soi ; la fuite dans l'imaginaire. Voilà à quoi je songeais dans ce wagon-restaurant.

Restait une question : comment l'homme, animal social et sociable (tout au moins me l'avait-on enseigné), en était-il arrivé à se couper d'autrui ? Par quel processus la sphère du *privé*, de l'*intime*, à laquelle nous tenons souvent plus qu'à nous-même, nous a-t-elle conduit à cette schizoïdie généralisée.

Roland Jaccard, *L'Exil intérieur, Schizoïdie et civilisation*, © P.U.F.

Classement des informations

ESSENTIEL	SECONDAIRE	ACCESSOIRE
solitaires	(Suisse)	train... Zurich à Lausanne
en silence, sans lever les yeux... regard absent, perdu. Personne ne voyait personne. Personne ne parlait à personne.		soixantaine hommes par table de quatre
silencieux		mangeaient campagne (éléments de description)
il y avait un mur. Un mur infranchissable	Anecdote	détails de l'anecdote (éléments de description)
chacun est un îlot, on n'entre pas impunément en contact avec ses semblables		
... ne s'adressaient-ils pas la parole		
... leur silence		
dialogues intériorisés	(dialogue intériorité)	dialogues angoissés, souriants... exaltés avec un fils, une mère, une maîtresse, un patron. Dans notre imaginaire... sans fin.
avec autrui en nous		
		Cela m'apparut clairement
L'exil intérieur... retrait... repli fuite dans l'imaginaire.		de la réalité chaude, vibrante, humaine, directe. Voilà à quoi je songeais dans ce wagon-restaurant
se couper d'autrui schizoïdie	Question : comment homme (animal sociable) en vient à se comporter ainsi	tout au moins me l'avait-on enseigné ; la sphère du privé...

Remarques sur ce tableau

Le pointillé horizontal dans la colonne de gauche correspond au début d'une avancée de la pensée. Jusque-là, l'auteur a seulement parlé de la tendance à l'isolement. A partir du quatrième paragraphe apparaît l'idée que le dialogue avec autrui est remplacé par un dialogue à l'intérieur de soi-même avec un autrui imaginaire.

Dans la seconde colonne, nous avons mis le mot « Suisse » entre crochets parce qu'il ne figure pas dans le texte, mais qu'il correspond à plusieurs notations du texte. Nous ne savons pas encore, à ce stade du travail, si nous prendrons en compte cette localisation géographique.

A noter que, dans la suite du texte, qui n'est pas reproduite ici, Jaccard oppose ce comportement fermé, propre aux pays développés, à la faculté de communication observable chez les personnes originaires du tiers monde. Si nous avions travaillé sur un texte plus long, comportant cette suite, la mention de la Suisse aurait gagné en importance puisqu'elle aurait servi à l'articulation d'une opposition. De ce fait, elle aurait dû passer dans la colonne des éléments essentiels.

Notons aussi le grand nombre d'éléments dans la colonne de gauche. L'auteur insiste, reformule, explicite son propos, ce qui facilite votre travail.

Il ne reste donc qu'à rédiger une phrase. Cette phrase devra prendre en compte l'articulation mise en évidence par le trait en pointillé.

▶ Les phrases

Remarque sur ces phrases

Les phrases qui figurent dans les encadrés ci-dessous disent bien l'essentiel : absence de dialogue, isolement, fait que tout se passe à l'intérieur de l'individu (d'où le titre du livre : *L'Exil intérieur*).

L'homme moderne ne communique plus avec son semblable et tend à s'isoler en remplaçant le dialogue par une sorte de rumination intérieure.

Autre exemple

L'homme moderne se détourne des relations interpersonnelles, se contentant de converser intérieurement avec le petit cercle de ceux qu'il connaît et qu'il a gardés en mémoire.

▶ Résumé en 40 mots

Le corrigé qui suit correspond à un sujet demandant un résumé en 40 mots.

L'homme moderne tend à ne plus communiquer avec son semblable. Chacun se tait et s'enfonce dans son cocon, ne dialoguant qu'à l'intérieur de lui-même avec ceux auxquels il pense. Étrange attitude pour un être qu'on dit sociable.

Reprise des mots du texte

Nous avons repris des mots du texte comme « *dialogue* » ou « *sociable* ». « *Dialogue* » aurait pu être remplacé par « *échange* » qui a l'inconvénient d'être plus vague. « *Sociable* » ne peut être remplacé que par une expression plus coûteuse en mots du type « *fait pour la vie en société* ». En réalité, ces mots ne posant aucun problème de compréhension et étant d'un usage très courant, le fait de les reprendre ne sera pas jugé négativement.

En revanche, il fallait éviter de reprendre le mot « *schizoïdie* ». Le correcteur pourrait penser que vous avez repris ce terme sans le comprendre.

Remarquons au passage qu'il était tout à fait possible de faire un bon résumé sans connaître le mot « *schizoïdie* ». Le sens de ce mot s'éclaire en effet par le contexte.

Recours à des expressions personnelles

L'expression « *l'homme moderne* », employée dans le résumé, fait la synthèse de nombreux éléments présents dans le texte de départ.

L'expression « *s'enferme dans son cocon* » exprime bien l'idée du texte, mais il aurait fallu l'éviter si l'auteur l'avait employée.

Étude de la déperdition

Quand on lit le résumé ci-contre, on se dit qu'il est quand même dommage d'avoir dû abandonner le train, le wagon-restaurant, la description du paysage, l'anecdote du Suisse gourmand amateur de canard au kirsch.

Était-il possible de faire autrement ? Difficile. Essayant de relever le gant, nous n'avons pu conserver que le train.

> A l'occasion d'un voyage en train, j'ai constaté combien nos contemporains sont peu enclins à l'échange, combien ils ont tendance à se replier sur eux-mêmes, ne conversant qu'intérieurement avec les substituts imaginaires des êtres qu'ils connaissent.

Respect des proportions du texte

Nous constatons que les proportions du texte ne sont respectées que d'une façon approximative. L'anecdote du second paragraphe disparaît complètement. Tout ce qui concerne la description du décor subit le même sort. Mais si l'on s'arrête aux seules idées, les proportions du texte sont bien respectées.

EXEMPLE N° 2

Dans *Les Provinciales*, Blaise Pascal se moque des jésuites qui affirment que la pureté de l'intention peut corriger la méchanceté de l'action. Dans cet extrait d'un article du *Monde*, Gilbert Cesbron débat du même problème en contestant la formule « *La fin justifie les moyens* ».

OBJECTIF

- **Résumer le texte en une phrase.**
- **Faire un résumé en 100 mots.**
- **Faire un résumé en 50 mots.**

La fin et les moyens

Vous venez d'acheter *Le Monde*. Vous êtes debout dans le métro, ou assis dans votre voiture, et, jetant à chaque feu rouge un coup d'œil sur les titres, vous pensez Portugal, Espagne, Liban ou encore « chômage, inflation ». Mais, en ce moment même, il y a des enfants que l'on viole devant leurs parents, des hommes sur les parties sexuelles de qui l'on pose des électrodes, des femmes dans le vagin de qui l'on insémine un produit qui va attirer les souris. Il y a, en ce moment même, des classes très studieuses où des écoliers adultes apprennent avec dessins au tableau noir, comment on torture. Il y a, dans plus de soixante-dix pays, des « étudiants » qui font des exercices pratiques de torture pour obtenir un certificat de spécialiste. Tout cela ce sont des faits, comme le Portugal, le Liban ou l'« inflation ». Certes, on ne peut pas y penser sans cesse. Mais voulez-vous, un instant, entre l'Espagne et le chômage, y penser avec moi ?

Tout ce qui nous rend soudain honteux d'être chrétien après vingt siècles de chrétienté ; tout ce qui, plus universellement, nous empêche d'être fier d'être un homme ; tout ce qui nous donne la nausée du désespoir et nous souffle le terrible « A quoi bon ? A quoi bon me battre, à quoi bon vivre ? » — tout cela, c'est le mal. Pas un humain ne peut y contredire, pas un. Même le bourreau. Même le dictateur, qu'il soit, comme l'on dit, « de gauche » ou « de droite » ; mais au-delà d'un certain orgueil, d'un certain mépris, d'un certain chantage, d'une certaine horreur, il n'y a plus de différence, plus de place pour aucune référence à une quelconque idéologie. Il y a de l'humain et de l'inhumain, voilà tout.

C'est alors que surgit, du fond de l'ignoble sagesse des nations, pour anesthésier toutes les consciences, pour tranquilliser les coupables et réduire les témoins au silence, la phrase abjecte, abominable, celle qui, depuis les premiers pas de l'humanité jusqu'à ses derniers jours, excuse et exalte, excusera et exaltera tous les crimes : « La fin justifie les moyens. »

C'est ce que dit Machiavel, en toute mauvaise foi ; c'est ce que prétend Massu*, en toute bonne foi, — et c'est la plus belle invention du démon. Il faut répondre bonnement : Eh bien ! non ! la fin ne justifie jamais les moyens lorsque ceux-ci sont, de soi, injustifiables.

Chez les intellectuels et les partisans, la mode est à l'« amalgame » : mettre tout dans le même sac ; nommer « répression » ce qui n'est que maintien de l'ordre car la question est de savoir de quel ordre il s'agit, mais pas s'il est nécessaire ou non de le maintenir ; dériver insensiblement des moyens indispensables, même s'ils sont pénibles ou humiliants, aux moyens indéfendables. Mais, ici, l'enjeu est trop grave pour qu'on laisse quiconque brouiller les cartes. Essayons d'être purs et simples. Non, la fin ne justifie pas toujours les moyens ; et la frontière, c'est Gandhi qui l'a établie à jamais, ne laissant aucune échappatoire aux ambitieux, aux sadiques, aux tyrans, quand il énonce calmement que : « La fin est dans les moyens comme l'arbre est dans la semence. »

Autrement dit, si vous employez la terreur, la torture, le chantage, la fin que vous poursuivez par ces moyens-là est d'avance condamnée, d'avance entachée de terreur, de torture, de chantage. C'est bien pourquoi aucun chef d'aucune nation occidentale n'assistait aux obsèques de Franco, quelque prospérité, quelque paix que celui-ci ait, sans conteste, procurées à l'Espagne. La fin était honorable, les moyens trop souvent déshonorants. C'est aussi pourquoi le général Pinochet tombera, à son tour, au fond d'un océan de sang. Et, pour balayer humblement devant notre porte, c'est aussi notamment pourquoi nous avons « perdu l'Algérie » et, plus grave, une certaine idée de la France et de son armée.

Gilbert Cesbron, © *Le Monde*, 5.12.75.

* Général français qui défendit le principe de la torture durant la guerre d'Algérie.

Reprise des mots du texte

Ce texte fournit un exemple du cas assez rare où il est pratiquement impossible de ne pas reprendre une expression du texte. Il est tout entier centré sur l'explication et la discussion de la formule « *La fin justifie les moyens* ». Cette expression devra se retrouver dans un résumé qui montrera cependant qu'elle est comprise. Inutile donc de la remplacer par des formules équivalentes du type « *L'objectif fait pardonner la manière de l'atteindre* » ou « *La pureté de l'intention fait oublier la méchanceté de l'action* ».

Où est l'essentiel ?

Nous avons évoqué cette sorte de cercle vicieux : pour trouver où est l'essentiel, il faut mettre en évidence les éléments clés, et pour mettre en évidence les éléments clés, il faut, d'une certaine façon, avoir perçu où est l'essentiel.

Mais pour apprendre à nager, il faut bien se jeter à l'eau. Il est donc bon de souligner non pas seulement les mots, mais les phrases ou les fragments de phrase qui paraissent les plus importants. Le mieux est d'utiliser un crayon pour pouvoir revenir sur une erreur.

Pour acquérir de bons réflexes, dans la phase d'apprentissage, ce travail peut être systématisé par un classement en trois colonnes selon la procédure expliquée pour l'exemple précédent : essentiel (qui doit absolument figurer dans le résumé) ; secondaire (ce qui peut figurer dans un résumé si le nombre de mots alloués est important) ; accessoire (ce qui peut être laissé de côté).

Cela fait, rédiger « *la* » phrase.

Classement des éléments

ESSENTIEL	SECONDAIRE	ACCESSOIRE
Horreur : torture d'enfants, d'hommes, de femmes		achat du *Monde*, situation dans le métro ou en voiture ; coup d'œil aux titres, au feu rouge
On enseigne et on apprend à torturer	nombre de pays concernés (70)	modalités des tortures
	Ce qui nous absorbe : l'actualité (Portugal, Liban, chômage)	modalités de l'enseignement, diplômes
Honte d'être chrétien ; honte d'être homme		après vingt siècles de chrétienté
c'est le MAL	le terrible « à quoi bon »	
	même le bourreau, le dictateur admettent que c'est le mal	
Il y a de l'humain et de l'inhumain		
La pseudo-justification : la fin justifie les moyens		Exemples — Machiavel — Massu
Il faut répondre NON à cette soi-disant justification	Tendance à l'amalgame des intellectuels entre répression nécessaire et répression inacceptable	
La fin ne justifie pas toujours les moyens	Image de Gandhi sur arbre et semence	Exemples — Franco — Pinochet — Algérie
Le moyen mauvais condamne la fin		

Examen du tableau

Les pointillés indiquent les articulations de la pensée.

1. Description de la torture (pour faire partager l'horreur ressentie).
2. Honte devant le mal absolu.
3. L'ignoble justification par la formule *« La fin justifie les moyens »*.
4. Le refus de cette pseudo-justification.

Intérêt de cet examen pour apprendre à rédiger

Nous avons ici une organisation des matériaux dont vous pouvez vous inspirer quand vous construisez un développement :

1. LES FAITS.
2. LA DISCUSSION.

▶ RÉSUMÉ EN UNE PHRASE

La torture telle qu'elle se pratique et s'enseigne sur toute la planète est le mal absolu et toutes les tentatives pour la justifier, qui mettent en avant le caractère louable des objectifs, sont vaines.

▶ RÉSUMÉS

Nous proposons ci-dessous deux résumés correspondant respectivement à des sujets demandant un résumé en 100 mots et en 50 mots.

Vous pourrez étudier ces résumés en fonction des problèmes suivants : traitement des exemples, respect des proportions du texte, expression de l'articulation de la pensée.

Il faut accepter de quitter son train-train quotidien pour regarder l'horreur en face : on torture des enfants et des adultes dans de nombreux pays et on y enseigne la torture. Ces pratiques ignobles nous font éprouver la honte d'être homme et tout le monde reconnaît qu'elles constituent le mal absolu.

Certains justifient ce recours à la torture par la formule « La fin justifie les moyens », mais nous devons refuser de toutes nos forces cette pseudo-justification. Des moyens inhumains condamnent par avance l'objectif dont ils sont le prétexte. Le déshonneur des moyens ne conduit qu'au déshonneur.

L'horreur existe au quotidien. Dans de nombreux pays, on pratique et on enseigne la torture. Ceux qui justifient cette ignominie par la formule « La fin justifie les moyens » ont tort. L'objectif, si élevé qu'il soit, est corrompu d'avance, condamné, quand la manière de l'atteindre est ignoble.

EXEMPLE N° 3

Albert Cohen est l'auteur de l'un des plus beaux romans de langue française. Il s'agit de *Belle du Seigneur* disponible aux éditions Gallimard. Le texte proposé ici est tiré d'un autre livre de cet auteur, *Le Livre de ma mère*.

Les passages en italiques ont été mis en évidence par nous pour faire ressortir les principaux enchaînements logiques.

OBJECTIF

- **Résumé du texte en une seule phrase.**
- **Résumé en 80 mots.**

L'amour d'une mère

D'ailleurs la poétique demoiselle, *si j'avais* perdu, par quelque mal soudain, ma force ou simplement toutes mes dents, *elle aurait* dit à sa femme de chambre en me désignant de balayer cette ordure édentée. *Ou*, plus noblement, cette musicale donzelle *aurait* senti, soudain senti et eu la spirituelle révélation qu'elle ne m'aimait plus et que ce serait impur de ne pas vivre dans la vérité et de continuer à voir un homme qu'elle n'aimait plus. Son âme *se serait* envolée à tire-d'aile. Ces nobles personnes aiment les hommes forts, énergiques, affirmatifs, les gorilles quoi. Édentés ou non, forts ou faibles, jeunes ou vieux, nos mères nous aiment. *Et plus* nous sommes faibles et plus elles nous aiment. Amour de nos mères, à nul autre pareil.

Petite remarque *en passant*. *Si* le pauvre Roméo avait eu tout à coup le nez coupé net par quelque accident, Juliette le revoyant, *aurait* fui avec horreur. Trente grammes de viande en moins, et l'âme de Juliette n'éprouve plus de nobles émois. Trente grammes de moins et c'est fini, les sublimes gargarismes au clair de lune, les « ce n'est pas le jour, ce n'est pas l'alouette ». *Si* Hamlet avait, à la suite de quelque trouble hypophysaire, maigri de plus de trente kilos, Ophélie *ne l'aimerait plus* de toute son âme. L'âme d'Ophélie pour s'élever à de divins sentiments a besoin de soixante kilos de biftecks. Il est vrai que *si* Laure était devenue soudain cul-de-jatte, Pétrarque lui *aurait* dédié de moins mystiques poèmes. *Et pourtant*, la pauvre Laure, son regard serait resté le même et son âme aussi. *Seulement voilà*, il lui faut des cuissettes à ce monsieur Pétrarque, pour que son âme adore l'âme de Laure. Pauvres mangeurs de viande que nous sommes, nous avec nos petites blagues d'âme. Assez, mon ami, on a compris.

Albert Cohen, *Le Livre de ma mère*,

Examen du texte

Le texte est fait d'une suite d'hypothèses montrant en quoi le caractère sublime de l'amour a toujours ses limites tenant au physique de l'être aimé. L'avant-dernière phrase résume le propos : « *Pauvres mangeurs de viande que nous sommes, nous avec nos petites blagues d'âme.* »

A cette opposition *corps/âme* s'ajoute une opposition entre l'amour des amants et l'amour d'une mère pour son fils. Cette opposition apparaît à la fin du premier paragraphe. L'amour d'une mère pour son fils, à la différence de celui des amoureux ou des amoureuses, est capable de dépasser l'aspect physique.

Cette opposition amoureux-mère, même si elle occupe relativement peu de place dans le texte de départ, est centrale et doit être retenue.

► RÉSUMÉ EN UNE PHRASE

> L'amour d'une mère pour son fils dépasse de cent coudées celui des amants car elle est capable d'accepter toutes les faiblesses ou les dégradations physiques de celui qu'elle aime, ce qui n'est pas le cas des amoureux même les plus sublimes.

► RÉSUMÉ EN 80 MOTS

L'idée sur le caractère relatif des sentiments des amoureux est illustrée par quatre exemples :

1. Cas personnel.

2. Roméo et Juliette : allusion à la pièce de Shakespeare (1564-1616), *Roméo et Juliette*, illustration d'un grand amour qui se termine par la mort des deux amants.

3. Hamlet et Ophélie : allusion à une autre pièce de Shakespeare, *Hamlet* (1602). Délaissée par Hamlet, tout occupé par le désir de venger son père, Ophélie se noie.

4. Pétrarque et Laure : Pétrarque (1304-1374) est un poète italien qui vécut longtemps en France. Il écrivit pour Laure, femme assimilée à une sorte de divinité, des poèmes où se manifeste un amour intense et très épuré.

Notre problème est de savoir quel sort nous allons réserver à ces exemples. Cela va dépendre de la longueur du résumé. Dans un résumé court, les exemples vont disparaître ou être englobés dans une formulation synthétique.

Dans un résumé relativement long, ces exemples pourront être évoqués, mais il faudra éviter la tentation de n'en conserver que deux sur quatre. Sur ce point, se reporter page 195 et suivantes.

> La femme qui m'aime verrait fondre ses sentiments si j'étais brusquement l'objet d'une dégradation physique. Les belles âmes de Roméo et de Juliette, d'Ophélie, de Pétrarque amoureux extasié de Laure ne résisteraient pas mieux à une importante altération physique de l'être aimé. C'est en cela que l'amour d'une mère pour son fils dépasse de loin l'amour des amants, car il prend l'être aimé tel qu'il est avec éventuellement ses faiblesses ou ses tares physiques.

Ce résumé comprend 87 mots. Il est donc dans les limites autorisées pour un résumé de 80 mots. A titre d'exercice, vous pouvez essayer de le ramener à 80 mots.

Comme pour tout résumé court, l'ordre du texte ne peut être suivi que d'une manière approximative.

EXEMPLE N° 4

Célestin Freinet (1896-1966) est un instituteur du Sud de la France qui fut à l'origine de ce que l'on appelle aujourd'hui les *« méthodes actives »*. Réagissant contre l'autoritarisme de son époque sans tomber pour autant dans le laxisme, il préconisa en particulier l'imprimerie à l'école, le texte libre, la correspondance scolaire. Ces activités s'intégraient dans un projet éducatif destiné à favoriser l'épanouissement de la personnalité de l'enfant et le décloisonnement de l'école par rapport au contexte social. Freinet exprime ses idées dans plusieurs ouvrages dont *Les Dits de Mathieu* que nous citons ici.

OBJECTIF

- **Résumé en une seule phrase.**
- **Résumé en une centaine de mots conservant les images du texte.**

Faire des expériences

Il y a, dans la vie, deux sortes d'individus : ceux qui font encore des expériences et ceux qui n'en font plus.

Ils n'en font plus parce qu'ils se sont assis au bord de la mare à l'eau dormante, dont la mousse a effaçé jusqu'à la limpidité et jusqu'au pouvoir qu'ont parfois les mares de changer de couleurs selon les caprices du ciel qu'elles reflètent. Ils se sont appliqués à définir les règles de l'eau morte, et ils jugent désordonnée, incongrue et prétentieuse l'impétuosité du torrent troublant l'eau de la mare, ou le vent qui balaie en un instant vers les bords les mousses stagnantes, redonnant un court souci de profondeur azurée à la nappe verdâtre.

Ils ne font plus d'expérience parce que leurs jambes lasses ont perdu jusqu'au souvenir de la montagne qu'ils escaladaient naguère avec une audace qui triomphait parce qu'elle allait toujours au-delà des ordonnances et des prescriptions de ceux qui s'appliquent à réglementer l'ascension au lieu de la vivre. Ils se sont confortablement installés dans la plaine toute marquetée de routes et de barrières et ils prétendent juger selon leur mesure à eux la hardiesse des montagnes dont les aiguilles semblent défier l'azur.

Ils ne font plus d'expériences. Alors ils voudraient arrêter la marche de ceux qui risquent de les dépasser et de les surclasser. Ils essaient de retenir les inquiets et les insatisfaits qui grondent avec le torrent ou qui partent par des voies inexplorées, à l'assaut des pics inaccessibles. Ils codifient sur leurs grimoires les lois de la nature morte ou de la plaine marquetée et ils condamnent d'avance, au nom d'une science dont ils se font les grands maîtres, toutes les expériences qui visent à sonder ce qui reste encore d'inconnu, à découvrir des voies hors des routes traditionnelles et à tenter chaque jour l'impossible parce que c'est cet incessant assaut de l'homme contre l'impossible et l'inconnu qui est la raison vivante de la science.

Il y a deux sortes d'hommes : ceux qui font des expériences et ceux qui n'en font plus.

Célestin Freinet, *Les Dits de Mathieu*,

Examen du texte

L'idée principale est exprimée dans la première phrase et reprise dans des termes quasiment identiques en fin de texte.

Le corps du texte utilise le procédé de l'anaphore : chaque début de paragraphe commence par les mêmes mots ou presque.

Pour renforcer l'opposition autour de laquelle s'articule le texte, l'auteur utilise des images : opposition de l'étang et du torrent, opposition de la plaine et de la montagne. Ces images se prolongeant sur plusieurs lignes et même sur plusieurs paragraphes sont des métaphores filées.

Tout le texte est construit sur une opposition. Si l'on dispose de suffisamment de temps, il est bon, pour mieux cerner l'idée principale, de classer les différents termes de cette opposition. Cela permet une rédaction plus rapide et limite les risques d'omission.

Seuls les passages entre parenthèses ne correspondent pas à des citations du texte. Les lignes en pointillé correspondent à la séparation entre les paragraphes. Ils permettent de constater qu'un paragraphe est centré sur l'opposition *eau dormante/eau vive* et le paragraphe suivant sur l'opposition *plaine/montagne*. Le troisième paragraphe évoqué dans le tableau reprend des éléments de l'une et l'autre de ces images.

Nous avons déjà procédé à un premier classement en mettant en italiques ce qui se rapporte à l'idée d'une réglementation.

Ceux qui ne font plus d'expériences		**Ceux qui font encore des expériences**
assis		
eau dormante		
(disparition) de limpidité et changer de couleurs		
des règles		
eau morte		
ils jugent désordonnée et incongrue et prétentieuse	↗ ↘	l'impétuosité du torrent le vent
nappe verdâtre	↔	profondeur azurée
jambes lasses		audace du triomphe
		au-delà des ordonnances et des prescriptions
réglementer l'ascension	↔	la vivre
confortablement installés		
plaine *toute marquetée de routes et de barrières*	↔	la hardiesse des montagnes dont les aiguilles semblent défier l'azur
arrêter la marche (de ceux qui ont gardé l'audace)		inquiets, insatisfaits, qui grondent avec le torrent
		voies inexplorées
		à l'assaut des pics inaccessibles
Ils codifient sur leurs grimoires nature morte plaine *marquetée* condamnent d'avance		EXPÉRIENCES qui visent encore à sonder ce qui reste d'inconnu, à découvrir des routes hors des voies traditionnelles... à tenter chaque jour l'impossible incessant assaut... contre l'impossible et l'inconnu raison vivante de la science

Examen du tableau

Nous constatons tout d'abord le très grand nombre d'éléments qui permettent de mettre solidement en place l'opposition.

Pour éviter les répétitions tout en étant exhaustif, il faut classer ces éléments. Cette opposition s'organise en fonction de quelques sous-oppositions :

1. MORT/VIE : eau morte, nature morte/la vivre, raison vivante.

2. FATIGUE/ACTIVITÉ : assis, eau dormante, jambes lasses/escalader avec audace, tenter l'impossible, incessant assaut.

3. CÔTÉ « AMORTI »/ESPRIT D'AVENTURE : confortablement installés, ils condamnent d'avance/voies inexplorées, l'assaut des pics inaccessibles, ce qui reste encore d'inconnu, tenter chaque jour l'impossible, l'impossible et l'inconnu.

4. DÉSIR DE RÉGLEMENTER/DÉSIR D'EXPLORER : des règles, réglementer l'ascension, toute marquetée de routes et de barrières, ils codifient, plaine marquetée/(ce qui concerne l'esprit d'aventure dans la rubrique précédente).

Rédaction du résumé

Nous savons déjà que le résumé sera obligatoirement structuré autour d'une opposition.

Il ne sera pas possible d'entrer dans le détail, mais les idées forces du tableau devraient apparaître. Il serait intéressant de pouvoir conserver les oppositions *mare/torrent* et *plaine/montagne* pour conserver quelque chose de la saveur concrète du texte.

Il ne sera sans doute pas possible de conserver le procédé de composition adopté par l'auteur (texte finissant presque par la phrase du début). En principe, puisque le résumé doit rendre la structure du texte, il serait bon de le faire, mais cela risque d'être assez coûteux en mots.

▶ RÉSUMÉ EN UNE PHRASE

Le texte étant court, nous allons nous imposer d'en faire un résumé assez complet mais en une seule phrase. Ce sera un moyen de lutter contre la tendance à abuser des propositions indépendantes juxtaposées.

> Les hommes se partagent en deux grandes catégories, la catégorie de ceux qui ne font plus d'expériences, ayant opté pour l'endormissement, la pusillanimité, la volonté de tout enserrer dans des règles et la catégorie de ceux qui continuent de faire des expériences et qui échappent au conformisme pour hardiment s'avancer sur des terres inexplorées.

Examen du résumé

Il s'est en fin de compte avéré impossible de conserver les images ; mais l'essentiel, c'est-à-dire la structure antithétique du texte, est rendue dans le résumé.

▶ RÉSUMÉ EN 100 MOTS

Sans nous astreindre cette fois à faire un résumé en une seule phrase et avec un quota supérieur, nous allons essayer de conserver les images.

Il y a les hommes qui stagnent comme l'eau de la mare et ceux toujours prêts à rebondir comme l'eau du torrent. Il y a ceux qui se complaisent dans la plaine où tout est prévu, balisé et ceux qui préfèrent partir hardiment à l'assaut des sommets inviolés. Il y a ceux qui ont choisi le confort, la routine, l'endormissement et ceux que n'effraient pas l'inconnu et l'impossible. Il y a des hommes qui ont cessé de faire des expériences et d'autres qui continuent d'en faire.

Examen de ce résumé

L'anaphore sur « *Il y a* » ne peut pas être considérée comme un point faible, puisqu'elle retrouve d'une certaine manière le rythme du texte sans pour autant le démarquer.

2
TRAVAILLER SUR LE TEXTE

Certains ouvrages conseillent de commencer par résumer le texte paragraphe par paragraphe pour n'étudier qu'ensuite les possibilités de regroupement ou de dédoublement. Procéder ainsi peut avoir son utilité dans la phase d'apprentissage et avec des personnes peu entraînées.

Mais cette méthode doit être rapidement dépassée et cela pour une raison simple : l'expérience prouve que le temps manque pour la mettre en œuvre quand on travaille dans les conditions de l'examen.

Il faut donc apprendre à « *travailler sur le texte* », c'est-à-dire à y porter des indications qui vont faire ressortir l'essentiel et apparaître la structure du texte.

Certains candidats ont recours à un surligneur, appelé aussi parfois « stabilo ». Nous avons évoqué les inconvénients de cette méthode page 49, et c'est pourquoi nous en proposons une autre.

L'emploi du crayon

Nous conseillons d'utiliser un crayon pour ne pas trop nuire à la lisibilité. L'objectif de ce travail sur le texte est de mettre en évidence :

— les grandes unités de sens ;
— les articulations entre ces grandes unités de sens ;
— les articulations à l'intérieur des unités de sens ;
— les différents éléments situés sur un même plan (ainsi les différents exemples illustrant le même propos).

Nous adoptons le code suivant, mais chacun peut évidemment établir son propre code :

• *Pour les éléments jugés importants* : simple soulignement ; les éléments les plus importants seront soulignés d'un trait ondulé.

• *Pour les connexions* : pour les mots ou les éléments qui assurent les grandes articulations du texte, la partie concernée est entourée d'un rectangle ; pour les connexions de caractère secondaire (les connexions à l'intérieur d'une unité de sens), il suffit de mettre l'élément entre crochets.

Cette distinction a son importance. Certains ouvrages conseillent de commencer par encadrer tous les mots-outils servant à assurer une relation logique (mais, donc, toutefois, en conséquence, cependant, etc.). Nous pensons que, surtout s'il est appliqué d'une façon un peu mécanique et sans discernement, ce conseil n'est pas bon.

La principale raison est que ces mots-outils n'ont pas tous la même importance. Certains « *mais* » du texte jouent un rôle fondamental pour l'articulation de la pensée ; d'autres ont un caractère tout à fait secondaire. Il faut donc éviter de leur accorder la même importance.

Ajoutons que si ce travail est utile, il n'est pas suffisant. En effet, quand un texte a une très forte cohérence logique, les mots-outils deviennent presque inutiles. La simple juxtaposition d'éléments va parfois suffire pour marquer, par exemple, un rapport de cause à conséquence.

Par ailleurs, la relation logique peut être marquée autrement que par des mots-outils. Ainsi, dans le texte précédent, la progression de la pensée (un refus de l'argument qui vient d'être évoqué) se marque par l'expression « *Eh bien ! non* ».

Un bon exercice pour lutter contre l'inflation du soulignement qui s'observe fréquemment : s'efforcer de ne souligner (pour commencer) qu'un seul élément par phrase. Cette méthode oblige à se poser des problèmes de prévalence.

• *Pour les éléments d'une énumération ou des oppositions de caractère secondaire* : entourer d'un « *rond* » en complétant par une patte d'oie en marge.

Les grandes unités de sens, qui souvent ne correspondent pas aux paragraphes, seront rendues visibles par des traits horizontaux prenant toute la largeur de la page. Un trait en pointillé pourra marquer une sorte de coupure à l'intérieur d'une unité de sens.

Nous avons rendu visible, mais nous n'avons rien écrit. Il faut éviter de surcharger le texte. Mais ceux qui le souhaitent peuvent évidemment ajouter quelques mots en marge. Chacun sa méthode. Mais, à titre personnel, nous ne le faisons jamais.

Le résultat de ce travail, effectué sur le texte de Cesbron étudié dans le chapitre précédent (p. 67-73), donne le résultat suivant :

EXEMPLE N° 1 ►

Travail sur le texte

La fin et les moyens

Vous venez d'acheter *le Monde*. Vous êtes debout dans le métro, ou assis dans votre voiture, et, jetant à chaque feu rouge, un coup d'œil sur les titres, vous pensez Portugal, Espagne, Liban ou encore « chômage, inflation ». Mais, en ce moment, il y a des enfants que l'on viole devant leurs parents, des hommes sur les parties sexuelles de qui l'on pose des électrodes, des femmes dans le vagin de qui l'on insémine un produit qui va attirer les souris. Il y a, en ce moment même, des classes très studieuses où des écoliers adultes apprennent avec dessins au tableau noir, comment on torture. Il y a dans plus de soixante-dix pays, des « étudiants » qui font des exercices pratiques de torture pour obtenir un certificat de spécialiste. Tout cela ce sont des faits, comme le Portugal, le Liban ou l'« inflation ». Certes, on ne peut pas y penser sans cesse. Mais voulez-vous, un instant, entre l'Espagne et le chômage, y penser avec moi ?

Tout ce qui nous rend soudain honteux d'être chrétien après vingt siècles de chrétienté, tout ce qui, plus universellement, nous empêche d'être fier d'être un homme, tout ce qui nous donne la nausée du désespoir et nous souffle le terrible « A quoi bon ? A quoi bon me battre, à quoi bon vivre ? » — tout cela, c'est le mal. Pas un humain ne peut y contredire, pas un. Même le bourreau. Même le dictateur, qu'il soit, comme l'on dit, « de gauche » ou « de droite » ; mais au-delà d'un certain orgueil, d'un certain mépris, d'un certain chantage, d'une certaine horreur, il n'y a plus de différence, plus de place pour aucune référence à une quelconque idéologie. Il y a de l'humain et de l'inhumain, voilà tout.

C'est alors que surgit, du fond de l'ignoble sagesse des nations, pour anesthésier toutes les consciences, pour tranquilliser les coupables et réduire les témoins au silence, la phrase abjecte, abominable, celle qui, depuis les premiers pas de l'humanité jusqu'à ses derniers jours, excuse et exalte, excusera et exaltera tous les crimes : « La fin justifie les moyens. »

C'est ce que dit Machiavel, en toute mauvaise foi ; c'est ce que prétend Massu, en toute bonne foi, — et c'est la plus belle invention du démon. Il faut répondre bonnement : Eh bien ! non ! la fin ne justifie jamais les moyens lorsque ceux-ci sont, de soi, injustifiables.

Chez les intellectuels et les partisans, la mode est à l'« amalgame » : mettre tout dans le même sac ; nommer « répression » ce qui n'est que maintien de l'ordre car la question est de savoir de quel ordre il s'agit mais pas s'il est nécessaire ou non de le maintenir ; dériver insensiblement des moyens indispensables, même s'ils sont pénibles ou humiliants, aux moyens indéfendables. Mais, ici, l'enjeu est trop grave pour qu'on laisse quiconque brouiller les cartes. Essayons d'être purs et simples. Non la fin ne justifie pas toujours les moyens ; et la frontière, c'est Gandhi qui l'a établie à jamais, ne laissant aucune échappatoire aux ambitieux, aux sadiques, aux tyrans, quand il énonce calmement que : « La fin est dans les moyens comme l'arbre est dans la semence. »

Autrement dit, si vous employez la terreur, la torture, le chantage, la fin que vous poursuivez par ces moyens-là est d'avance condamnée, d'avance entachée de terreur, de torture, de chantage. C'est bien pourquoi aucun chef d'aucune nation occidentale n'assistait aux obsèques de Franco, quelque prospérité, quelque paix que celui-ci ait, sans conteste, procurées à l'Espagne. La fin était honorable, les moyens trop souvent déshonorants. C'est aussi pourquoi le général Pinochet tombera, à son tour, au fond d'un océan de sang. Et, pour balayer humblement devant notre porte, c'est aussi notamment pourquoi nous avons « perdu l'Algérie » et, plus grave, une certaine idée de la France et de son armée.

Remarques sur le « travail sur le texte » des pages 88-89

Pour bien suivre les explications qui suivent, le mieux serait de faire une photocopie des pages 88-89 que vous aurez sous les yeux quand vous lirez notre commentaire.

L'articulation de la pensée

Les traits horizontaux sur toute la largeur de la page permettent de dégager les grandes unités de sens, ce qui va permettre de structurer le résumé.

Ces traits horizontaux permettent de rendre visibles les quatre grands volets du texte :

I. LES FAITS
II. RÉFLEXION INSPIRÉE PAR CES FAITS
III. L'IGNOBLE JUSTIFICATION
IV. LE REFUS DE CETTE JUSTIFICATION

Nous remarquons que ce découpage ne correspond qu'au début aux paragraphes du texte.

La transition entre la première et la seconde unité de sens n'est pas assurée par le mot *« mais »* qui correspond à une opposition secondaire mais par *« voulez-vous... y penser avec moi ? »* Cet élément indique que l'on va passer du constat à la réflexion.

L'enchaînement entre la seconde et la troisième unité de sens est assurée par l'expression *« C'est alors que surgit »*.

Enfin, la quatrième unité de sens est introduite par *« Il faut répondre bonnement : Eh bien ! non. »*

Nous constatons que les relations logiques ne sont pas systématiquement assurées par un mot-outil. Les mots-outils que nous avons mis entre crochets ne correspondent, en effet, qu'à des relations logiques d'importance secondaire. Cet exemple montre donc bien les limites de la méthode consistant à encadrer tous les « *connecteurs* ».

Les articulations secondaires

Notre commentaire des articulations secondaires n'est pas exhaustif. Le « *mais* » entre crochets du premier paragraphe marque une opposition à l'intérieur de l'unité de sens. Cette opposition a son importance puisqu'elle structure cette unité de sens. L'auteur joue sur le contraste entre nos activités quotidiennes et ce qui se passe, en même temps, mais loin de notre regard.

Il est intéressant de noter qu'en établissant cette opposition, il n'a pas opté pour la facilité. Il aurait rendu le contraste encore plus saisissant s'il avait évoqué des gens consacrant toute leur énergie à des occupations futiles. Il est vrai qu'il s'adresse aux lecteurs du *Monde* dont on peut supposer qu'ils s'intéressent à l'actualité.

A première vue, du fait qu'elle sert à structurer l'unité de sens, cette opposition sera reprise dans le résumé.

« *Même* », employé deux fois dans le second paragraphe, correspond à un renchérissement qui ne pourra être conservé que si l'on dispose d'un fort quota de mots.

Les ronds et les pattes d'oie

Les ronds et les pattes d'oie permettent de rendre visibles des éléments qui sont situés sur le même plan ; ainsi pour les trois exemples en fin de texte.

Dans le premier paragraphe, pour éviter un chevauchement entre deux pattes d'oie, nous avons relié par un trait « *enfant* », « *homme* », et « *femme* ».

Intérêt de cette démarche

Votre problème est de rendre dans le résumé l'articulation de la pensée. Cette méthode rend visible cette articulation. Elle vous permet donc d'éviter le résumé éclaté, en miettes, qui donne le sentiment que le texte n'a pas été compris.

EXEMPLE N° 2

Le titre du livre de Christian Combaz, *Eloge de l'âge dans un monde jeune et bronzé*, en indique déjà la teneur. Le texte extrait de ce livre que nous proposons ici est un texte très concret, écrit par un homme qui perçoit la vie dans son épaisseur et la rend. Mais ce texte, s'il est facile à comprendre, n'est pas vraiment facile à résumer. Paradoxalement, il va falloir se montrer très sélectif. De nombreux rédacteurs vont, en effet, se perdre dans l'anecdote au lieu de porter leur effort sur la mise en évidence de la grande opposition autour de laquelle le développement s'organise.

OBJECTIF

- **« Travailler sur le texte » selon la méthode proposée page 85-87.**
- **Faire un résumé en 150 mots.**
- **Faire un résumé en 50 mots.**

Eloge de l'âge

Quand j'avais dix ans, je posai ma main sur celle de mon grand-père. Je trouvai miraculeux que nous fussions si dissemblables et pourtant de la même espèce. C'était une chose si troublante qu'il m'arrivait d'enfiler la veste de son costume afin de voir si, par hasard, ma peau n'allait pas devenir grise et ressembler comme la sienne à celle des tortues, mais je restais lisse, blafard et songeur devant la glace, et je me disais qu'un jour, j'aurais moi aussi les cheveux blancs, des plis au coin de la bouche et un costume rayé.

Cette idée me causait une grande satisfaction. Atteindre la vieillesse représentait l'accomplissement d'une ambition. Ce n'était pas la chute, mais le sommet. Mon grand-père se plaignait bien un peu de la fatigue, mais je trouvais que c'était un prix modeste à payer pour la satisfaction de porter une canne et de jouir enfin du privilège d'être vieux, car je ne doutais pas que ce fût un privilège.

Nous étions même assez nombreux à le penser encore, à cette époque. Le hasard voulut que je naisse avant le temps de la télévision de masse. Je suis allé à l'école chez les bons pères. Ma famille n'était pas d'avant-garde. J'ai donc été élevé à l'abri de la modernité. A table on n'interrompait pas les grandes personnes. Mon père n'interrompait pas mon grand-père. Dans les livres, on célébrait l'âge et l'expérience comme de grandes vertus. Les illustrations qui ornaient nos manuels d'histoire représentaient un tas de vieillards célèbres, et la sagesse avait pour moi la tête de Victor Hugo.

Plus tard, vers quatorze ou quinze ans, j'ai fait l'expérience d'une réalité différente. En vérité, ma génération entière, soit, grossièrement, celle de l'après-guerre, a découvert qu'on lui avait menti. Le temps est venu des voitures à crédit, de la consommation, des vacances au soleil. Nos parents n'ont pas vieilli comme ils l'auraient dû. En fait, ils n'ont pas vieilli du tout. Ils ont acheté des électrophones. Ils ont découvert les chemises imprimées. Ils sont allés danser. Nos grands-parents eux-mêmes auraient, à cette époque, donné toute la sagesse du monde pour une croisière.

Un peu plus tard, le prix des croisières ayant baissé, ils sont partis visiter la planète dans le but de nous accabler, ensuite, avec leurs projections de diapositives. Les enfants de ces milieux qu'on appelle « simples » dont les grands-pères avaient encore une moustache jaune, des copains de bistrot, un bout de jardin et un atelier, ne connaissaient pas leur bonheur Les autres, comme moi, en étaient réduits à visiter deux fois l'an un couple de vieillards amers et pointilleux dans une résidence en béton qui portait un nom de fleur. Et surtout, ils ne voyaient pas trace de cette sagesse dont Cicéron, célèbre auteur de versions latines, nous disait qu'elle était le propre de la vieillesse : les feuilletons télévisés, l'entretien de la voiture, les visites chez le médecin, voilà plutôt ce dont on parlait chez nous.

J'avais tout de même de grands-oncles paysans. Nous allions les voir en famille, pendant nos vacances à la montagne. Leur conversation n'était pas gaie, ils sentaient le chien humide et la soupe de légumes, les femmes avaient des varices, les hommes du poil aux oreilles, mais ils inspiraient le respect. Eux, du moins me décrivaient des choses que je n'avais pas vues la veille au journal télévisé. Tandis que les autres, les modernes, les déracinés, les retraités-à-crédit, ne racontaient que des lieux communs, des sottises et des insignifiances. D'ailleurs leur maison ne sentait rien. D'ailleurs, c'était à peine une maison. C'était une boîte. Et eux-mêmes, ils ne ressemblaient à rien. Ils étaient vêtus comme des adultes dans l'âge mûr, ils parlaient des mêmes choses, ils conduisaient les mêmes voitures. La seule différence est qu'ils n'allaient ni à l'usine ni au bureau. On prétendait, à cette époque, qu'ils ne savaient pas quoi faire.

Quelques années plus tard, ils ont trouvé. La société s'est organisée pour les rendre plus actifs, c'est-à-dire pour leur permettre de faire illusion plus longtemps. Le yoga de supermarché, les bains de soleil, les cosmétiques ont produit ce miracle et prolongé leur maturité jusqu'aux limites de la décrépitude. Désormais, on les occupe même utilement. Ils transmettent un savoir. Ils vont à l'université. Ils iront un jour peut-être, nous dit-on, reprendre leur métier.

Mais les autres, les vieux pour qui le chemin de l'épicerie est semé d'embûches, ceux qui regardent l'horloge, ceux qui classent des photos et qui ont mal aux jambes, ceux qui n'ont plus guère de besoins, de désirs, ceux qui ne marchent plus sur autrui pour obtenir satisfaction, ceux qui ne savent ni attaquer ni se défendre, ceux-là sont à jamais sortis du jeu.

La vie est une partie de dames. Quand on ne prend pas les pions de l'adversaire, on se voit souffler les siens. Et comme souffler n'est pas jouer, la société des bien-portants joue, et joue encore et creuse sans cesse l'écart entre ceux qui agissent et ceux qui les regardent.

Christian Combaz, *Éloge de l'âge*,

Travail sur le texte

Éloge de l'âge

Quand j'avais dix ans, je posai ma main sur celle de mon grand-père. Je trouvai miraculeux que nous fussions si dissemblables et pourtant de la même espèce. C'était une chose si troublante qu'il m'arrivait d'enfiler la veste de son costume afin de voir si, par hasard, ma peau n'allait pas devenir grise et ressembler comme la sienne à celle des tortues, mais je restais lisse, blafard et songeur devant la glace, et je me disais qu'un jour, j'aurais moi aussi les cheveux blancs, des plis au coin de la bouche et un costume rayé.

Cette idée me causait une grande satisfaction. Atteindre la vieillesse représentait l'accomplissement d'une ambition. Ce n'était pas la chute, mais le sommet. Mon grand-père se plaignait bien un peu de la fatigue, mais je trouvais que c'était un prix modeste à payer pour la satisfaction de porter une canne et de jouir enfin du privilège d'être vieux, car je ne doutais pas que ce fût un privilège.

Nous étions même assez nombreux à le penser encore, à cette époque. Le hasard voulut que je naisse avant le temps de la télévision de masse. Je suis allé à l'école chez les bons pères. Ma famille n'était pas d'avant-garde. J'ai donc été élevé à l'abri de la modernité. A table on n'interrompait pas les grandes personnes. Mon père n'interrompait pas mon grand-père. Dans les livres, on célébrait l'âge et l'expérience comme de grandes vertus. Les illustrations qui ornaient nos manuels d'histoire représentaient un tas de vieillards célèbres, et la sagesse avait pour moi la tête de Victor Hugo.

Plus tard, vers quatorze ou quinze ans, j'ai fait l'expérience d'une réalité différente. En vérité, ma génération entière, soit, grossièrement, celle de l'après-guerre, a découvert qu'on lui avait menti. Le temps est venu des voitures à crédit, de la consommation, des vacances au soleil. Nos parents n'ont pas vieilli comme ils l'auraient dû. En fait, ils n'ont pas vieilli du tout. Ils ont acheté des électrophones. Ils ont découvert les chemises imprimées. Ils sont allés danser. Nos grands-parents eux-mêmes auraient, à cette époque, donné toute la sagesse du monde pour une croisière.

Un peu plus tard, le prix des croisières ayant baissé, ils sont partis visiter la planète dans le but de nous accabler, ensuite, avec leurs projections de diapositives. Les enfants de ces milieux qu'on appelle « simples » dont les grands-pères avaient encore une moustache jaune, des copains de bistrot, un bout de jardin et un atelier, ne connaissaient pas leur bonheur. Les autres, comme moi, en étaient réduits à visiter deux fois l'an un couple de vieillards amers et pointilleux dans une résidence en béton qui portait un nom de fleur. Et surtout, ils ne voyaient pas trace de cette sagesse dont Cicéron, célèbre auteur de versions latines, nous disait qu'elle était le propre de la vieillesse : les feuilletons télévisés, l'entretien de la voiture, les visites chez le médecin voilà plutôt ce dont on parlait chez nous.

J'avais tout de même de grands-oncles paysans. Nous allions les voir en famille, pendant nos vacances à la montagne. Leur conversation n'était pas gaie, ils sentaient le chien humide et la soupe de légumes, les femmes avaient des varices, les hommes du poil aux oreilles, mais ils inspiraient le respect. Eux, du moins me décrivaient des choses que je n'avais pas vues la veille au journal télévisé. Tandis que les autres, les modernes, les déracinés, les retraités-à-crédit, ne racontaient que des lieux communs, des sottises et des insignifiances. D'ailleurs leur maison ne sentait rien. D'ailleurs, c'était à peine une maison. C'était une boîte. Et eux-mêmes, ils ne ressemblaient à rien. Ils étaient vêtus comme des adultes dans l'âge mûr, ils parlaient des mêmes choses, ils conduisaient les mêmes voitures. La seule différence est qu'ils n'allaient ni à l'usine ni au bureau. On prétendait, à cette époque, qu'ils ne savaient pas quoi faire.

Quelques années plus tard, ils ont trouvé. La société s'est organisée pour les rendre plus actifs, c'est-à-dire pour leur permettre de faire illusion plus longtemps. Le yoga de supermarché, les bains de soleil, les cosmétiques ont produit ce miracle et prolongé leur maturité jusqu'aux limites de la décrépitude. Désormais, on les occupe même utilement. Ils transmettent un savoir. Ils vont à l'université. Ils iront un jour peut-être, nous dit-on, reprendre leur métier.

Mais les autres, les vieux pour qui le chemin de l'épicerie est semé d'embûches, ceux qui regardent l'horloge, ceux qui classent des photos et qui ont mal aux jambes, ceux qui n'ont plus guère de besoins, de désirs, ceux qui ne marchent plus sur autrui pour obtenir satisfaction, ceux qui ne savent ni attaquer ni se défendre, ceux-là sont à jamais sortis du jeu.

La vie est une partie de dames. Quand on ne prend pas les pions de l'adversaire, on se voit souffler les siens. Et comme souffler n'est pas jouer, la société des bien-portants joue, et joue encore et creuse sans cesse l'écart entre ceux qui agissent et ceux qui les regardent.

Examen du « travail sur le texte »

La grande patte d'oie sur la gauche de la première moitié du texte (« *Quand j'avais dix ans* »... « *Plus tard, vers quatorze ou quinze ans* »... « *Un peu plus tard* »...) correspond à une première tentation : celle de suivre les tranches chronologiques bien mises en place par l'auteur dans ces trois débuts de paragraphe.

Mais, à y regarder de près, il faut regrouper les deux derniers éléments qui correspondent à deux temps du même centre d'intérêt. En fait, si l'on considère les cinq premiers paragraphes, on constate qu'ils constituent un développement construit sur une opposition entre un *avant* et un *après*. La coupure entre les deux parties de l'opposition est marquée par la ligne horizontale située à la fin du troisième paragraphe.

I. AVANT (§ 1, 2 et 3) : le temps où la vieillesse était acceptée et valorisée.

II. APRÈS (§ 4 et 5) : les nouveaux vieux (et la disparition de la sagesse attachée à l'âge).

Nous constatons donc une structure antithétique (reposant sur une opposition qui se superpose à la structure chronologique) :

I. Avant (« *Quand j'avais dix ans* »).

II. Après (regroupe « *Plus tard, vers quatorze ou quinze ans* » et « *Un peu plus tard* »).

Laissons pour l'instant de côté la façon dont s'articule l'ensemble de ces 5 paragraphes et la suite du texte. Nous constatons que cette deuxième moitié du texte (depuis « *J'avais tout de même*..., au début du § 6) est construite exactement sur la même opposition que la première, c'est-à-dire sur une opposition entre un avant et un après :

I. Vieux d'autrefois valorisés (début § 6).

II. Vieux d'aujourd'hui critiqués et plaints (reste du texte).

La ligne horizontale qui indique la séparation entre ces deux parties montre une inégalité entre les proportions. Le début du paragraphe 7 (« *Quelques années plus tard...* ») montre que l'on retrouve dans cette seconde moitié la distinction chronologique déjà présente dans la première moitié du texte.

Du fait qu'on retrouve la même opposition dans les deux cas, avec les mêmes éléments opposés arrivant dans le même ordre, on est tenté d'opérer un transfert des quelques lignes concernant les grands-oncles (début du § 6) en direction du grand-père (§ 1) pour éviter d'avoir à se répéter. On ne trahirait, ce faisant, ni la pensée ni son articulation puisque l'idée force du texte est bien le contraste entre les vieillards authentiques d'autrefois (qui s'acceptaient en tant que tels et se voyaient valorisés par la société) et les vieillards d'aujourd'hui qui cherchent à faire illusion ou qu'on tient à l'écart.

Nous sommes donc en présence de deux solutions : l'une qui suit le texte, l'autre plus synthétique mais qui en respecte quand même la démarche d'ensemble.

Examinons la première solution. L'articulation du texte correspond aux phrases suivantes :

I. QUAND J'AVAIS DIX ANS : les vieux étaient admirés et intégrés ; la vieillesse était un privilège.

II. PLUS TARD... UN PEU PLUS TARD : je découvre les vieux de la société de consommation (dépourvus de sagesse).

III. CEPENDANT... MA CHANCE D'AVOIR DES GRANDS-ONCLES DANS LA TRADITION : qui ont conservé, en dépit de leur rudesse, leur authenticité.

IV. TANDIS QUE LES AUTRES : ce sont des adultes prolongés ou laissés à l'écart.

En fait, comme nous allons le voir, nous n'avons vraiment le choix que si le nombre des mots alloués est important.

▶ RÉSUMÉ RESPECTANT LES QUATRE TEMPS DU TEXTE

Le résumé qui suit correspond à un sujet demandant un résumé en 150 mots.

L'admiration que, dans mon enfance, j'avais pour mon grand-père était à l'unisson de l'attitude que l'on avait, à cette époque, à l'égard des vieillards. La vieillesse était valorisée et l'on célébrait les vertus de l'âge.

Les années ayant passé, je me suis vu en présence d'une nouvelle espèce de vieillards. Ils refusaient de vieillir et entraient de plain-pied dans la société de consommation. L'antique sagesse avait laissé la place à des réactions stéréotypées, fruit du conditionnement médiatique.

Mon lien avec des vieillards de l'ancien style se maintenait grâce à des grands-oncles frustes mais authentiques. Mais, en dehors d'eux, le spectacle était affligeant. Je ne voyais que des vieillards sans saveur, refusant leur âge et singeant les adultes. Du moins pour ceux qui le peuvent encore car les autres sont laissés pour compte par l'impitoyable société des battants.

Examen du résumé

La mention des grands-oncles ne justifiait pas un paragraphe. Nous n'avons donc que trois paragraphes, mais les quatre temps du texte apparaissent.

Il est cependant possible, pour un résumé en 150 mots, de procéder autrement, comme le montre le résumé qui suit :

> J'ai connu dans mon enfance une époque heureuse où la vieillesse n'était pas considérée comme une tare. J'admirais mon grand-père en ces années où l'on reconnaissait aux vieillards la sagesse de l'expérience et où ils acceptaient d'être ce qu'ils étaient. A un moment où cette situation changeait, mes grands-oncles continuèrent de représenter cette sagesse en prise sur la vie.
>
> Mais ces temps sont révolus. Les vieux d'aujourd'hui, refusant leur âge, tiennent à continuer de vivre comme des adultes. On les vit s'ennuyer, puis s'occuper de mille manières. Le couronnement de cette vacuité est le départ en croisière. Du moins pour ceux qui le peuvent encore. Les autres vivent dans la souffrance, méprisés par ceux dont le seul critère est la performance.

Examen du résumé

Nous avons donc opéré un transfert de ce qui correspond aux grands-oncles dans la première moitié du texte, ce qui permet de rendre plus nette la structure antithétique. Mais on ne peut pas nous reprocher de ne pas avoir suivi l'ordre du texte.

A titre personnel, nous préférons cette solution à la précédente, mais elles sont l'une et l'autre acceptables, car elles respectent le mouvement d'ensemble de la pensée.

▶ RÉSUMÉ EN 50 MOTS

J'ai connu l'époque où l'on admirait les vieillards et où ceux-ci étaient authentiques parce qu'ils acceptaient leur âge. Mais, aujourd'hui, les vieux jouent aux adultes et ne sont plus que des pantins manipulés par la société de consommation ou des épaves qu'elle rejette.

Examen du résumé

Le texte est ramené à l'opposition fondamentale qui le structure. Plus question évidemment, pour un résumé aussi court, de distinguer des paragraphes.

EXEMPLE N° 3

Tiré du livre de Marc Ferro intitulé *L'Histoire sous surveillance*, le texte qui suit est une réflexion sur les manières d'envisager l'histoire. A la différence du texte précédent, les articulations entre les principaux éléments sont nettement marquées par des « *connecteurs* » (Cependant... Seuls les... Or... En premier lieu... En second lieu... A son tour... De sorte que... Dans ces conditions... ainsi... Car...).

Le texte comporte dix paragraphes. Or nous savons qu'un bon résumé ne doit pas dépasser quatre ou cinq paragraphes. Le travail sur le texte devra donc faire ressortir les possibilités de regroupement.

OBJECTIF

- **Effectuer le travail sur le texte d'après le modèle proposé dans les pages précédentes.**
- **Faire un résumé en 200 mots.**
- **Faire un résumé en 100 mots.**

Les foyers de l'histoire

L'analyse historique a constamment oscillé entre plusieurs modes : la philosophie politique, l'érudition, la démonstration scientifique qui ont interféré sous toutes les formes d'écriture et suivant des dosages variés.

Cependant depuis un siècle ou deux, se sont concurrencées et ont voisiné plusieurs philosophies et interprétations de l'histoire, et ce sont elles qui ont pris le devant de la scène, neutralisant en partie l'effet des autres procédures.

Histoire providentielle, histoire laïque et positive, marxisme, chacune de ces visions du monde se jugeait plus juste que les autres ; et pensait-on, un jour, l'histoire en jugerait. En vérité, croire qu'une interprétation de l'histoire s'avérerait exacte à l'exclusion des autres avait pour corollaire une autre certitude : qu'il existait une manière et une seule d'expliquer le développement des sociétés. Certes, cette vision différerait selon les idéologies ; elle serait dominée néanmoins par des conceptions unificatrices et téléologiques dont le signe pouvait changer, mais pas le sens.

Seuls les historiens expérimentaux, notamment ceux de l'école des *Annales*, dissociaient les termes de ce couple ; élèves de Mauss, de Simiand et de Durkheim, ils étaient à la recherche d'une méthode d'analyse qui fût immunisée de toute contagion idéologique, de toute conception idéologique et qui, par conséquent, jugeaient-ils, serait irréfutable. Comme chacun, ils croyaient en la possibilité de construire une histoire fiable, à condition de l'appréhender expérimentalement et avec l'aide des sciences sociales.

Or, durant la deuxième moitié du XXe siècle, toutes ces perspectives ont basculé. En premier lieu, la faillite des idéologies, et notamment du marxisme — pour autant que le discrédit du régime soviétique ait contaminé cette doctrine dont il se disait l'expression — a abouti à une mise en cause de la vision unilinéaire de l'histoire.

En second lieu, la formidable pression de l'histoire en train de se faire, liée essentiellement à la révolte des peuples colonisés, a fait apparaître que le discours unificateur sur l'histoire était un leurre ; que l'histoire « universelle » qui en était l'expression était seulement la transcription d'une vision européocentrique du développement des sociétés ; que la construction de ce modèle ait été l'œuvre de l'Occident tout entier, ou seulement de Moscou, n'y changeait rien.

Cette vision a été contestée ; les « faits » énoncés autant que les raisons et raisonnements qui les associaient ont été mis en cause aussi bien par les Arabes que par les Africains, par les Vietnamiens ou les Indiens. Aux États-Unis, la vision traditionnelle de l'histoire a été critiquée par les Noirs, les Chicanos, etc. Ainsi se sont élaborées de véritables contre-histoires qui, quelquefois, sont devenues à leur tour l'histoire officielle...

A son tour, cet anti-modèle a bientôt essaimé jusqu'au cœur des patries de l'histoire européocentrique : les Occitans et les Gallois, les Corses, les Basques à leur tour veulent « décoloniser » l'histoire.

De sorte qu'aujourd'hui cœxistent deux phénomènes en apparence contradictoires. D'un côté, sous l'effet des médias, ceux de l'œil — cinéma, télévision —, et ceux de l'oreille — radio, transistor, disque —, on assiste à un processus d'uniformisation des formes de l'existence quotidienne — malgré l'existence de môles de résistance, tels les pays de l'Islam chiite, une partie de la société indienne. D'un autre côté, en tant que genre, l'histoire universelle, à l'inverse, se putréfie et se décompose en un nombre croissant de représentations du passé, aucune vision globale ne rencontrant un consensus.

Dans ces conditions, les études accomplies parallèlement par les historiens expérimentaux pesèrent peu, parce que, se voulant détachées de l'idéologie, et par conséquent de l'histoire en train de se faire, elles sont demeurées souvent à l'écart, procédant à des travaux volontiers segmentaires. Même si ces analyses ont été légitimées par des historiens à l'Ouest, à l'Est et au Sud, ces limitations alimentèrent le doute ressenti sur la capacité de l'histoire expérimentale à appréhender les phénomènes historiques dans leur globalité.

Le problème des foyers de l'histoire, des lieux où elle se secrète, de ses modes de production se pose ainsi de façon impérative. Car il est clair que chacun de ces foyers diffuse un discours différent par ses formes, par ses normes, par ses fonctions.

Marc Ferro, *L'Histoire sous surveillance*,

Travail sur le texte

Les foyers de l'histoire

L'analyse historique a constamment oscillé entre plusieurs modes : la philosophie politique, l'érudition, la démonstration scientifique qui ont interféré sous toutes les formes d'écriture et suivant des dosages variés.

[Cependant] depuis un siècle ou deux, se sont concurrencées et ont voisiné plusieurs philosophies et interprétations de l'histoire, et ce sont elles qui ont pris le devant de la scène, neutralisant en partie l'effet des autres procédures.

Histoire providentielle, histoire laïque et positive, marxisme, chacune de ces visions du monde se jugeait plus juste que les autres ; et pensait-on, un jour, l'histoire en jugerait. En vérité, croire qu'une interprétation de l'histoire s'avérerait exacte à l'exclusion des autres avait pour corollaire une autre certitude : qu'il existait une manière et une seule d'expliquer le développement des sociétés. Certes, cette vision différerait selon les idéologies ; elle serait dominée néanmoins par des conceptions unificatrices et téléologiques dont le signe pouvait changer, mais pas le sens.

Seuls les historiens expérimentaux, notamment ceux de l'école des Annales, dissociaient les termes de ce couple ; élèves de Mauss, de Simiand et de Durkheim, ils étaient à la recherche d'une méthode d'analyse qui fût immunisée de toute contagion idéologique, de toute conception idéologique et qui, par conséquent, jugeaient-ils, serait irréfutable. Comme chacun, ils croyaient en la possibilité de construire une histoire fiable, à condition de l'appréhender expérimentalement et avec l'aide des sciences sociales.

[Or,] durant la deuxième moitié du XXe siècle, toutes ces perspectives ont basculé. En premier lieu, la faillite des idéologies, et notamment du marxisme — pour autant que le discrédit du régime soviétique ait contaminé cette doctrine dont il se disait l'expression — a abouti à une mise en cause de la vision unilinéaire de l'histoire.

En second lieu, la formidable pression de l'histoire en train de se faire, liée essentiellement à la révolte des peuples colonisés, a fait apparaître que le discours unificateur sur l'histoire était un leurre ; que l'histoire « universelle » qui en était l'expression était seulement la transcription d'une vision européocentrique du développement des sociétés ; que la construction de ce modèle ait été l'œuvre de l'Occident tout entier, ou seulement de Moscou, n'y changeait rien.

Cette vision a été contestée ; les « faits » énoncés autant que les raisons et raisonnements qui les associaient ont été mis en cause aussi bien par les Arabes que par les Africains, par les Vietnamiens ou les Indiens. Aux États-Unis, la vision traditionnelle de l'histoire a été critiquée par les Noirs, les Chicanos, etc. Ainsi se sont élaborées de véritables contre-histoires qui, quelquefois, sont devenues à leur tour l'histoire officielle...

A son tour, cet anti-modèle a bientôt essaimé jusqu'au cœur des patries de l'histoire européocentrique : les Occitans et les Gallois, les Corses, les Basques à leur tour veulent « décoloniser » l'histoire.

De sorte qu'aujourd'hui cœxistent deux phénomènes en apparence contradictoires. D'un côté, sous l'effet des médias, ceux de l'œil — cinéma, télévision —, et ceux de l'oreille — radio, transistor, disque —, on assiste à un processus d'uniformisation des formes de l'existence quotidienne — malgré l'existence de môles de résistance, tels les pays de l'Islam chiite, une partie de la société indienne. D'un autre côté, en tant que genre, l'histoire universelle, à l'inverse, se putréfie et se décompose en un nombre croissant de représentations du passé, aucune vision globale ne rencontrant un consensus.

Dans ces conditions, les études accomplies parallèlement par les historiens expérimentaux pesèrent peu, parce que, se voulant détachées de l'idéologie, et par conséquent de l'histoire en train de se faire, elles sont demeurées souvent à l'écart, procédant à des travaux volontiers segmentaires. Même si ces analyses ont été légitimées par des historiens à l'Ouest, à l'Est et au Sud, ces limitations alimentèrent le doute ressenti sur la capacité de l'histoire expérimentale à appréhender les phénomènes historiques dans leur globalité.

Le problème des foyers de l'histoire, des lieux où elle se secrète, de ses modes de production se pose ainsi de façon impérative. Car il est clair que chacun de ces foyers diffuse un discours différent par ses formes, par ses normes, par ses fonctions.

Examen du texte

Comme pour le texte de Christian Combaz étudié dans les pages précédentes, il est possible de ramener cet extrait à une grande opposition entre un *avant* et un *après*.

Dans *l'avant*, il existait plusieurs manières d'envisager l'histoire, mais ces différents modes d'approche, chacun de leur côté, correspondaient à un point de vue global. Chacun intégrait la totalité de l'histoire dans son schéma. Les cas spécifiques des différentes communautés venaient se ranger dans une vision unifiante qui réduisait le multiple à l'un.

Dans *l'après*, cette façon globale de présenter l'histoire est contestée. Les points d'observation se multiplient. Chacun envisage l'histoire en fonction de ses préoccupations ou de ses objectifs. D'où une sorte d'éparpillement dans les modes d'approche qui pose problème.

Problème de vocabulaire

Quelques mots peuvent poser un problème de compréhension sans pour autant constituer vraiment une gêne pour la compréhension d'ensemble du texte.

Dans le second paragraphe, l'auteur parle d'une vision unificatrice et « *téléologique* » de l'histoire. Ce terme signifie que l'histoire se dirige vers un but, une « *fin* » dans le sens philosophique de ce terme (un objectif). Il existe pour les penseurs concernés une finalité de l'histoire. Ainsi, pour un chrétien, toute l'histoire de l'humanité peut avoir pour « *fin* » (aux deux sens du terme) la réalisation du royaume de Dieu sur la terre. Pour un marxiste, l'histoire se dirige vers le stade suprême du socialisme, c'est-à-dire la réalisation concrète d'une société sans classes.

A l'opposé de ces conceptions finalistes, « *téléologi-*

ques » de l'histoire se situent les penseurs pour qui l'histoire de l'humanité n'est qu'une errance pleine de bruit et de fureur, ceux qui imaginent une régression plutôt qu'une progression et les partisans de l'éternel retour. Pour ces derniers, l'histoire connaît des hauts et des bas mais revient toujours au même point comme un objet fixé sur une roue qui tourne et dont l'axe est fixe.

Dans le paragraphe 7, Marc Ferro parle d'une vision « *européocentrique* ». Il s'agit d'un point de vue centré sur la vision européenne du monde, vision qui s'est longtemps présentée comme ayant un caractère universel. A ce point de vue unifiant s'ajoutent maintenant de nombreux points de vue correspondant au mode d'appréhension de différents peuples. Ainsi, pour prendre un exemple qui n'est pas dans le texte, les descendants des Indiens caraïbes n'envisagent pas comme les Européens l'arrivée de Christophe Colomb. Cette multiplicité des points de vue s'oppose aux grandes perspectives synthétiques qui englobaient la totalité de l'histoire.

Examen de notre « travail sur le texte »

Nous avons encadré ou mis entre crochets les connecteurs situés en début de paragraphe dont la position indique qu'ils correspondent à une articulation de la pensée. On peut hésiter parfois entre l'encadré ou les crochets car seul un examen plus approfondi du texte permet de savoir s'il s'agit de connexions entre des unités de sens ou de connexions à l'intérieur d'une unité de sens.

La double ligne horizontale marque la coupure entre l'*avant* et l'*après*. Les lignes en pointillés distinguent des sous-unités. On constate, en particulier, qu'elles isolent les deux paragraphes consacrés aux historiens expérimentaux.

I. AVANT (§ 1, 2 et 3) : des conceptions de l'histoire mais toutes unificatrices.

II. CAS PARTICULIER DES HISTORIENS EXPÉRIMENTAUX (§ 4) : ils essaient d'échapper aux idéologies.

III. APRÈS (§ 5, 6, 7 et 8) : les deux causes (« *En premier lieu...* », « *En second lieu...* ») et les effets : les points de vue se multiplient.

IV. RETOUR SUR LES HISTORIENS EXPÉRIMENTAUX (§ 9) : ils n'ont pas enrayé mais favorisé le processus.

V. LE PROBLÈME (§ 10).

Nous constatons qu'à la grande opposition entre un *avant* et un *après* se superpose une opposition entre l'ensemble des historiens et les historiens expérimentaux. Ces derniers se tenaient à l'écart des idéologies. Le caractère morcelé de leur champ d'action a favorisé la tendance à la multiplication des foyers d'élaboration de l'histoire (« *...ces limitations alimentèrent le doute ressenti sur la capacité... à appréhender les phénomènes historiques dans leur globalité* »).

Dans un résumé très succinct, la situation particulière des historiens expérimentaux va devenir accessoire ou même disparaître. Il s'agit en effet, dans ce cas, de privilégier l'essentiel, c'est-à-dire l'opposition *avant/après*.

Dans un résumé plus développé, il faudra faire état de la mention aux historiens expérimentaux puisque l'auteur leur consacre 2 paragraphes sur 10. Mais le mouvement en 5 temps que nous venons de dégager risque d'être un peu compliqué. Lorsque nous abordons la rédaction, nous sommes donc guidé par les principes suivants :

— Il importe d'articuler le texte sur la grande opposition *avant/après*.
— Les éléments relatifs aux historiens expérimentaux seront peut-être regroupés pour ne pas gêner la mise en valeur de cette structure antithétique.

▶ Résumé en 200 mots

Le résumé en 200 mots qui suit est organisé en deux parties qui correspondent aux deux parties de l'opposition. Les références aux historiens expérimentaux sont restées à leur place.

Au cours des deux derniers siècles, les historiens ont différé par leurs méthodes et par leurs grandes options, mais on retrouve chez tous l'idée que l'histoire a un sens et qu'elle peut faire l'objet d'une explication totalisante. Chrétiens, positivistes et marxistes, chacun avait sa manière d'envisager l'histoire, mais ils s'accordent sur ces deux points. Seuls faisaient exception les historiens de l'école des Annales favorables à une approche seulement expérimentale des faits.

Mais cette convergence s'est délitée sous deux influences : la débâcle des idéologies d'une part et la remise en cause par les peuples colonisés d'autre part. Chacun, en fonction de son propre point de vue, a élaboré une vision originale des événements, si bien que l'on assiste à une évolution paradoxale : en même temps que les différences entre les cultures sont en voie de s'atténuer, la façon de présenter l'histoire est l'objet d'un spectaculaire émiettement. Même si l'accord s'est réalisé sur les méthodes des historiens expérimentaux, le caractère parcellaire de leurs travaux n'a fait qu'encourager ce mouvement de dissémination de la pensée historique.

▶ RÉSUMÉ EN 100 MOTS

La façon d'envisager l'histoire a changé. Dans un passé proche, en dépit de leurs différences de méthode et de conception du monde, les historiens s'accordaient sur le fait que l'histoire était orientée en direction d'une fin et qu'elle pouvait donner lieu à une explication totalisante.

Cette unité dans la diversité s'est effritée, notamment sous la poussée des peuples colonisés et en liaison avec le délitement des idéologies. Chacun élabore son histoire et cette dissémination des points de vue et des façons de concevoir l'histoire pose un problème.

Remarques sur le résumé en 100 mots

Le problème des « *historiens expérimentaux* » a été résolu d'une manière simple. Il n'en est pas fait mention.

Dans le résumé en 200 mots, nous avions repris l'expression « *historiens expérimentaux* », mais en prenant soin quelques lignes plus haut de montrer qu'elle était comprise. Il était impossible de procéder ainsi dans un résumé en 100 mots. Quelle que soit la solution adoptée, une mention du cas particulier représenté par ces historiens prenait trop de place et nuisait à l'expression de l'essentiel.

On constate à ce propos que plus le résumé devient dense et plus le respect des proportions du texte devient approximatif.

3

VISUALISER LA STRUCTURE

La ligne droite n'est pas toujours le chemin le plus court d'un point à un autre. L'exemple qui suit en est la preuve.

L'expérience consiste à enfermer, chacun à son tour, des singes de différentes catégories dans une cage fermée sur seulement trois côtés. En face de la partie opposée à la « sortie », côté AB, on dispose de la nourriture, mais en veillant à ce qu'elle soit hors de la portée des animaux.

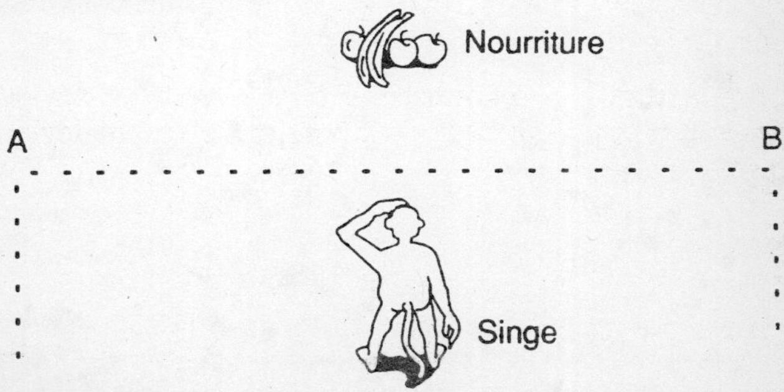

On constate alors deux sortes de comportement. Les singes les moins intelligents vont mourir de faim contre la grille AB en essayant vainement d'atteindre la nourriture qu'ils aperçoivent. Seuls les singes les plus intelligents comprennent qu'ils doivent d'abord s'éloigner de ce qu'ils convoitent pour s'en approcher dans un second temps.

Cette parabole pédagogique peut être utile pour la conduite de la vie. Plus modestement, nous l'évoquons au début de ce chapitre pour bien ancrer dans les esprits la différence entre la méthode « *bête* » et la méthode intelligente : celle qui consiste à s'éloigner provisoirement de l'objectif.

Ce chapitre portera donc essentiellement sur la « *visualisation* » du texte, c'est-à-dire sur le travail qui consiste, avant de rédiger, à rendre visible la structure du texte de départ (qui sera aussi celle du résumé).

EXEMPLE N° 1

Michel Crozier s'est en particulier penché sur l'organisation du monde des affaires et sur celle de l'administration. Son livre *Le Phénomène bureaucratique*, d'où provient le texte qui suit, est particulièrement éclairant dans ce domaine.

Michel Crozier évoque Max Weber. Il s'agit d'un sociologue allemand qui a vécu à la charnière de ces deux derniers siècles (1864-1920).

OBJECTIF

- **Établissement d'un schéma du texte.**

- **Faire un résumé en 150 mots.**

Les nouveaux bureaucrates

Malgré l'autorité infaillible de Max Weber, que le respect trop instinctif des résultats de la tradition bureaucratique prussienne avait conduit à imposer l'idée de la supériorité absolue du modèle hiérarchique réglementaire et bureaucratique en matière d'efficacité, l'analyse des faits démontre que, plus ce modèle prévaut, moins l'organisation est efficace.

En fait, la bureaucratie, au sens où le grand public l'entend (c'est-à-dire le climat de routine, de rigidité, de contrainte et d'irresponsabilité qui caractérise les organisations dont on se plaint), n'est pas du tout la préfiguration de l'avenir et n'a pas tendance à augmenter particulièrement avec la concentration des entreprises, mais constitue le legs paralysant d'un passé où prévalait une conception étroite et bornée des moyens de coopération entre les hommes.

Aucune organisation en effet n'a jamais pu et ne pourra jamais fonctionner comme une machine. Son rendement dépend de la capacité de l'ensemble humain qu'elle constitue à coordonner ses activités de façon rationnelle. Cette capacité dépend à son tour des développements techniques mais, aussi et parfois, surtout de la façon dont les hommes sont capables de jouer entre eux le jeu de la coopération.

Un tel jeu n'est pas un jeu harmonieux. Il peut être considéré tout autant comme un jeu de conflit que comme un jeu de coopération. L'analyse empirique démontre qu'il est dominé par des problèmes de pouvoir ; non pas le pouvoir au sens politique et plus ou moins mythique du terme, cette entité qui réside au sommet et que l'on pourrait un jour capturer, mais les relations de pouvoir, ces relations que tout le monde entretient avec tout le monde pour savoir qui perd, qui gagne, qui entraîne, qui influence, qui dépend de qui, qui manipule qui et jusqu'où.

La leçon de mes enquêtes sociologiques, on le verra, c'est que, dans ses relations avec autrui — même au bas de l'échelle —, le pouvoir de chaque individu dépend de l'imprévisibilité de son comportement et du contrôle qu'il exerce sur une source d'incertitude importante pour la réalisation des objectifs communs. D'où la tendance irrésistible à se rendre indispensable, à garder secrets des arrangements particuliers, à maintenir incertain, inaccessible à autrui, irrationnel même ce qui devient le fondement de son pouvoir. D'où cette lutte complexe, incompréhensible autrement, des individus, des groupes et des clans pour valoriser le type d'expertise qui est le leur aux dépens de l'organisation tout entière.

Pour ces raisons, une organisation n'est pas faite seulement des droits et des devoirs de la belle machine bureaucratique — et pas davantage d'ailleurs de l'exploitation et de la résistance à l'exploitation de la force de travail par un patron ou une techno-structure. Elle est un ensemble complexe de jeux entrecroisés et indépendants à travers lesquels des individus pourvus d'atouts souvent très différents, cherchent à maximiser leurs gains en respectant les règles du jeu non écrites que le milieu leur impose, en tirant parti systématiquement de tous leurs avantages et en cherchant à minimiser ceux des autres. Ces jeux sont très profondément déséquilibrés ; mais aucun joueur, pour ce qui le concerne, n'est totalement privé de chances. Et les déséquilibres sont beaucoup plus entre les jeux qu'à l'intérieur des jeux. L'ensemble ne tient que par le fractionnement et une dose considérable d'obscurité. D'où la tendance irrésistible au développement, au maintien ou à la reconstitution de barrières à la communication malgré les efforts incessants des dirigeants. D'où les routines et les rigidités. D'où l'inefficacité des organisations en apparence les plus rationnelles.

Certaines organisations toutefois sont plus efficaces et on peut dire très généralement que les organisations modernes — sauf tendances temporaires à la confusion et à la régression — deviennent graduellement plus efficaces et sont déjà beaucoup plus efficaces que celles d'il y a cent ans. Pourquoi ? Parce qu'elles ont réussi plus ou moins consciemment à élaborer des modèles de jeu où les participants tout en continuant naturellement à chercher leur avantage aient intérêt à communiquer. Il ne s'agit pas de supprimer les rapports de pouvoir à la base — tâche impossible et stérilisante — mais au contraire de les reconnaître pour pouvoir les régulariser et forcer les partenaires à la négociation directe c'est-à-dire la communication.

Mais de tels jeux requièrent des rapports humains plus clairs et plus directs qui sont en fait beaucoup plus éprouvants pour les participants, ce que montre bien l'examen de toutes les expériences de décentralisation sinon d'autogestion qui créent des tensions psychologiques difficiles à surmonter chez ceux qui en sont les bénéficiaires (et aussi bien les victimes).

Pour qu'il y ait changement réel, pour que la bureaucratie disparaisse ou au moins s'atténue, il faut donc que les hommes acquièrent des capacités nouvelles : capacité individuelle de faire face aux tensions, capacité collective d'organiser et de maintenir des jeux fondés sur plus d'échange et moins de défense.

Michel Crozier, *Le Phénomène bureaucratique*, © Éditions du Seuil.

Examen du texte

Pas vraiment de mots compliqués. On peut supposer connus des mots comme « *hiérarchie* » ou « *legs* » (= héritage).

Pour ce qui est de la *recherche de la structure*, une première indication utile. Très souvent les textes d'idées sont articulés sur une ou plusieurs oppositions. L'une des premières choses à faire, quand on essaie de savoir comment est organisé un texte, est de repérer le ou les jeux d'opposition. Ici la tâche est relativement facile puisque tout le texte est organisé sur l'opposition entre deux types d'organisation, la bureaucratie à l'ancienne et les nouvelles formes d'organisation. Ce classement d'éléments pris dans le texte qui ne cherche même pas à être exhaustif en donne la preuve.

Organisation bureaucratique (le passé)	**Organisation moderne** (l'avenir)
— prussienne — hiérarchie — réglementaire — routine — rigidité — contrainte — irresponsabilité — pas préfiguration de l'avenir — legs paralysant d'un passé... — (veut fonctionner comme une machine) — conflit de pouvoir — pouvoir au sommet — se rendre indispensable — secret — inaccessible à autrui — aux dépens de l'organisation entière — belle machine bureaucratique — droits et devoirs — exploitation de la force de travail et résistance à cette exploitation — maximiser ses gains — minimiser ceux des autres — fractionnement — obscurité — barrières à la communication — routine — rigidité — inefficacité — en apparence plus rationnelles	— capacité de *l'ensemble humain*... — *coordonner* ses activités de façon rationnelle — *les hommes*... le jeu de la coopération — plus efficace qu'il y a cent ans — modèles de jeu où les participants... aient intérêt à communiquer — reconnaître les pouvoirs à la base pour pouvoir les régulariser et forcer *les partenaires* à la négociation directe c'est-à-dire à la communication — rapports humains plus clairs et plus directs — capacités nouvelles — capacité individuelle de faire face aux tensions — capacité collective d'organiser et de maintenir des jeux fondés sur plus d'échange et moins de défense

Procédure suivie

Du fait de la structure simple de ce texte, nous n'avons même pas pris la peine d'en établir le plan détaillé. Nous nous sommes contenté de prendre des notes en « *visualisant* » un certain nombre de relations. Ensuite, au vu de ces notes, nous nous sommes posé la question incontournable : *combien de paragraphes dans le résumé ?* laquelle nous a conduit au découpage correspondant aux trois lignes en pointillé dans le schéma ci-après. Nous devions donc aboutir à quatre paragraphes comme cela apparaît sur le schéma ci-après.

A noter, qu'en rédigeant, nous nous sommes rendu compte qu'il était possible de regrouper les paragraphes deux et trois. Nous travaillons donc toujours en appliquant les principes énoncés, mais sans que ceux-ci aient jamais rien de mécanique. Cette méthode permet d'aller vite puisque la prise de notes et la rédaction du résumé a pris moins de vingt minutes, mais elle demande une certaine habitude. Nous verrons avec les exemples qui suivent des méthodes plus laborieuses mais convenant mieux aux débutants.

On trouvera ci-dessous les notes telles qu'elles ont été prises et le texte du résumé proposé.

Quelques signes permettent de visualiser certaines notions. Ainsi le signe ↑ indique une progression et le signe ↓ l'inverse. Le signe ≠ marque une différence et le signe > l'idée d'un enchaînement.

Prise de notes

1	Faits ≠ idées de Max Weber : ↓ du modèle réglementaire et bureaucratique Modèle bureaucratique < pas d'avenir un héritage du passé
2	Organisation ≠ de machine MAIS — coordonner — coopération Ce jeu = conflit ET coopération DONC *problème de pouvoir* à tous les niveaux DONC du secret pour se rendre indispensable Conflits entre individus et entre clans pour garder le pouvoir DONC Nuisible à l'efficacité de l'organisation
3	Une organisation Pas une hiérarchie MAIS — jeux entrecroisés } la non communication — ensemble complexe } = inefficacité
4	L'organisation moderne en réaction contre le passé : les participants ont <u>intérêt</u> à communiquer — rapports de pouvoirs pas niés mais reconnus et communication CONSÉQUENCES Nécessité de capacités nouvelles < — <u>individus</u> : faire face aux tensions — <u>groupes</u> : plus d'échange et moins de défense.

▶ RÉSUMÉ EN 150 MOTS

Le système bureaucratique hiérarchisé, réglementé, avec une autorité descendant du sommet sur la base est inefficace et ne correspond pas aux besoins des entreprises pour l'avenir.

En effet, une organisation ne peut fonctionner d'une manière purement mécanique. Dans le système bureaucratique, chaque individu, chaque clan cherche à préserver le pouvoir qu'il détient du fait de sa compétence. La communication ne passe pas puisque chacun tente de protéger du regard d'autrui le peu qu'il sait. Ainsi entrent en conflit ceux qui devraient coopérer. Le rendement en souffre évidemment.

Dans les organisations modernes, on reconnaît l'existence des conflits, mais on réagit pour faire en sorte que les gens concernés aient intérêt à communiquer. Cet établissement de nouveaux rapports ne se fait pas sans peine, mais l'échange se substituant au repli sur soi, la communication remplaçant le goût du secret, l'entreprise y gagne en efficacité.

Examen du résumé

— **Longueur** : 151 mots (27, 65, 59) ; nous sommes donc tout à fait dans la norme requise.

— **Reprise des mots du texte** : nous avons repris des mots du texte ou des mots très proches (« *hiérarchisé* », « *règlement* », « *conflit* », « *communication* », etc.). Il était vain de faire des contorsions pour les éviter. L'important est que la rédaction de l'ensemble du résumé montre qu'ils sont compris.

— **Déplacement d'éléments** : il faut conserver la démarche d'ensemble, mais il est possible de déplacer des éléments secondaires. Ainsi les idées de hiérarchie, de règlement étaient présentes au début du texte, mais l'idée d'une autorité descendant du sommet n'apparaît que beaucoup plus loin. Nous nous sommes permis de la déplacer pour mieux structurer.

— **La perception du jeu d'opposition** : quand on leur montre un jeu d'oppositions comme celui qui apparaît ici, certains étudiants s'étonnent de n'avoir pas vu des choses aussi évidentes. Ils manquent tout simplement d'entraînement.

— **Quand on connaît la question** : on fait, en général, un meilleur résumé quand on connaît la question. Ainsi, celui qui avait lu le livre de Michel Crozier se trouvait très vite en pays de connaissance et se voyait donc avantagé sur celui qui découvrait ce type de réflexion pour la première fois.

Une exception cependant : le candidat qui sait tellement de choses sur la question, qu'il lit mal le texte et fait plus un résumé avec ce qu'il sait qu'avec ce qu'il lit. Mais le cas est rare. Il faut se méfier de l'idée selon laquelle, face au résumé, on se débrouillera toujours. Le résumé, comme les autres exercices, demande un minimum de culture générale.

Tout spécialement pour les textes relativement longs, il faut provisoirement s'éloigner de son objectif en commençant par établir un plan du texte qui sera aussi celui du résumé. Seule cette méthode permet de « repenser » le texte et de reformuler.

Dans l'établissement du plan — plan du texte et en même temps plan du résumé —, il faut toujours chercher les jeux d'opposition mis en œuvre dans le texte de départ. Ce ou ces jeux d'opposition mis en évidence devront se retrouver dans le résumé.

EXEMPLE N° 2

Henri Mendras est un spécialiste de la sociologie du monde rural. Le titre de son livre *La Fin des paysans* n'est pas aussi pessimiste qu'il peut le paraître. En effet, comme le montre bien le texte ci-après, nous assistons bien à la fin du paysan traditionnel tel qu'il a survécu pendant des millénaires. Mais une nouvelle génération de paysans apparaît qui sont ouverts à la modernité et qui contribuent à une transformation en profondeur des campagnes.

OBJECTIF

- **Procéder à des regroupements pour pouvoir répondre à la question : *combien de paragraphes dans le résumé ?***
- **Faire un résumé en 200 mots.**
- **Faire un résumé en 100 mots.**

Les nouveaux paysans

En bonne théorie économique, l'exode rural est la condition nécessaire du progrès de l'agriculture : mais non suffisante puisque l'expérience montre qu'il prépare le déclin des régions de départ. Les meilleurs s'en vont, la société se sclérose, l'agriculture se fige dans ses habitudes et les paysans regardent avec nostalgie vers un passé perdu. Jean Chombart de Lauwe a pu montrer qu'au siècle dernier l'Aquitaine dépeuplée voyait stagner son agriculture alors que la Bretagne, en augmentation démographique constante, défrichait les landes, modernisait ses techniques et se lançait dans des productions toutes nouvelles. Les politiciens et les idéologues de droite ou de gauche qui, tous, chantent les vertus paysannes et la beauté de la vie rustique avaient raison contre une théorie économique trop simpliste.

Depuis quinze ans, les mécanismes commencent à jouer en sens inverse, donnant finalement raison à la théorie. Il a suffi qu'une nouvelle génération de jeunes agriculteurs reprennent confiance dans l'avenir économique et dans la noblesse du métier terrien. Profitant du départ de leurs voisins pour s'étendre, s'équiper et s'organiser, ils peuvent jouer le jeu économique de notre société industrielle, et ils sont décidés à le jouer pleinement, tout en cherchant à en modifier les règles à leur profit.

L'aisance avec laquelle des paysans formés dans le monde traditionnel peuvent se mouvoir dans un monde moderne est un objet de surprise constante pour l'observateur. Pourvu qu'elles s'inscrivent dans un jeu économique cohérent et significatif, les « motivations économiques » viennent aux jeunes agriculteurs avec une rapidité déconcertante. Bien plus, sortant de leurs fermes, ces rustres mal instruits créent, avec une sûreté d'intuition étonnante, des institutions entièrement neuves (C.E.T.A., S.I.C.A., Maisons familiales d'apprentissage, etc.) et parfaitement adaptées aux conditions modernes. Sous leur pression incessante, les méthodes modernes de comptabilité agricole ont été introduites en France, et si l'économie rurale est sortie de sa léthargie séculaire c'est pour répondre à leurs exigences.

Y a-t-il vérités plus établies, faits mieux constatés que l'individualisme du paysan et son amour pour sa terre ? Il se saigne aux quatre veines pour arrondir son pré et s'enferme sur son héritage dans une superbe indépendance, tel un roitelet sur son royaume. Pourtant depuis un demi-siècle, c'est dans l'agriculture que la coopération a connu ses plus beaux succès. Coopératives d'achat et de vente, assurances mutuelles, crédit agricole, coopératives d'utilisation en commun du matériel agricole (C.U.M.A.), Centre d'études techniques agricoles (C.E.T.A.) : aucun autre secteur de production ne peut présenter une telle richesse d'organisations coopératives. Aujourd'hui quelques agriculteurs tentent le dernier pas en mettant leurs terres en commun et en les refondant en unités plus grandes où chaque production se constitue en atelier sous la responsabilité de l'un des coopérateurs. Ces expériences d'« agriculture de groupe » ne vont pas sans difficultés en l'absence de législation et de coutumes établies, car ces pionniers doivent tout inventer en attendant qu'économistes, législateurs et pouvoirs publics codifient leurs expériences.

En se livrant avec passion à cette rénovation totale de leurs structures sociales et techniques, les agriculteurs ont le sentiment de rattraper le temps perdu et de se mettre à l'heure de la civilisation industrielle. Ils souhaitent confusément, une fois la crise d'adaptation passée, retrouver un équilibre analogue à celui qu'ont connu leurs pères. Ayant assimilé quelques techniques nouvelles et accepté quelques servitudes économiques, ils comptent recréer un système de culture et d'exploitation aussi durable que le précédent. Mais la civilisation technicienne vit de changement permanent et condamne la quiétude d'habitudes immuables. Loin de retrouver la stabilité traditionnelle, le paysan va à son tour s'installer dans le changement perpétuel des innovations techniques et de la conjoncture économique. D'ailleurs plus ou moins consciemment, il élabore des institutions qui l'y aideront. Les Centres de gestion et d'économie rurale étudient l'évolution des marchés et orientent en conséquence la gestion des exploitants ; les services de recherche agronomique et de vulgarisation agricole constituent une chaîne complète qui adapte progressivement les découvertes scientifiques du laboratoire pour les rendre utilisables par l'agriculteur dans son champ.

Les valeurs paysannes, tant vantées depuis Xénophon et Virgile, et qui sont au cœur même de notre civilisation occidentale, ne pourront survivre à l'ébranlement de cette antique stabilité. L'« âme paysanne » éternelle meurt sous nos yeux en même temps que le domaine familial et patriarcal fondé sur une polyculture vivrière. C'est le dernier combat de la société industrielle contre le dernier carré de la civilisation traditionnelle.

Henri Mendras, *La Fin des paysans*,

Combien de paragraphes ?

Le travail sur le texte est donc toujours fait avec en tête la question : *combien de paragraphes ?* Le texte de départ en comporte six. Le problème est de savoir s'il est possible de procéder à des regroupements.

Premier regroupement

Les deux premiers paragraphes portent sur le même centre d'intérêt. Il s'agit d'une discussion de la thèse des économistes selon laquelle, seul l'exode rural permet une modernisation des campagnes. Le principe est d'abord énoncé ; il est ensuite invalidé par deux exemples ; enfin, dans le second paragraphe, l'auteur constate que, cependant, l'évolution récente des campagnes le confirme (« *profitant du départ de leurs voisins pour s'étendre, s'équiper* »...). Il est donc possible de regrouper les deux premiers paragraphes du texte de départ dans un seul paragraphe.

Deuxième regroupement

La suite de l'exposé de Mendras, c'est-à-dire les paragraphes trois et quatre, porte sur la grande aptitude des paysans à s'adapter au monde moderne.

Notons, au passage, que l'auteur, qui sait construire un paragraphe, énonce l'idée principale dès la première phrase du paragraphe 3 : « *L'aisance avec laquelle des paysans formés dans le monde traditionnel peuvent se mouvoir dans le monde moderne est un objet de surprise pour l'observateur.* » Il énumère ensuite, en les commentant, un certain nombre d'exemples :

— création d'institutions : — C.E.T.A. — S.I.C.A. — Maisons familiales d'apprentissage — comptabilité agricole	Troisième paragraphe
— formes de coopération : — achat — vente — assurances — crédit — matériel — études techniques — terres en commun	Quatrième paragraphe

Nous constatons que les paragraphes 3 et 4 correspondent à une même unité de sens puisqu'ils se rapportent à la même idée, l'aptitude des nouveaux agriculteurs à innover. Nous avons deux solutions. La première, conforme au principe selon lequel il faut regrouper ce qui se rapporte à un même centre d'intérêt, consistera à ne faire qu'un seul paragraphe des matériaux issus des paragraphes 3 et 4. Nous pouvons aussi procéder comme l'auteur et, vu l'importance des exemples relatifs à la coopération, faire un sort à part à cette sous-unité de sens.

Troisième regroupement

Les deux derniers paragraphes se rapportent à « *la fin des paysans* » traditionnels. L'auteur commence par l'idée que ces paysans si aptes au changement aspirent en fait à retrouver une nouvelle stabilité, un équilibre qui leur permettrait de renouer avec la tradition. Mais il fait comprendre que cet espoir est vain. Toujours dans le paragraphe 5, il montre comment ces paysans se verront astreints à une permanente remise en cause. Le dernier paragraphe reste sur la même idée en y ajoutant seulement un élément : l'âme paysanne qui avait réussi à survivre pendant des millénaires va bien cette fois disparaître. Le dernier carré à avoir résisté au monde industriel est maintenant condamné à être absorbé par lui.

Nous restons pour ces deux paragraphes du texte de départ (5 et 6) sur le même centre d'intérêt et le regroupement s'impose.

Combien de paragraphes ?

Suite à cet examen du texte, combien le résumé aura-t-il de paragraphes ? Il n'en aura certainement pas six comme le texte. Cette solution de facilité qui va se retrouver dans plus de la moitié des copies, est à éviter. Il en aura trois ou quatre selon que l'on regroupera ou non les paragraphes trois et quatre. Comment trancher entre ces deux solutions ? Il va de soi que la réponse dépend, en partie, du nombre de mots dont on dispose. Imaginons qu'il faille résumer ce texte en 50 mots. La solution du résumé en trois paragraphes s'imposerait, et l'on en viendrait même peut-être à un résumé monobloc articulé en trois points. Mais, pour un résumé en 200 mots, il est possible de choisir. En ce qui nous concerne, pour éviter un trop grand déséquilibre, comme on le verra dans notre premier exemple de résumé, nous avons préféré un résumé en quatre paragraphes qui dédouble le second centre d'intérêt.

Il n'y a pas qu'une seule manière de faire un bon résumé à partir d'un même texte de départ. Mais, quelle que soit la solution adoptée, le correcteur doit constater que l'on a fait un effort pour ne pas résumer « *bêtement* » — paragraphe par paragraphe — mais que l'on a été capable de procéder à des regroupements en fonction des principales unités de sens.

▶ PREMIER EXEMPLE DE RÉSUMÉ (4 PARAGRAPHES)

Le résumé qui suit correspond à un sujet demandant un résumé en 200 mots.

La théorie selon laquelle seul l'exode rural permet la modernisation des campagnes n'est pas toujours confirmée par les faits. Cet exode peut s'associer à la sclérose d'une zone rurale alors qu'une surpopulation peut être un facteur de dynamisme. Pourtant l'évolution récente du monde agricole tendrait à confirmer ce principe.

En effet, profitant de cet exode, les agriculteurs d'aujourd'hui font preuve d'une étonnante aptitude à se mouvoir dans le monde moderne. Ils sont motivés et trouvent des formules adaptées, créant des institutions nouvelles, accélérant la mise en œuvre des méthodes de comptabilité agricole.

Ces paysans, dont l'individualisme est légendaire, font preuve d'une grande aptitude à la coopération ; qu'il s'agisse de vendre, d'acheter, d'épargner, de s'assurer, d'utiliser du matériel, d'entreprendre des études, et même d'exploiter des terres en commun, ils trouvent le moyen de se regrouper.

Cette fièvre d'innovation correspond à l'espoir de retrouver une nouvelle stabilité, mais cet espoir est une illusion. Entrés dans le monde moderne, les nouveaux paysans se verront contraints à une perpétuelle remise en cause. Le monde industriel va avoir raison de l'« âme paysanne ».

▶ DEUXIÈME EXEMPLE DE RÉSUMÉ (3 PARAGRAPHES)

Le résumé proposé ici correspond à un sujet demandant un résumé en 100 mots.

> Les faits le prouvent, l'exode rural n'implique pas automatiquement un mouvement de modernisation des campagnes.
>
> Pourtant, le principe est confirmé par l'évolution actuelle du monde rural. Les nouveaux agriculteurs profitent des départs pour entreprendre un effort de modernisation qui touche tous les domaines ; de plus, faisant mentir leur réputation d'individualisme, ils mettent au point des formules de coopération s'appliquant à tous les cas.
>
> Mais cette rénovation ne débouchera pas sur une nouvelle stabilité. Absorbés par le monde industriel, les paysans seront contraints de constamment s'adapter au changement. Le paysan de la tradition est bien mort.

Remarques sur ces deux résumés

— Le souci d'articuler

Dans le premier de ces résumés, l'articulation entre le premier paragraphe se fait par un outil logique (« *En effet* »). Pour les paragraphes suivants, nous avons recours au démonstratif (« *Ces* paysans... » ; « *Cette* fièvre d'innovation... »).

Le démonstratif a l'avantage de ne pas coûter cher en mots et pourtant de raccrocher ce dont on parle à ce qui précède. Il ne faut donc pas hésiter à l'utiliser.

Dans le second résumé, en tête du troisième paragraphe, on retrouve un recours au démonstratif (« *Cette* rénovation... »). Mais, pour le passage du premier paragraphe au second, un mot outil sert à l'articulation (« *Pourtant...* »). A noter que, dans ce cas, un élément de la première unité de sens passe dans le second paragraphe pour faciliter la transition (« ... *le principe est confirmé...* »).

— **La déperdition**

Pour les deux résumés, dans le premier paragraphe, la référence à l'Aquitaine et à la Bretagne disparaît.

Dans le second résumé, le détail des innovations et des secteurs où la coopération est opérationnelle s'évapore.

Pour conserver ce qui est essentiel, c'est-à-dire la démarche d'ensemble, il faut faire des sacrifices sur les détails et notamment sur les exemples. De ce fait, le résumé a toujours un caractère plus abstrait que le texte de départ.

— **Il n'y a pas une seule manière de faire un bon résumé**

Le principe mis en œuvre est unique. Quelle que soit la situation, il faut toujours procéder à des regroupements en fonction des grandes unités de sens. Mais les résultats peuvent être légèrement différents en fonction des choix opérés.

— **Possibilité d'un résumé monobloc pour le résumé en 100 mots**

Pour le second résumé, il serait possible de regrouper les trois paragraphes. Mais la question « Combien de paragraphes dans le résumé » n'est pas inutile pour autant car c'est en fonction de la réponse à cette question que sera articulé le résumé monobloc.

Pour tout texte de départ correspondant à plus de trois ou quatre paragraphes, il faut toujours procéder à des regroupements pour éviter d'avoir un résumé trop éclaté.

Ces regroupements seront d'autant plus vigoureux que le nombre de mots alloués est limité.

EXEMPLE N° 3

Le texte qui suit est tiré de l'introduction d'un livre de Gérald Messadié intitulé *Les Grandes inventions du monde moderne*. L'auteur se penche sur les différents aspects par lesquels les inventions d'aujourd'hui se distinguent de celles du temps passé.

OBJECTIF

- **Répondre à la question : *combien de paragraphes dans le résumé ?***
- **Faire un résumé en 200 mots.**
- **Faire un résumé en 120 mots.**
- **Faire un résumé en 70 mots.**
- **Faire un résumé en 30 mots.**

Les grandes inventions

Il convient enfin d'observer un autre grand changement dans le domaine des inventions : celles-ci se font de plus en plus collectives. Dans le passé, à moins qu'il fût reculé, le nom d'un savant était toujours attaché à l'invention : par exemple, celui de Denis Papin à la machine à vapeur, de Stephenson à la locomotive, de Marconi à la télégraphie sans fil. Les moyens matériels nécessaires à une invention restaient, en effet, à la portée d'un particulier, fût-il moyennement fortuné. Il en fut ainsi jusque dans les premières décennies du XXe siècle ; même l'astronautique moderne a été préparée par les expériences d'un Goddard, qui sont encore à la portée d'un écolier ou d'un étudiant.

Mais, au fur et à mesure que la technologie progresse, l'invention exige la mise en œuvre de moyens de plus en plus considérables et coûteux. Leeuwenhoek inventa sans se ruiner le microscope optique ; mais Knoll et Ruska, qui inventèrent le microscope électronique en 1932, n'y parvinrent qu'à l'aide d'un équipement de haut niveau qui ne pouvait être leur propriété. La tradition consent encore que, dans certains cas, le nom d'un individu qui fait une invention avec le matériel d'une grande firme soit associé à cette invention, celle-ci devenant automatiquement la propriété de la firme. Mais, pour un certain nombre de raisons, essentiellement juridiques et financières, c'est de moins en moins souvent le cas. L'invention tend à être présentée sous le nom de la firme au sein de laquelle elle a été réalisée. Cela s'explique parfois par le fait qu'il n'y a pas un, mais plusieurs inventeurs, qui ont travaillé en équipe, parfois aussi par le fait que, même due à un seul individu, l'invention a été l'aboutissement de recherches déterminées, financées par la firme et que celle-ci s'en considère comme la propriétaire légitime. Il devient de plus en plus difficile de rééditer des exploits tels que celui d'un Wheatstone, qui inventa la stéréoscopie, ou d'un Sainte-Claire Deville, qui inventa un procédé d'extraction de l'aluminium.

On peut ainsi prévoir qu'au XXIe siècle la majorité des inventions sera la propriété de grandes firmes disposant de moyens de recherche considérables. Autrement dit, que l'invention passera presque intégralement sous le contrôle de secteurs économiques clos, multinationales ou organismes d'Etat.

Notre premier ouvrage offrait au lecteur un sujet de réflexion particulier : l'ancienneté de certaines inventions tenues pour « modernes », comme le cardan ou la machine à vapeur. Le présent ouvrage devrait en offrir un autre : celui de la technicité croissante des inventions, qui leur prête un caractère quasi invisible.

Ainsi, à l'exception du remplacement des moteurs à hélice par des turboréacteurs, il n'y a apparemment pas de différence essentielle entre un Potez des lignes aériennes de 1939 et un Boeing 747 ou un Airbus des mêmes lignes en 1980. Pourtant, les deux derniers appareils diffèrent considérablement du premier : les automatismes s'y sont multipliés, dont un système d'équilibrage, automatique lui aussi, qui rend l'avion beaucoup plus stable. On ne peut pas dire que les automatismes aient été « inventés » au XXe siècle ; en fait, ils existent depuis le régulateur à flotteur de l'école d'Alexandrie. Mais c'est au XXe siècle qu'ils se sont répandus et imposés.

Il en va de même de la miniaturisation. Elle n'a d'ailleurs été inventée par personne. On pourrait, à l'extrême rigueur, désigner les Américains Bardeen, Brattain et Shockley, inventeurs du transistor, comme trois de ses pères putatifs, mais les trois physiciens s'étaient, en fait, limités à l'invention du transistor, pièce qui succéda à l'antique triode. Toujours est-il que la miniaturisation va toucher une part immense de la production industrielle du XXe siècle, surtout dans le domaine de l'électronique.

Impossible enfin de trouver un inventeur à la machine outil à commande numérique, dernier cri de la « productique », qui fonctionne sur les instructions d'un ruban perforé. Ou plutôt si : son inventeur n'est autre que ce mécanicien visionnaire du XVIIIe siècle, Jacques de Vaucanson, auquel on doit le premier métier à tisser automatique, fonctionnant sur cartes perforées. Ainsi un produit qui paraît récent n'est le plus souvent que l'avatar d'une invention ancienne.

Dernier trait qui caractérise la technique du XXe siècle : elle est devenue quasi incontrôlable. Elle suit son évolution autonome, comparable en cela au fonctionnement de l'A.D.N., qui semble « indifférent » au destin des cellules dont il commande la production (au point que de grands biologistes l'ont d'ailleurs qualifié d'« égoïste »).

Ce dernier caractère, indéniablement troublant, tient à l'imprévisibilité de la science. S'il est bien exact que des milliers de scientifiques dans le monde entier s'efforcent de trouver des solutions à des problèmes déterminés, comme le cancer, il demeure que c'est le hasard qui, le plus souvent, fait danser les inventions au son de ses violons. Ainsi, en répertoriant les gènes humains et les rapports de plusieurs de leurs anomalies avec certaines maladies, on découvre qu'il y a des gènes qui prédisposent au cancer de l'utérus, du sein, du côlon, etc. Le remède n'est sans doute pas là où on le cherche ; il résiderait sans doute dans la correction du gène défectueux. C'est aussi par hasard que Bernard Raveau a découvert un matériau qui est supra-conducteur bien au-dessus des températures reconnues. Comme on ne peut guère inventer qu'à partir de ce que l'on sait parce qu'on l'a découvert, il s'ensuit que les inventions sont tributaires des découvertes, et, dans une large mesure, du hasard.

Gérald Messadié, *Les Grandes Inventions du monde moderne*,

Combien de paragraphes ?

Nous allons « *perdre* » plus de temps que dans les cas précédents en ne commençant la rédaction qu'une fois établi le plan détaillé.

Le texte comporte neuf paragraphes, ce qui est beaucoup trop pour le résumé. Il est indispensable de regrouper pour répondre à la question qui ne cesse de revenir au cours de cet ouvrage : *combien de paragraphes dans le résumé ?*

Ce premier travail est assez facile car le texte est organisé autour de trois idées :

— les inventions deviennent COLLECTIVES ;
— les inventions deviennent INVISIBLES ;
— les inventions deviennent INCONTRÔLABLES.

Les regroupements s'opèrent de la façon suivante :

1. COLLECTIVES (paragraphes 1, 2, 3).
2. INVISIBLES (paragraphes 4, 5, 6, 7).
3. INCONTRÔLABLES (paragraphes 8 et 9).

Il n'y a pas de grandes digressions. Notre résumé, quelle que soit sa longueur, sera donc articulé en trois temps.

Le premier paragraphe du résumé

Ce premier paragraphe du résumé doit donc regrouper les paragraphes 1, 2 et 3 du texte de départ. Il est donc nécessaire de circuler à l'intérieur de ces trois paragraphes. Très vite un principe organisateur qui va nous aider à structurer le paragraphe apparaît. L'auteur envisage l'opposition *inventions individuelles/inventions collectives* en se situant sur l'échelle du temps. Il distingue trois phases dans l'histoire des inventions :

1. AUTREFOIS (inventions individuelles).
2. AUJOURD'HUI (inventions de plus en plus collectives).
3. DEMAIN (l'invention sera uniquement collective).

Cette articulation en trois points devra se retrouver dans le résumé. Cela implique la translation de certaines sous-unités de sens.

La nécessité de translations

Il ne saurait être question de modifier l'ordre des grandes unités de sens et d'avoir, par exemple, un résumé qui commencerait par s'arrêter sur le caractère incontrôlable des inventions alors que cet élément arrive à la fin du texte. Mais, pour donner plus de vigueur à la structure du paragraphe, il est possible d'opérer des translations à l'intérieur d'une même unité de sens.

L'étude des trois premiers paragraphes permet d'illustrer ce point de vue. L'auteur évoque « *autrefois* » en deux endroits du premier paragraphe (Papin, Stephenson, Marconi d'une part et Goddard d'autre part) et en deux endroits du second paragraphe (Leeuwenhoek d'une part et Wheatstone, Sainte-Claire Deville d'autre part). Donc quatre fois le retour sur des exemples relatifs à des personnes se situant dans l'« *autrefois* » et qui ont attaché leur nom à une invention. Dans la mesure où le résumé abrège, il n'est pas possible de procéder de la même manière. Il faut donc là encore regrouper.

Ces transferts effectués, nous savons que le premier paragraphe de notre résumé correspond au schéma suivant :

Schéma du texte

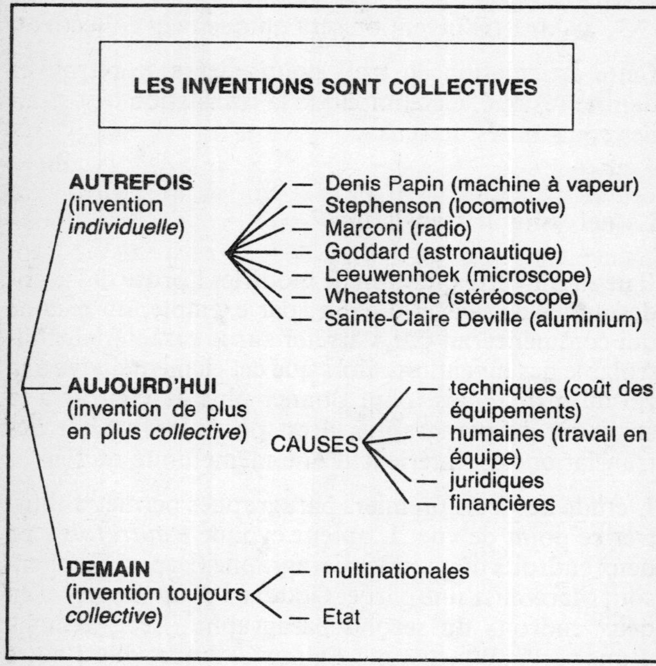

Le deuxième paragraphe du résumé

Le deuxième paragraphe du résumé qui se rapporte au caractère *invisible* des inventions, regroupe donc les paragraphes 4, 5, 6 et 7 du texte.

Cette seconde unité de sens est une démonstration qui s'appuie sur trois exemples. Après un paragraphe de transition (§ 4), le texte s'articule en trois temps correspondant à ces exemples :

1. L'AUTOMATISME (§ 5).
2. LA MINIATURISATION (§ 6).
3. LA MACHINE À COMMANDE NUMÉRIQUE (§ 7).

On pourrait donc imaginer un paragraphe articulé de la même façon en trois temps. Cependant, nous constatons que, à l'occasion de chacun de ces trois exemples, l'auteur revient sur la même idée : le principe mis en œuvre n'est pas vraiment nouveau et pourtant le produit est devenu nouveau parce que ce principe a simplement été systématisé et amplifié. C'est en cela que, dans les trois cas, il est possible de parler d'invention *« invisible »*.

L'auteur se répète donc et cela n'a rien de gênant puisqu'il s'agit chaque fois d'étayer un peu plus la démonstration. Mais impossible de redire trois fois la même chose dans le résumé.

Il faudra donc privilégier l'idée commune aux trois exemples en ne disant qu'une fois ce que l'auteur dit trois fois. L'élément important est là parce qu'en relation directe avec la problématique du texte. Les trois exemples seront évoqués si l'on dispose d'un contingent de mots suffisant. Dans le cas contraire, il faudra les sacrifier.

Le plan détaillé

Au terme de cet examen du texte, nous pouvons établir le plan détaillé qui suit. La rédaction se fera à partir de ce plan détaillé avec, éventuellement, de rapides retours sur le texte pour une vérification ou un complément d'information.

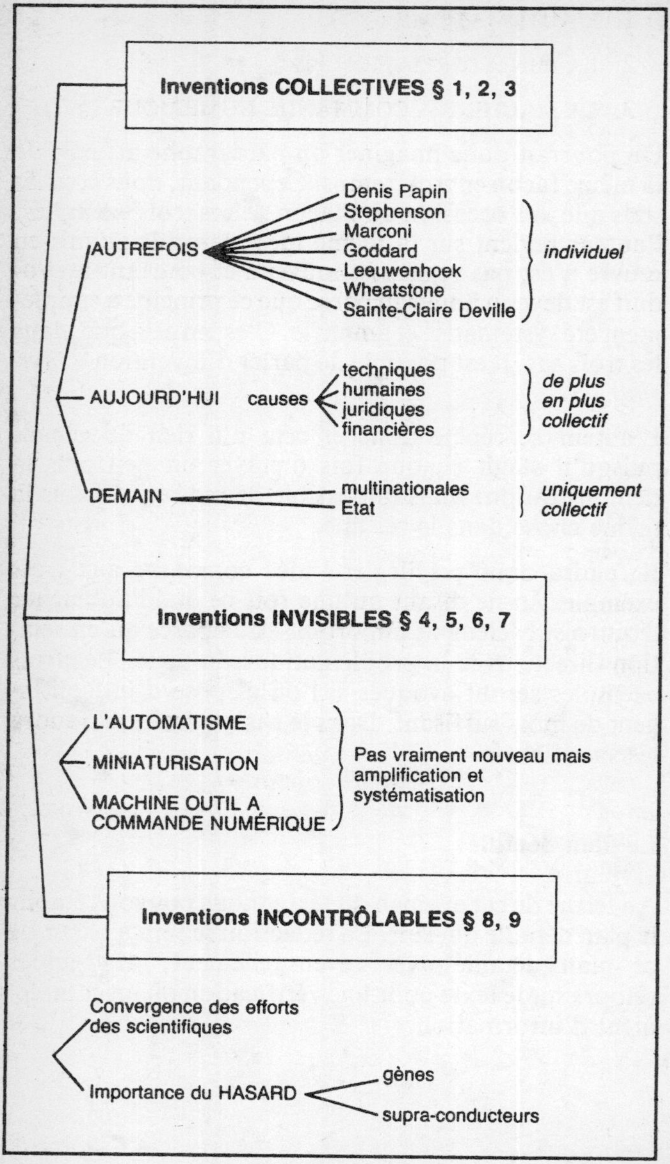
Inventions COLLECTIVES § 1, 2, 3
AUTREFOIS
Denis Papin
Stephenson
Marconi
Goddard
Leeuwenhoek
Wheatstone
Sainte-Claire Deville
individuel
AUJOURD'HUI
causes
techniques
humaines
juridiques
financières
de plus en plus collectif
DEMAIN
multinationales
Etat
uniquement collectif
Inventions INVISIBLES § 4, 5, 6, 7
L'AUTOMATISME
MINIATURISATION
MACHINE OUTIL A COMMANDE NUMÉRIQUE
Pas vraiment nouveau mais amplification et systématisation
Inventions INCONTRÔLABLES § 8, 9
Convergence des efforts des scientifiques
Importance du HASARD
gènes
supra-conducteurs

▶ PREMIER RÉSUMÉ

Le résumé qui suit correspond à un sujet exigeant un résumé en 200 mots et qui peut donc aller de 180 à 220 mots.

Les inventions ne sont plus, comme autrefois, l'apanage d'un individu qui y attachait son nom. Denis Papin, Stephenson, Marconi, Goddard, Leeuwenhoek, Wheatstone, Sainte-Claire Deville sont passés à la postérité, mais de tels exemples deviennent rares. Parce qu'elle demande des équipements coûteux, un travail en équipe, pour des raisons aussi juridiques et financières, l'invention tend aujourd'hui à devenir collective. Demain, elle ne pourra plus émaner que d'une multinationale ou d'un Etat.

Un autre caractère de l'invention dans le monde moderne est qu'elle est invisible. Il ne s'agit souvent que de l'amplification de processus qui n'ont pas été, à proprement parler, inventés. Cela vaut tout autant pour l'automation, la miniaturisation que pour la machine-outil à commande numérique. Dans ces trois cas, un processus ancien a été simplement systématisé.

Troisième caractéristique de l'invention dans le monde moderne : elle est incontrôlable. Les efforts des savants convergent vers des buts communs, mais, ainsi que le prouve l'étude des gènes et des supra-conducteurs, l'invention n'est pas vraiment prévisible et relève en grande partie du hasard.

► Deuxième résumé

Le second résumé correspond à un sujet demandant de faire un résumé en 120 mots.

> Les inventions ne sont plus, comme autrefois, le fait d'un individu, mais leur origine tend à devenir collective. Pour des raisons à la fois techniques et juridiques, elles n'émaneront plus, très prochainement, que d'un État ou d'une multinationale.
>
> L'invention, dans le monde moderne, est aussi invisible. Le produit se transforme, non pas du fait d'une nouveauté, mais à cause de la mise en œuvre systématique de processus connus depuis longtemps. Tel est le cas, par exemple, de l'automatisme, de la miniaturisation et des machines à commande numérique.
>
> Enfin l'invention reste incontrôlable. On sait ce qu'on cherche sans pouvoir prévoir ce que l'on va trouver, car le hasard continue de jouer un rôle fondamental dans ce domaine.

► Troisième résumé

Le libellé du sujet exige cette fois que le texte soit ramené à 70 mots.

On remarquera que plus le nombre de mots alloués pour le résumé est faible et plus la marge de dépassement se réduit. Ici, cette marge, dans un sens ou dans un autre, est de 7 mots et, dans le cas suivant d'un résumé de 30 mots, elle ne sera que de trois mots.

> Les inventions ne sont plus le fait d'un individu, mais, pour des raisons techniques et juridiques, elles ont aujourd'hui une origine collective.
>
> L'invention, actuellement, participe aussi de l'invisible. La transformation des produits provient en fait de l'amplification de processus connus depuis longtemps.
>
> Enfin, l'invention moderne est incontrôlable parce que le hasard continue de jouer un rôle primordial dans ce domaine.

Déjà ici, on pourrait tout regrouper et donc ne pas aller à la ligne. Voir quatrième résumé sur ce point.

▶ QUATRIÈME RÉSUMÉ

Le sujet exige cette fois un résumé en 30 mots. Ce type de situation est rare car, en général, la réduction demandée est moindre. Mais l'exemple nous est utile pour des raisons de méthode.

> Les inventions ont de plus en plus un caractère collectif. Elles perdent aussi en spectaculaire pour devenir invisibles parce que progressives. De plus, le rôle prédominant du hasard les rend imprévisibles.

Remarque sur le quatrième résumé

Nous constatons que, pour ce quatrième résumé, la répartition des matériaux en trois paragraphes distincts disparaît. A la limite, un regroupement du même type aurait pu être opéré dans le cas précédent. Cependant, en dépit de ce regroupement, l'articulation en trois temps subsiste.

La règle à appliquer est la suivante. Un paragraphe doit être relativement consistant. Si, pour une raison quelconque, et, en particulier le peu de mots dont on dispose, il se ramène à une seule phrase, il faut étudier la possibilité d'un regroupement.

Mais, quoi qu'il arrive, la structure du texte doit être maintenue. Même si l'on résume le texte en une phrase, elle doit encore se retrouver : « *Les inventions deviennent aujourd'hui collectives, invisibles et incontrôlables.* »

La structure ! La structure !

Cette nécessité de conserver, quelle que soit l'ampleur de la réduction, la structure du texte de départ apparaît bien sur le schéma de la page 29 relatif à ce texte. Pas de bon résumé sans l'application de cette règle.

Le résumé doit être fortement structuré pour rendre avec netteté l'articulation du texte en quelques grandes unités de sens.

Pour rendre cette structure plus vigoureuse, il est souvent nécessaire de regrouper les éléments correspondant à différentes sous-unités de sens.

EXEMPLE N° 4

Le texte qui suit est un article du *Monde* dû à Annie Kahn. Il est à première vue purement descriptif, mais il comporte en fait une réflexion sur la créativité dans l'entreprise.

De tels textes, portant sur des problèmes de société à partir de l'examen de faits concrets, sont fréquemment proposés dans les concours administratifs.

OBJECTIF

- **Dégager les grandes articulations du texte.**
- **Faire un résumé en 300 mots.**
- **Faire un résumé en 200 mots.**

L'habit fait le skieur

Sur les pistes de ski, le style c'est aussi le « look ». Les combinaisons et les anoraks rivalisent de couleurs chatoyantes qui pourront éventuellement compenser les défauts d'une technique sportive pas tout à fait maîtrisée. Pour habiller les 44 millions de skieurs qui dévalent chaque année les pentes du monde entier, loin des stades de slalom, les concurrents se livrent à une concurrence acharnée. Et dans ce domaine aussi, la technologie joue son rôle. Si, dans un premier temps, de nombreuses matières synthétiques ont permis de fabriquer des vêtements pour couper du vent, isoler de la pluie, de la neige et du froid, une nouvelle génération de matières a fait son apparition qui, en outre, évacue l'humidité due à la transpiration.

Très prisé des randonneurs, le Gore Tex est la plus ancienne d'entre elles. Il ne s'agit pas d'une fibre textile, mais d'une membrane transparente et fine de PFTE (polytétrafluoroéthylène), un polymère bien connu des ménagères sous le nom de Teflon, la substance qui empêche les poêles d'attacher. Son utilisation dans les vêtements, mais aussi bien dans d'autres secteurs, est due à l'imagination de son inventeur, Wilbert L. Gore, un ingénieur chimiste américain qui en 1958 créa sa propre société, W.L. Gore et Associates, faute d'avoir pu persuader son employeur d'alors, la multinationale de la chimie Dupont de Nemours, l'inventeur du Teflon, de la pertinence de ses vues.

Bill Gore installa ses premiers bureaux dans la cave de sa maison avec l'aide de sa femme. La société, qui a son siège à Newark, dans le Delaware, commença par fabriquer et vendre du PFTE pour les fabricants de câbles électroniques. Quelques années plus tard, en 1969, le fils du fondateur, Bob Gore, maintenant président de l'entreprise, donna une importante impulsion à la société en découvrant que l'on pouvait expanser le PFTE pour en faire un matériau résistant et poreux, chimiquement inerte. Le Gore Tex était né.

Cette structure poreuse explique les qualités du matériau. D'un diamètre de 0,2 micron, les pores du Gore Tex sont 20 000 fois plus petits qu'une goutte d'eau et rendent donc cette membrane imperméable à la pluie. En revanche, les molécules de vapeur d'eau, 700 fois plus petites que les pores de la membrane, peuvent au contraire la traverser, ce qui permet à l'humidité du corps de s'évacuer. Les films de Gore Tex laminés ou libres s'insèrent ensuite en sandwich entre le tissu extérieur du vêtement auquel ils sont ou non contrecollés et la doublure intérieure.

Ce procédé complexe est aussi coûteux à mettre en œuvre. Conséquence : un vêtement qui serait vendu 800 francs sans membrane voit son prix passer à plus de 1 300 francs lorsqu'il en est pourvu. Des prix qui s'expliquent sans doute par des raisons techniques, mais vraisemblablement aussi par des considérations plus commerciales. Grâce à un effort important de marketing, Gore s'est doté d'une très bonne notoriété auprès des acheteurs, ce qui lui permet de pratiquer des prix élevés. Et grâce au quasi-monopole que lui confèrent ses brevets ; les premiers devraient tomber dans le domaine public d'ici un an, ce qui pourrait s'accompagner d'un accroissement de la concurrence et donc d'une chute des prix.

La société Gore, qui emploie 4 700 personnes dans le monde, a 35 usines aux États-Unis, en Europe (dont une en France, à Evry, en région parisienne) et au Japon. Loin de se limiter au secteur de l'électronique (son domaine d'utilisation d'origine) ou au vêtement, le Gore Tex est aussi utilisé en chirurgie pour fabriquer des artères ou des tissus synthétiques, dans l'industrie, pour faire des joints d'étanchéité ou des filtres. Des câbles électroniques et des filtres sont fabriqués à Evry, les membranes laminées pour l'industrie textile européenne proviennent des usines allemandes et écossaises du groupe.

Bien placé pour savoir que les grandes structures peuvent étouffer la créativité, le fondateur a organisé son entreprise selon un modèle original et très décentralisé. Les décisions ne sont pas prises en fonction d'une structure hiérarchique traditionnelle, mais par des petits groupes constitués, en fonction du problème à résoudre, de personnes des services concernés, quelle que soit leur position dans l'entreprise. Un système où les communications informelles jouent un grand rôle et qui ne peut fonctionner qu'au sein de petites équipes. Raison pour laquelle aucune unité ne dépasse 250 personnes. Le capital est entièrement aux mains du fondateur, de sa famille et des salariés de l'entreprise. Tous les employés sont des associés.

Depuis son lancement dans le courant des années 70, de nombreuses firmes ont tenté de concurrencer le Gore Tex sans le détrôner pour autant. Son principal rival, le Sympatex, de la firme Akzo, commence à percer sur le marché européen, en Allemagne en particulier, mais il reste très marginal aux États-Unis, où le Gore Tex règne en maître.

A la différence du Gore Tex, c'est au contraire à l'existence d'un grand groupe diversifié et aux transferts de technologie qu'il peut favoriser que le Sympatex doit son existence. L'histoire veut en effet que l'idée en ait émergé lors d'une réunion mensuelle rassemblant les chercheurs de diverses filiales de l'entreprise. L'un des chercheurs, spécialiste de l'agroalimentaire, faisait état de ses travaux sur les films synthétiques destinés à emballer les saucisses. Il avait mis au point un film imperméable à l'air, mais qui laissait néanmoins s'échapper les gouttes de vapeur d'eau emprisonnées sous le film ; ce qui rendait la saucisse plus appétissante. Ce produit n'avait jusqu'alors pas trouvé de débouché. Il suscita l'intérêt des chercheurs chargés de la mise au point de textiles capables comme le Gore Tex de laisser passer la transpiration tout en étant imperméable à la pluie. Quelques travaux de mise au point furent nécessaires pour adapter cette membrane à ce nouvel usage, et en faire le principal concurrent de la trouvaille de M. Gore.

A la différence du Gore Tex, la membrane Sympatex n'est pas poreuse. Ses chaînes moléculaires hydrophiles conduisent la vapeur d'eau vers l'extérieur où le degré d'humidité est moindre. Avantage du Sympatex : il serait plus facile d'entretien ; les pores ne risquent pas d'être bouchés par des produits de nettoyage ou par le sel des embruns marins. Il est aussi moins cher que le Gore Tex. Son utilisation augmenterait de 25 % à 30 % le prix d'un vêtement.

Plutôt que d'attaquer Gore sur son marché de prédilection, la montagne et la randonnée, Akzo a visé dans un premier temps celui du vêtement de loisir, genre parka, pour la chasse, la balade ou le golf.

Autre concurrent, mais de taille beaucoup plus modeste, l'Isofilm d'origine japonaise aurait aussi quelques adeptes, qui en apprécieraient en particulier le caractère extensible.

Mais si les études chiffrées sont rares, il semble bien néanmoins que Gore Tex détienne encore plus de 50 % du marché de ce type de produit.

Annie Kahn, © *Le Monde*, 23.01.91.

Les idées à faire ressortir

Trois produits concurrents sont évoqués dans cet article. Le Gore Tex (américain), le Sympatex (européen) et l'Isofilm (japonais). La place qui leur est octroyée dans cet article correspond approximativement à leur importance sur le marché.

Cependant, le texte est surtout construit sur l'opposition entre le Gore Tex et le Sympatex. D'une manière ou d'une autre, cette opposition devra se retrouver dans le résumé.

A propos de ces produits, l'auteur donne des indications techniques dont il faudra évoquer l'essentiel : les vêtements fabriqués dans ces textiles ne laissent pas pénétrer l'eau, mais laissent sortir la vapeur d'eau issue des corps en transpiration.

Le texte est aussi une réflexion sur la créativité. La naissance du Gore Tex montre combien les grosses structures sont peu propices à l'initiative personnelle et à la création. La découverte du Sympatex montre que la grosse structure peut être créative si elle réussit à mettre en relation ceux qui travaillent dans la même firme mais dans des secteurs différents.

Structure dégagée au fil de la prise de notes

INTRODUCTION (§ 1)
La mise en place du problème : le marché représenté par 44 millions de skieurs a suscité une nouvelle génération de produits pour la fabrication de vêtements adaptés. De là naît une vive concurrence entre différentes firmes.

I. LE TRIOMPHE DU GORE TEX (§ 2, 3, 4, 5, 6, 7)
II. LA CONCURRENCE DU SYMPATEX (§ 8, 9, 10)
III. UN CONCURRENT MODESTE : ISOFILM (§ 11)

CONCLUSION (§ 12)
En dépit de cette concurrence déjà bien présente ou seulement naissante, Gore Tex conserve une position dominante sur le marché mondial.

Combien de paragraphes ?

Le texte comporte douze paragraphes. L'hypothèse d'un résumé comportant lui-même douze paragraphes est évidemment à écarter.

La structure dégagée au fil du texte, telle qu'elle apparaît ci-dessus, permet déjà d'envisager certains regroupements.

Le résumé comportera, comme le texte de départ, une introduction et une conclusion. Celles-ci correspondent respectivement aux paragraphes 1 et 12.

Mais pour ce qui constitue le corps du développement, il ne paraît pas judicieux de faire trois paragraphes correspondant aux trois parties dégagées ci-dessus (I. Gore Tex ; II. Sympatex ; III. Isofilm). En effet, la partie du texte consacrée à Isofilm est peu importante. Il faut donc songer à regrouper Isofilm avec Sympatex dans une partie regroupant les concurrents du Gore Tex. On fera apparaître dans cette partie le caractère encore marginal d'Isofilm.

On aboutit donc à un résumé construit sur une grande opposition :

INTRODUCTION
I. LE GORE TEX
II. LES CONCURRENTS
CONCLUSION

Nous aboutissons ainsi à 4 paragraphes et à une forte opposition qui permettra un parallèle à la fois entre les produits et les méthodes. L'objectif, qui reste toujours de refléter la structure profonde du texte, est atteint.

Cependant, cette façon de procéder risque d'aboutir à des paragraphes lourds. Ainsi, le seul paragraphe sur le Gore Tex doit englober 6 paragraphes du texte de départ. Comment faire pour conserver la forte opposition GORE TEX/CONCURRENTS DE GORE TEX en ayant recours à des paragraphes moins lourds ?

Si l'on veut dédoubler le paragraphe sur le Gore Tex et celui sur ses concurrents, il est possible de distinguer à l'intérieur de chacun d'eux :

— la nature du produit ;
— la méthode de recherche.

Nous nous embarquons donc dans la rédaction du résumé avec le schéma ci-dessous. Il s'agit, comme toujours, d'un cadre de travail, qui peut éventuellement faire l'objet d'ajustements en cours de rédaction.

Schéma du texte

INTRODUCTION Dans le domaine du vêtement de sport (ski) nouvelle génération de produits et **CONCURRENCE**	§ 1
LE TRIOMPHE DU GORE TEX	
Origine du produit	§ 2 3
Description du produit	§ 4
Prix et problèmes commerciaux	§ 5
Structure de l'entreprise (favorable à la créativité)	§ 6
UN CONCURRENT : LE SYMPATEX	
Paragraphe de transition (= une introduction)	§ 7
Origine du produit	§ 8
Nature du produit	§ 9
Stratégie commerciale	§ 10
AUTRE CONCURRENT : L'ISOFILM	§ 11
CONCLUSION En dépit de ces deux concurrents, le Gore Tex reste le premier sur le marché.	§ 12

▶ RÉSUMÉ EN 300 MOTS

Les firmes rivalisent d'ingéniosité pour habiller les millions de skieurs du monde entier.

Le Gore Tex, imperméable à l'eau de pluie, mais qui laisse s'évaporer la transpiration, est un matériau particulièrement apprécié. Il s'agit d'une membrane transparente dérivée du Teflon, produit d'abord utilisé dans d'autres domaines. Cette membrane est fixée entre la partie principale du vêtement et la doublure.

Ce matériau révolutionnaire a été mis au point par un ingénieur américain, Wilbert L. Gore et par son fils. Gore travaillait dans une grande firme où ses idées ne trouvaient pas d'écho. Il se lança dans l'aventure d'une manière artisanale. Sa société a pris aujourd'hui une dimension internationale, mais ses fondateurs se souviennent de leurs débuts : pour éviter le frein à la créativité que représente une structure lourde et hiérarchisée, ils privilégient le travail en réseaux, les petites structures, les échanges informels et la participation au capital.

Le principal concurrent du Gore Tex, le Sympatex, a été, lui, mis au point dans le cadre d'une grande firme. Il est né de la mise en relation de chercheurs travaillant dans des secteurs très différents de cette firme. Sa structure n'est pas la même que celle du Gore Tex, mais le résultat est le même : il est imperméable à la pluie ou au vent, mais laisse s'évacuer la vapeur d'eau produite par la transpiration.

Le Sympatex, moins fragile et moins cher que son concurrent, commence à se faire une place sur les marchés européens. Il s'implante, en particulier dans les secteurs du vêtement de loisir où Gore Tex est moins présent.

En dépit de ces succès, Sympatex, pas plus qu'Isofilm, un nouveau venu japonais encore marginal, n'a pas encore remis en question la position toujours dominante de Gore Tex.

Remarques sur le rapport schéma-résumé

En fin de compte, en cours de rédaction, il a paru plus facile d'intégrer la mention d'Isofilm dans la conclusion que dans l'avant-dernier paragraphe. Cela confirme ce que nous disions sur la possibilité d'ajustements en cours de rédaction.

Longueur du résumé

Les 300 mots alloués permettent d'être assez complet. Cependant, ce résumé est un peu plus étoffé que ce qui est le plus couramment demandé. Nous proposons donc ci-dessous un résumé en 200 mots. Cela va nous conduire à réduire le nombre de paragraphes. La conclusion et l'avant-dernier paragraphe sont regroupés ; de même, nous avons regroupé tout ce qui concerne le Gore Tex, mais en transférant dans l'introduction les éléments sur la nature du produit. Cela permettra d'éviter une répétition lorsque l'on en viendra à parler du Sympatex.

▶ RÉSUMÉ EN 200 MOTS

Les firmes se livrent à une concurrence forcenée pour habiller les millions de sportifs de tous les pays. Leur effort porte en particulier sur la mise au point d'un matériau imperméable à la pluie et au vent mais qui laisse s'évacuer la vapeur d'eau produite par la transpiration.

La firme la plus en pointe dans ce domaine est celle qui fabrique le Gore Tex. Son fondateur a dû quitter la grande société où il travaillait pour faire passer ses idées dans la réalité. Son entreprise d'abord artisanale a pris aujourd'hui une dimension internationale. Mais en souvenir des débuts difficiles, on s'y efforce d'éviter les lourdeurs bureaucratiques qui nuisent à la créativité.

Le seul concurrent sérieux de Gore Tex, le Sympatex, est né, lui, à l'intérieur d'une grande firme, grâce à la mise en relation d'ingénieurs travaillant dans des secteurs différents. Moins cher et plus facile d'entretien que le Gore Tex, il commence à prendre des parts de marché en Europe. Cependant, pas plus qu'Isofilm, un nouveau venu japonais encore marginal, il n'est en mesure de contester à Gore Tex sa suprématie.

▶ EXERCICE

Faire un résumé en 100 mots du texte de départ.

On essaiera de mieux souligner que dans le résumé précédent le fait que le fondateur de Gore Tex s'est installé à son compte parce qu'il ne rencontrait qu'incompréhension dans la firme où il travaillait.

EXEMPLE N° 5

Le texte de Pierre Favre qui suit porte sur les manifestations. Après en avoir souligné le côté paradoxal, l'auteur tente d'évaluer leur influence sur la marche politique d'un pays.

OBJECTIF

- **Mettre en évidence l'articulation du texte en grandes unités de sens de manière à pouvoir répondre à la question : *combien de paragraphes dans le résumé ?***
- **Faire un résumé en 150 mots.**
- **Faire un résumé en 100 mots.**

Fonction politique de la manifestation

L'importance politique donnée au contrôle des manifestations a fait que jusqu'à présent, le maintien de l'ordre a échappé à tout travail administratif de rationalisation, alors même qu'il a des coûts collectifs considérables, coûts financiers, coûts en temps. Il a surtout échappé, de manière peu explicable, à tout effort pour en inscrire la pratique dans une réflexion sur les rapports entre les citoyens et l'autorité politique, qui délègue à un corps spécialisé la gestion pratique des démonstrations de rue. Ce qui veut dire qu'elle délègue à des fonctionnaires, qui sont des citoyens, la mission de recevoir injures, projectiles, et parfois coups, émanant d'autres citoyens qui visent non les forces qui leur sont opposées, mais une autorité qui se garde bien de descendre dans la rue. Ce qui veut dire tout autant que les gouvernants acceptent implicitement que se dénoue sur le terrain, fût-ce sur le mode de la prise en charge des manifestants isolés par des « voltigeurs » motorisés ou de la charge policière aveugle, le désaccord qui les oppose à une catégorie de gouvernés.

Le deuxième élément à intégrer dans l'évaluation de la fonction démocratique des manifestations tient à des données en apparence contradictoires. D'une part, pour les autorités politiques, quelles qu'elles soient, les manifestations restent peu légitimes, elles gardent un relent d'émeute, qu'un pouvoir institué, et qui tient sa légitimité de l'élection, tente toujours de relativiser. D'autre part, le nombre des manifestations fait qu'elles deviennent un élément coutumier, voire routinier, de l'environnement de l'homme politique et qu'elles tendent finalement à s'annuler les unes les autres. Pour donner un seul exemple, pendant les six premiers mois de l'année 1989, ce sont plus de trente manifestations qui ont abouti devant le ministère de la Santé, soit en moyenne une par semaine. De surcroît, on le sait aussi, il est presque toujours possible de jouer sur l'interprétation de la mobilisation, de contester qu'elle soit suffisante, d'y opposer d'autres comptages et d'autres éléments de décision. Le résultat est que la manifestation parvient très rarement à modifier le cours des décisions gouvernementales. Plutôt que d'apparaître comme un corrosif de la démocratie représentative, la manifestation semble au mieux un recours incertain, au pire une action collective illusoire. En bons professionnels, les hommes politiques font montre d'une capacité exceptionnelle de gérer les contestations et les crises dont finalement, vaille que vaille, ils se tirent sans trop y laisser de plumes. L'hypothèse de travail la plus féconde va sans doute à l'encontre des représentations fondées en réalité sur des exceptions : il y a, pour reprendre une expression de M. Dobry, tendance à l'« insensibilité structurelle » du champ politique à l'égard des manifestations. Le fait est d'autant plus significatif qu'il est relativement indépendant des formes prises dans la rue par la manifestation. Qu'il y ait eu mort d'homme ne fait rien à l'affaire, et il y a, ici comme ailleurs, des morts tristement inutiles (je ne sais pas s'il en est d'utiles). Lors d'une manifestation à Amiens le 6 novembre 1987, le militant CGT Lucien Barbier est blessé. Il meurt le 26 novembre. La manifestation a-t-elle été prise en compte par le gouvernement ? En rien. Je ne suis pas davantage sûr que les morts de Charonne aient été à l'origine d'un changement de l'état du système politique de 1962.

Chacun peut objecter à cette analyse qu'il existe tout à l'opposé des manifestations *décisives* et l'on citera toujours pour la France contemporaine les « manifs » de Mai 1968, la gigantesque manifestation en faveur de l'école libre du 24 juin 1984, celles de novembre et décembre 1986 contre le projet Devaquet. Il n'est en fait pas de bonne méthode de rapporter le changement politique à *une* action particulière, fût-elle de grande ampleur (et de surcroît ici chargée d'un fort investissement mythologique ultérieur). C'est l'ensemble de la crise qui est productrice de changement. L'interprétation du seul moment manifestant est rarement possible sans une analyse parallèle de la conjoncture dans laquelle la manifestation s'inscrit. Certes, il est des manifestations relativement peu marquées par la conjoncture, notamment celles qu'on a qualifiées de « routinières ». Mais la plupart des autres s'ancrent fortement dans plusieurs champs sociaux, et il faut conjuguer pour en rendre la logique des échanges de « coups » entre adversaires et protagonistes, la logique propre aux concurrences d'organisations syndicales, le travail d'accumulation ou la disjonction des moyens d'action différents — grèves et manifestations, par exemple —, les modes de conversion des ressources que chacun, dans l'échange politique, perçoit et réinvestit sans cesse, la singularité des interactions entre les acteurs du moment manifestant et la manière dont s'oriente le déroulement — imprévisible par nature, on l'a dit — de la démonstration de rue, l'effet de l'état particulier des forces politiques et des prises de décision qui s'en déduisent. Une manifestation n'est jamais qu'une séquence dans un processus d'interactions généralisé et permanent, dont il faut prendre en compte un sous-ensemble suffisamment important pour être significatif.

Extrait de la Préface de Pierre Favre
à *La Manifestation*, ouvrage publié sous
sa direction,

Éclaircissements

La manifestation de Charonne dont parle l'auteur était une manifestation en faveur de la paix en Algérie qui eut lieu à Paris en février 1962. La police ayant chargé avec brutalité, plusieurs personnes périrent écrasées dans l'entrée du métro Charonne. 1962 est la date de l'indépendance de l'Algérie.

Le projet « Devaquet » était un projet de réforme de l'université française qui fut perçu comme l'amorce d'une évolution vers le système américain avec des universités pour riches et des universités pour pauvres. Il suscita d'importantes manifestations qui entraînèrent l'abandon du projet.

Il y a paragraphe et paragraphe

Le texte n° 4 précédent, à peu près équivalent de celui-ci, du point de vue de la longueur, comportait 12 paragraphes. Ce texte sur les manifestations n'en comporte que 3.

Cette remarque permet de s'arrêter sur la notion de paragraphe. Le texte précédent était tiré d'un quotidien. Celui-ci fait partie d'un livre publié par la Fondation nationale des sciences politiques. La différence dans la manière de découper le texte tient à cette origine des documents.

Dans la presse, à cause de la recherche d'une lisibilité maximale, les paragraphes sont courts. Ils ont chacun leur unité, mais ils ne correspondent pas à un développement complet, à une grande unité de sens. De ce fait, pour établir la structure du texte, on se voit, le plus souvent, amené à regrouper différents paragraphes.

Cette multiplication des paragraphes, propre à la presse, se retrouve aussi dans les ouvrages dits *« grand public* ». On procède donc de la même manière avec des textes tirés de ces livres.

Mais, dans les articles de revue ou dans les ouvrages théoriques destinés à un public plus restreint, les paragraphes sont plus longs et ils correspondent à des développements étoffés.

Combien de paragraphes ?

Nous sommes manifestement ici en présence d'un texte correspondant à cette deuxième situation. Dans ce cas, le problème n'est pas de procéder à des regroupements. La question que l'on est amené à se poser est la suivante : les paragraphes du résumé doivent-ils correspondre aux paragraphes du texte de départ ?

Cela se produit dans certains cas. Chaque paragraphe du texte correspond à une unité de sens. On se trouve alors dans la situation assez rare où il est possible de résumer paragraphe par paragraphe.

Notons cependant que, même dans ce cas, le travail consistant à dégager la structure du texte n'est pas terminé. Il faut encore mettre au jour la structure de chacun de ces grands paragraphes, laquelle devra se retrouver dans le résumé.

Pour ce texte sur les manifestations, nous ne sommes pas en présence de ce cas de figure. Un résumé paragraphe par paragraphe ne rendrait donc pas compte de l'articulation de la pensée.

Le premier paragraphe correspond à une unité de sens. Il est organisé selon deux axes :

— les manifestations échappent à une gestion rationnelle ;
— les manifestations ont aussi échappé à une réflexion en profondeur.

Ayant constaté cette dernière carence, l'auteur va partiellement combler ce manque en s'arrêtant sur le rôle de la manifestation dans une démocratie. Cette réflexion qui suit la mise en place du problème occupe les deux derniers paragraphes.

Examen des paragraphes 2 et 3

Pour ces deux derniers paragraphes, il apparaît vite que chacun d'entre eux n'est pas centré sur une seule idée. Il ne s'agit donc pas ici de regrouper, mais, éventuellement, de dédoubler.

Le deuxième paragraphe commence par une opposition bien mise en place (« *D'une part...* » ; « *D'autre part...* ») :

— d'une part, la manifestation a quelque chose d'exceptionnel et d'illégitime ;
— d'autre part, les manifestations deviennent si fréquentes que leur traitement tourne à la routine pour les hommes politiques.

La suite du texte, y compris le dernier paragraphe, est organisée autour d'une nouvelle opposition :

— la manifestation ne change pas le cours des événements ;
— il existe pourtant des exceptions notables.

Cependant, à y regarder de plus près, toute la fin du texte, à partir de la ligne 94, est construite comme une dissertation organisée selon le plan dialectique (thèse, antithèse, synthèse) :

THÈSE : la manifestation, même s'il y a mort d'hommes, ne change pas le cours des événements.

ANTITHÈSE : les adversaires de cette thèse font remarquer qu'il existe des exceptions notables.

SYNTHÈSE : quand il y a changement, celui-ci n'est pas

dû à la manifestation seule, mais à un ensemble d'actions concertées. La manifestation n'est qu'un élément parmi d'autres dont l'importance ne doit pas être surévaluée.

Comme toujours dans le plan dialectique, la synthèse n'est pas un simple compromis mais un dépassement des thèses en présence.

Cet examen confirme la première impression selon laquelle le découpage du texte de départ en paragraphes ne recoupe pas exactement l'articulation de la pensée. Si on considère maintenant le texte dans son ensemble, le schéma du texte peut s'établir ainsi :

I. MISE EN PLACE DU PROBLÈME : MANQUE DE THÉORISATION EN CE QUI CONCERNE LE PHÉNOMÈNE MANIFESTATION.

II. OPPOSITION ENTRE LE CÔTÉ ILLÉGITIME ET LE CÔTÉ ROUTINIER.

III. THÈSE SUR L'INEFFICACITÉ DES MANIFESTATIONS.

IV. ANTITHÈSE : CAS OÙ LES MANIFESTATIONS ONT ÉTÉ EFFICACES.

V. SYNTHÈSE : CETTE EFFICACITÉ NE PROVIENT PAS DE LA SEULE MANIFESTATION.

D'un texte de 3 paragraphes, nous avons donc dégagé 5 unités de sens. Le résumé devra donc comporter 5 paragraphes sauf, si en cours de rédaction, pour éviter d'avoir un paragraphe trop maigrichon, on décide de procéder à un regroupement.

Intérêt d'un tel travail

Ce travail est fondamental pour réussir un bon résumé. Tout spécialement pour ce texte, nous mettons au défi quiconque de réussir un bon résumé sans appliquer cette méthode.

Même si vous deviez faire un résumé en 50 mots, lequel impliquerait l'abandon du découpage en 5 paragraphes, ce travail permettrait de bien structurer le développement.

Cependant, comme nous l'avons déjà signalé, cette façon de procéder est utile pour apprendre à rédiger. En voyant comment des auteurs patentés organisent leur pensée, vous apprenez à organiser la vôtre. Mais ce n'est que lorsqu'il est pratiqué de cette manière que le résumé a cette vertu. Ceux qui se contentent de coller des morceaux font un mauvais résumé et de plus n'apprennent rien.

Le résumé qui suit correspond à un sujet demandant un résumé en 150 mots.

▶ RÉSUMÉ EN 150 MOTS

Leur importance politique fait que les manifestations ne sont pas gérées rationnellement. On n'a pas non plus suffisamment étudié cette procédure paradoxale consistant pour l'État à payer des citoyens pour subir des avanies de la part d'autres citoyens mécontents.

Les manifestations ont, en effet, aux yeux du pouvoir, un caractère illégitime et, en même temps, elles sont devenues si fréquentes qu'elles finissent par faire partie de la routine.

Cette fréquence rend moins efficace la manifestation. Les hommes politiques ont trouvé des parades et, même quand il y a mort d'homme, elle ne bouleverse pas le paysage politique.

Il est vrai qu'on peut avancer plusieurs exemples de manifestations qui ont fait reculer le pouvoir, mais cela ne suffit pas à infirmer notre thèse. La manifestation, en effet, n'est jamais un phénomène isolé. Elle s'imbrique dans un ensemble d'actions convergentes. Il faut donc éviter de surévaluer son importance en négligeant ce contexte.

Nombre de paragraphes

En cours de rédaction, nous nous sommes rendu compte que le paragraphe correspondant à la quatrième unité de sens (les exceptions) était un peu court. Nous avons donc décidé de l'intégrer à l'intérieur du dernier paragraphe.

Longueur du résumé

Le sujet exige 150 mots. Avec 159 mots, on se trouve proche de la limite supérieure. L'essentiel du texte a pu être rendu. Dans le résumé en 100 mots qui figure plus loin, la déperdition est nettement plus importante.

Liaison entre les idées

Nous ne le dirons jamais assez, ce point est fondamental.

Le lien entre le premier et le second paragraphe du résumé est assuré par « *en effet* ».

Le lien entre le second et le troisième paragraphe du résumé est établi par le démonstratif « *cette* » qui « raccroche » le propos à ce qui précède.

Entre le troisième et le quatrième paragraphe, la transition est assurée par « *Il est vrai que...* », laquelle introduit une objection. L'articulation à l'intérieur du paragraphe repose sur « *Cependant* » et sur « *donc* ».

▶ **RÉSUMÉ EN 100 MOTS**

Comme nous l'avons déjà constaté, une forte réduction conduit à abandonner le découpage en paragraphes. La question « *Combien de paragraphes ?* », le travail sur la structure du texte de départ ne sont pas devenus inutiles pour autant. En effet, l'articulation de la pensée, si elle a été bien perçue, va se retrouver même dans un résumé « monobloc ».

> On n'a pas suffisamment étudié ce phénomène paradoxal qu'est la manifestation qui voit s'affronter des citoyens mécontents et des citoyens chargés de subir les effets de ce mécontentement, phénomène perçu par le pouvoir à la fois comme illégitime et comme routinier. Cette étude montrerait que les manifestations n'influencent pas vraiment la vie politique. Il est toujours possible d'évoquer des exceptions, mais la méthode n'est pas vraiment convaincante ; elle néglige le fait qu'une manifestation n'est qu'un élément dans un faisceau d'actions concertées. Il faut donc éviter d'attribuer à son seul effet le mérite du résultat.

Quand les paragraphes du texte de départ sont longs, ils n'autorisent pas toujours le résumé paragraphe par paragraphe.

Que ce soit le cas ou non, il est toujours nécessaire de dégager la structure de ces grands paragraphes.

EXEMPLE N° 6

Le texte qui suit porte sur un problème fondamental : le rôle de l'informatique dans l'éducation.

L'auteur, Bruno Lussato, qui enseigne dans une école d'ingénieurs en informatique, connaît les mérites de cette discipline, mais il éprouve le besoin d'attirer l'attention sur ses limites et ses dangers.

Le texte est bien organisé, concret et vivant grâce aux exemples. Une fois de plus, il peut servir de modèle aux apprentis rédacteurs. Mais la réponse à la question « *Combien de paragraphes dans le résumé ?* » n'est pas évidente. Une chose apparaît cependant tout de suite. Le texte de départ comporte [illegible] paragraphes, ce qui est beaucoup trop pour un résumé. Il faudra donc procéder à des regroupements.

OBJECTIF

- **Dégager les grandes articulations du texte.**
- **Faire un résumé en 250 mots.**
- **Faire un résumé en 100 mots.**

Les risques pédagogiques de l'informatique

Aujourd'hui, des écoliers de dix ans, aux États-Unis, au Japon et même en Europe, apprennent à manipuler un ordinateur. Cet enseignement va évidemment être généralisé dans les années à venir ; l'informatique ne sera plus une discipline « en plus », elle fera désormais partie de la formation de départ au même titre que la lecture, l'histoire ou la géographie. A quoi ressemblera dans ces conditions l'éducation de nos enfants d'ici dix ans ? Qu'est-ce que l'ordinateur changera dans ce domaine tout à fait essentiel ?

Tout d'abord pour fabriquer des produits à très haute information ajoutée, il faudra des hommes encore plus qualifiés que les machines puisque autrement celles-ci seraient capables de les remplacer. Cette qualification reposera, pour reprendre la distinction de Pascal, non sur l'« esprit de rigueur », où l'ordinateur excelle, mais sur l'« esprit de finesse », l'imagination, le sens créatif : l'irremplaçable facteur humain. A mon sens l'ensemble du système éducatif doit être repensé dans cette optique.

L'ordinateur débarrassera la mémoire de l'enfant d'une foule de choses dont elle n'a que faire : tout ce qui est routinier, aisément formalisable, tout ce qui peut s'énoncer en « langage dur » — en matière de mathématiques, de physique et chimie, de chronologie, etc. Attention : je ne suis évidemment pas partisan de la suppression de ces disciplines. J'entends simplement confier à la machine ce qui peut sans dommage lui être laissé, pour que l'homme puisse librement se consacrer à ce qui fait sa supériorité sur la machine. Quand on fait le compte de toutes les matières où l'informatique pourrait intervenir, il reste peu de chose que l'homme doive prendre tout seul à sa charge. Peu en quantité — mais beaucoup en importance, et notamment le sens du beau, du juste, du bon, toutes les valeurs qu'une véritable perversion intellectuelle donne pour « dépassées » et qui, contrairement à ce qu'on imagine, ne sont pas innées mais au contraire s'apprennent longuement, durement. Et certainement pas avec des machines, mais avec de vrais maîtres.

En aucune discipline le rôle du maître ne saurait disparaître du fait de l'informatique. Je concède que, quelquefois, un ordinateur vaut mieux qu'un mauvais maître. Mais un bon maître sera toujours supérieur au meilleur des ordinateurs, parce qu'il saura s'adapter à la personne qui lui fait face. Par exemple, l'apprentissage de l'histoire ne peut être réduit à celui d'une chronologie, ni même à certains enchaînements de causes et d'effets ; de cela, l'ordinateur pourra se charger, mais il se révèlera incapable de communiquer l'envie d'apprendre l'histoire, la chaleur et la passion essentielles à toute bonne transmission du savoir. Apprendre, comme enseigner, suppose l'amour...

L'ordinateur ne peut savoir à qui il a affaire. Il traitera le cancre et le « surdoué » de la même façon. Le résultat inévitable, c'est que l'individu devra s'adapter à la machine, au lieu de l'inverse. Dès à présent, certaines personnes prennent un réel plaisir à s'adapter ainsi ; elles ont l'impression de dominer la machine, alors que c'est le contraire qui se passe : l'ordinateur leur impose un modèle dans lequel ils se moulent. Car le langage de la machine reste « dur » et l'homme contraint de s'y plier doit renoncer à sa subtilité, sa seule vraie richesse.

Par contre, tenu dans les limites qui sont les siennes, l'ordinateur sera un merveilleux outil d'éducation qui soulagera la mémoire des enfants d'une masse d'informations désormais inutiles, qui les aidera à réviser leurs leçons et les assistera dans toutes les tâches répétitives. De tout cela, il est déjà capable aujourd'hui. Et demain, avec l'apparition des machines au langage de plus en plus souple, c'est une véritable révolution qui se fera jour. Le « voyage imaginaire » rendra passionnant le moindre cours d'histoire ou de géographie. L'ordinateur sera « auto-programmable », c'est-à-dire adapté à chaque utilisateur, et parlera presque comme vous et moi, avec des inflexions quasi humaines. Les enfants d'aujourd'hui, formés aux langages rigides, sont tombés dans une période de transition et risquent d'en subir les conséquences : l'informatique au langage dur est déjà dépassée, et rien n'est pire que de verser du vin ancien dans des outres nouvelles.

Il est de bon ton de s'extasier devant ces enfants qui sont capables à dix ans de manier un ordinateur. Moi, je trouve qu'il n'y a rien là de bien admirable. Après tout, il s'agit d'un langage simpliste, sans ambiguïté aucune, beaucoup plus facile à maîtriser qu'une pièce de Shakespeare ou une sonate de Mozart.

Mozart, précisément, est considéré comme un génie parce qu'il jouait du piano à l'âge de cinq ans. C'était un génie, le fait est indiscutable. Mais, à l'époque, tous les enfants de musiciens savaient jouer d'un instrument à cet âge et donnaient même de petits concerts. Même aujourd'hui, je suis convaincu qu'un enfant quelconque en serait capable. Or jouer du piano représente une opération incomparablement plus complexe que de manipuler un ordinateur. Enfants prodiges, ces pianistes en culottes courtes ? Pas le moins du monde : enfants normaux, à mon sens, simplement grandis dans une ambiance où on les traitait un tant soit peu comme des adultes, et tout de suite en contact avec une information hautement structurée.

Il arrive souvent que ces enfants si « doués » dans leur jeune âge, semblent perdre leurs facultés par la suite. Que s'est-il passé ? Eh bien, ils ont été à l'école... Ils n'y ont pas trouvé Bach, Beethoven et Shakespeare, mais un enseignement banalisé, simplifié, dégradé. Ils ont fait la connaissance de B-A-BA.

Tel est le nœud, telle est la pierre angulaire du problème éducatif : un enfant qui débute par l'information « molle » — la musique, le théâtre, la danse — peut très facilement, dans un deuxième temps, acquérir des connaissances « dures » : disciplines scientifiques, langage de l'ordinateur. Alors que l'inverse n'est pas vrai. Le petit d'homme n'a pas grand mal à assimiler, dès le départ, les langages « durs » ; il y parviendra même plus facilement que l'adulte, n'étant pas arrêté par des préjugés. Mais ensuite, il aura toutes les peines du monde à appréhender l'informalisable, l'indicible, la poésie, l'art, c'est-à-dire la véritable culture humaine.

Bruno Lussato, *Le Défi informatique*,

Le résumé paragraphe par paragraphe comme phase transitoire

Quand peut-on résumer le texte de départ paragraphe par paragraphe ? Nous l'avons dit : très rarement et seulement dans les cas exceptionnels où ce texte est constitué de trois ou quatre paragraphes consistants et correspondant chacun à une unité de sens.

Mais, la plupart du temps, le texte de départ comporte 6, 7, 8 et parfois même jusqu'à 12 paragraphes. Or un résumé de 200 mots en 12 paragraphes — ou même en 6 — est obligatoirement mauvais. Il n'y a même pas besoin de le lire pour le savoir.

Le résumé paragraphe par paragraphe peut cependant vous aider s'il est pratiqué seulement dans une phase préparatoire précédant les regroupements. Il peut vous aider à comprendre les textes longs et relativement difficiles.

Vous pouvez donc pratiquer cette méthode du résumé paragraphe par paragraphe (à titre préparatoire ! ! !) dans le cadre du travail à la maison. Mais, l'expérience prouve qu'elle est inapplicable dans les conditions de l'examen parce qu'elle prend trop de temps. Il faut donc, au bout de quelques mois d'apprentissage, apprendre à s'en passer.

Nous montrerons ci-dessous comment elle peut être mise en œuvre.

Pour lire plus facilement ce qui suit, il serait bon de numéroter au crayon les différents paragraphes du texte.

Paragraphe 1

Mise en place du problème : quels changements l'ordinateur va-t-il apporter dans l'éducation ?

Paragraphe 2

Pas immédiatement une réponse à la question posée. Mais l'auteur énonce une donnée importante pour la suite : la place grandissante de l'informatique rendra primordiale cette aptitude propre à l'homme qu'est la créativité.

Paragraphe 3

Paragraphe construit sur une opposition *langue « dure »/langue « molle »* qui reprend l'opposition anglo-saxonne *« hard »/« soft »*. Cette opposition se comprend facilement : entre dans la langue dure tout ce qui peut se ramener à des réponses de type oui/non. A l'opposé se situe le domaine de l'art (le beau) et de la morale (le juste, le bon).

Paragraphe 4

Premier élément de réponse à la question posée en début de texte : l'ordinateur peut seconder l'enseignant, mais non le remplacer. Il ne remplace pas ce qui est proprement humain, la passion du savoir.

Paragraphe 5

Autre élément de réponse : un point faible de l'ordinateur est qu'il ne peut pas tenir compte de la particularité de chacun. Il ne s'adapte pas à son élève et c'est donc son élève qui doit s'adapter à lui.

Paragraphe 6

L'auteur fait une concession (« *Par contre...* ») : l'ordinateur d'aujourd'hui, et surtout celui de demain, peuvent devenir de merveilleux outils capables de s'adapter à la spécificité de chacun. Mis à part le cas particulier des enfants aujourd'hui formés par des ordinateurs du premier type, l'argument du paragraphe 5 est donc pratiquement annulé.

Paragraphe 7

L'aptitude des jeunes à utiliser l'informatique et dont s'émerveillent certains adultes n'a rien d'extraordinaire.

On retrouve dans ce paragraphe l'opposition entre le langage dur et ce qui lui échappe (Shakespeare, Mozart).

Paragraphe 8

Développement de l'idée énoncée dans le paragraphe précédent et prolongement de l'opposition *informatique/Mozart*.

On voit tout de suite qu'il sera possible de procéder à un regroupement des paragraphes 7 et 8 puisqu'ils parlent de la même question.

Paragraphe 9

Prolongement sur les enfants doués pour l'informatique (qui n'étonnent en rien l'auteur), mais avec une idée nouvelle. Ces enfants pris à tort pour des prodiges plafonnent souvent quand ils doivent quitter le domaine des langages durs pour des réalités plus complexes.

Paragraphe 10

Conclusion : en commençant par l'informatique, on met la charrue avant les bœufs et l'on compromet l'avenir des enfants. Il est en effet plus facile de passer d'une information « *molle* » (ouverte, complexe, comprenant une part de subjectivité) à une information dure que de faire le chemin inverse. Il faut donc commencer, dans le domaine de l'éducation, par ce qui est le plus humain.

Mise au jour de la structure du texte

A première vue, il semble bon de commencer ce résumé par un petit paragraphe résumant le paragraphe 1 du texte. Ce petit paragraphe jouera le rôle d'une introduction en posant la question essentielle autour de laquelle s'organise le texte et autour de laquelle devra donc s'organiser le résumé.

Le paragraphe 2 qui porte sur l'importance de la créativité dans un avenir dominé par l'informatique ne mérite pas qu'on lui consacre un paragraphe dans le résumé. On l'intégrera donc dans ce qui précède ou dans ce qui suit.

Le paragraphe 3 contient l'opposition *information dure/information molle*, déjà présente dans le paragraphe précédent et fondamentale pour toute la suite du texte. Il est suivi de deux arguments en faveur des limites de l'informatique (§ 4 et 5). Deux regroupements paraissent envisageables : soit un gros paragraphe regroupant § 2, 3, 4 et 5 soit deux paragraphes (§ 2 et 3 d'une part ; § 4 et 5 d'autre part).

Avec le paragraphe 6, l'auteur introduit une concession. Comme il est difficile de consacrer un paragraphe du résumé à ce point relativement accessoire, il faut le rattacher à ce qui précède ou à ce qui suit. On peut attendre le moment de la rédaction pour décider. Pourtant la lecture de ce qui suit dans le texte montre que l'ensemble des paragraphes 7, 8, 9, 10 constitue un tout. De ce fait, le paragraphe 6 semble plutôt devoir être rattaché à ce qui le précède.

Reste le problème de savoir si le paragraphe 10 qui sert de conclusion au texte donnera lieu à un petit paragraphe servant de conclusion à l'ensemble du résumé ou s'il sera intégré dans ce qui précède. Là encore, il est possible d'attendre le moment de la rédaction pour prendre une décision.

Donc, comme toujours, nous ne partons pas dans la rédaction à l'aventure. Nous avons établi un schéma, une sorte de cadre permettant d'éviter l'éparpillement et les grosses erreurs, mais qui est susceptible d'ajustements.

Ce cadre de travail se présente ainsi :

I. INTRODUCTION (§ 1) : quels changements dans l'éducation du fait de l'apparition de l'informatique ?

II. OPPOSITION « DURE »/« MOLLE » ET CONSÉQUENCES POUR L'ÉDUCATION (§ 2, 3, 4, 5).

On intègre le paragraphe 6 et l'on se réserve la possibilité de dédoubler si le paragraphe obtenu est trop lourd.

III. OPPOSITION « DURE »/« MOLLE » POUR JEUNES ENFANTS : problème de l'ordre dans lequel l'accès à ces différents types d'information doit apparaître. (§ 7, 8, 9).

IV. CONCLUSION : il faut commencer par le plus humain (§ 10).

On se réserve la possibilité d'intégrer cette conclusion dans le paragraphe précédent.

Le résumé qui suit correspond à un sujet demandant un résumé en 250 mots.

▶ RÉSUMÉ EN 250 MOTS

L'importance prise par l'informatique dans les systèmes éducatifs de certains pays conduit à s'interroger sur les changements que celle-ci va entraîner dans la formation des jeunes.

L'informatique participe d'un langage dur c'est-à-dire reposant sur des questions fermées. De cela provient à la fois sa force et ses limites. Son développement fait ressortir les domaines où l'homme est irremplaçable et tout spécialement celui de la créativité appelée à jouer un rôle primordial. Dans le domaine de l'éducation, l'ordinateur ne transmettra jamais la passion du savoir comme peut le faire un professeur. Il a aussi l'inconvénient de ne pas prendre en compte la spécificité de chacun, encore que les ordinateurs les plus récents laissent espérer des progrès dans ce domaine.

En tout cas, l'aptitude des plus jeunes à manipuler les ordinateurs ne doit pas nous faire crier trop vite au prodige. Remarquons tout d'abord qu'au temps de Mozart tous les enfants de musiciens jouaient à cinq ans d'un instrument, ce qui est autrement plus complexe. Mais surtout, il faut attirer l'attention sur le danger de commencer par l'information dure et à ne passer aux questions plus complexes de l'art et de la morale qu'ensuite. L'observation conduit à constater qu'il est nettement préférable de suivre la procédure inverse. Il faut commencer par ce qui est proprement humain et ne passer à l'informatique que dans un second temps.

Remarques sur l'organisation en paragraphes

En fin de compte, nous avons intégré la conclusion dans le dernier paragraphe car elle s'y rattache de près.

Nous avons aussi décidé de ne pas dédoubler la partie du résumé qui suit l'introduction.

Reprise des mots du texte

Il va de soi que nous sommes autorisé à reprendre des mots comme « *informatique* », « *éducation* », ou « *changement* ».

Le problème se posait pour l'opposition « *information dure* »/« *information molle* ». Fallait-il reprendre ces expressions ? Dans des situations de ce type, il faut éviter de donner l'impression que l'on répète le texte sans le comprendre. Il suffit pour cela de fournir quelques éléments d'explication comme nous le faisons au début du second paragraphe.

► Résumé en 100 mots

Il paraît possible de conserver cette structure en trois temps même pour un résumé en 100 mots. Comme on pourra le constater, de nombreux éléments disparaissent, mais la structure reste.

Quels changements l'informatique va-t-elle provoquer dans l'éducation ?

Elle correspond à un langage dur se ramenant à des questions dont les réponses ne peuvent être que oui ou non. Le domaine proprement humain de la créativité, de l'enthousiasme, de l'art et de la morale lui échappent.

Les jeunes sont à l'aise dans son univers, mais cela n'a rien du prodige. Cette information dure est d'un accès beaucoup plus facile que l'univers complexe de l'esthétique ou du jugement moral. Il apparaît donc dangereux de commencer par le plus facile c'est-à-dire par ce qui est le moins humain.

EXEMPLE N° 7

Le texte qui suit est dû à la plume d'Alexis de Tocqueville, un penseur politique du XIXe siècle. Il s'agit d'un passage célèbre et, par certains côtés, prophétique de l'ouvrage intitulé *De la démocratie en Amérique*.

Ce texte est relativement difficile, mais il pourrait très bien être proposé dans un concours administratif de catégorie A et même au baccalauréat.

OBJECTIF

- **Établir un tableau mettant en parallèle les éléments relatifs à la servitude de la masse et ceux se rapportant au pouvoir lui-même.**

- **Faire un résumé en 200 mots.**

- **Faire un résumé en 120 mots.**

Le despotisme démocratique

Je pense donc que l'espèce d'oppression dont les peuples démocratiques sont menacés ne ressemblera à rien de ce qui l'a précédée dans le monde ; nos contemporains ne sauraient en trouver l'image dans leurs souvenirs. Je cherche en vain en moi-même une expression qui reproduise exactement l'idée que je m'en forme et la renferme ; les anciens mots de despotisme et de tyrannie ne conviennent point. La chose est nouvelle, il faut donc tâcher de la définir, puisque je ne peux la nommer.

Je veux imaginer sous quels traits nouveaux le despotisme pourrait se produire dans le monde : je vois une foule innombrable d'hommes semblables et égaux qui tournent sans repos sur eux-mêmes pour se procurer de petits et vulgaires plaisirs, dont ils emplissent leur âme. Chacun d'eux, retiré à l'écart, est comme étranger à la destinée de tous les autres : ses enfants et ses amis particuliers forment pour lui toute l'espèce humaine ; quant au demeurant de ses concitoyens, il est à côté d'eux, mais il ne les voit pas ; il les touche et ne les sent point ; il n'existe qu'en lui-même et pour lui seul, et, s'il lui reste encore une famille, on peut dire du moins qu'il n'a plus de patrie.

Au-dessus de ceux-là s'élève un pouvoir immense et tutélaire, qui se charge seul d'assurer leur jouissance et de veiller sur leur sort. Il est absolu, détaillé, régulier, prévoyant et doux. Il ressemblerait à la puissance paternelle si, comme elle, il avait pour objet de préparer les hommes à l'âge viril ; mais il ne cherche, au contraire, qu'à les fixer irrévocablement dans l'enfance ; il aime que les citoyens se réjouissent, pourvu qu'ils ne songent qu'à se réjouir. Il travaille volontiers à leur bonheur ; mais il veut en être l'unique agent et le seul arbitre ; il pourvoit à leur sécurité, prévoit et assure leurs besoins, facilite leurs plaisirs, conduit leurs principales affaires, dirige leur industrie, règle leurs successions, divise leurs héritages ; que ne peut-il leur ôter entièrement le trouble de penser et la peine de vivre !

C'est ainsi que tous les jours il rend moins utile et plus rare l'emploi du libre arbitre ; qu'il renferme l'action de la volonté dans un plus petit espace, et dérobe peu à peu à chaque citoyen jusqu'à l'usage de lui-même. L'égalité a préparé les hommes à toutes ces choses : elle les a disposés à les souffrir et souvent même à les regarder comme un bienfait.

Après avoir pris ainsi tour à tour dans ses puissantes mains chaque individu, et l'avoir pétri à sa guise, le souverain étend ses bras sur la société tout entière ; il en couvre la surface d'un réseau de petites règles compliquées, minutieuses et uniformes, à travers lesquelles les esprits les plus originaux et les âmes les plus vigoureuses ne sauraient se faire jour pour dépasser la foule ; il ne brise pas les volontés, mais il les amollit, les plie et les dirige ; il force rarement d'agir, mais il s'oppose sans cesse à ce qu'on agisse ; il ne détruit point ; il empêche de naître ; il ne tyrannise point, il gêne, il comprime, il énerve, il éteint, il hébète, et il réduit chaque nation à n'être plus qu'un troupeau d'animaux timides et industrieux, dont le gouvernement est le berger.

J'ai souvent cru que cette servitude, réglée, douce et paisible, dont je viens de faire le tableau, pourrait se combiner mieux qu'on ne l'imagine avec quelques-unes des formes extérieures de la liberté, et qu'il ne lui serait pas impossible de s'établir à l'ombre même de la souveraineté du peuple.

Nos contemporains sont incessamment travaillés par deux passions ennemies : ils sentent le besoin d'être conduits et l'envie de rester libres. Ne pouvant détruire ni l'un ni l'autre de ces instincts contraires, ils s'efforcent de les satisfaire à la fois tous les deux. Ils imaginent un pouvoir unique, tutélaire, tout puissant, mais élu par les citoyens. Ils combinent la centralisation et la souveraineté du peuple. Cela leur donne quelque relâche. Ils se consolent d'être en tutelle, en songeant qu'ils ont eux-mêmes choisi leurs tuteurs. Chaque individu souffre qu'on l'attache, parce qu'il voit que ce n'est pas un homme ni une classe, mais le peuple lui-même, qui tient le bout de la chaîne.

Dans ce système, les citoyens sortent un moment de la dépendance pour indiquer leur maître, et y rentrent.

Il y a, de nos jours, beaucoup de gens qui s'accommodent très aisément de cette espèce de compromis entre le despotisme administratif et la souveraineté du peuple, et qui pensent avoir assez garanti la liberté des individus, quand c'est au pouvoir national qu'ils la livrent. Cela ne me suffit point. La nature du maître importe bien moins que l'obéissance.

Je ne nierai pas cependant qu'une constitution semblable ne soit infiniment préférable à celle qui, après avoir concentré tous les pouvoirs, les déposerait dans les mains d'un homme ou d'un corps irresponsable. De toutes les différentes formes que le despotisme démocratique pourrait prendre, celle-ci serait assurément la pire.

Alexis de Tocqueville, *De la démocratie en Amérique*.

Problème de vocabulaire

Ce texte présente une difficulté fréquente chez les auteurs qui ne sont pas nos contemporains. Certains mots ont changé de sens ou ont disparu de la langue. C'est ici le cas pour le mot « *demeurant* » (ligne 17 : « quant au demeurant de ses concitoyens... »). Le contexte permet de comprendre que ce mot a le sens de « *reste* » (ce qui demeure).

Le mot « *souverain* » (ligne 43 : « *Le souverain étend ses bras...* ») n'est pas pris dans le sens qu'il a couramment aujourd'hui. Il ne désigne donc pas un roi ou un monarque.

Ce mot est pris dans le sens que lui donnent les penseurs politiques du XVIe au XIXe siècle. Il ne s'agit pas d'un individu mais de la puissance publique, de l'autorité politique d'une manière générale, de ce que l'on appelait aussi autrefois le « *pouvoir de commandement* ». Cette autorité politique peut émaner du peuple tout entier, d'une minorité ou se trouver dans la main d'un seul.

A propos de situations de ce type, la règle est simple : *le résumé doit être écrit dans la langue du XXe siècle.*

Les mots anciens doivent donc être traduits en français moderne. Il est préférable de ne pas les reprendre même avec des guillemets. Dans le cas exceptionnel où l'on se verrait contraint de les reprendre, il faudrait utiliser les guillemets et s'arranger pour montrer qu'on les a compris.

A noter aussi, tout à la fin du texte, l'emploi d'un mot toujours en usage, mais qui n'est pas pris dans son sens courant. Il s'agit du mot « *irresponsable* » (ligne 83 : « *dans les mains d'un homme ou d'un corps irresponsable* »). Le mot « *responsable* » n'est pas pris dans son sens le plus courant (qui ne sait pas ce qu'il fait). Il est pris dans son sens politique. Un gouvernement est

« *responsable* » devant une assemblée quand il existe une possibilité de le désavouer. Il peut « *engager sa responsabilité* », ce qui donne lieu à un vote. S'il est désavoué, il devra se démettre.

Dans le passage cité, le mot « *corps* » a évidemment le sens de « *corps politique* ». Tocqueville pense à une assemblée qui détiendrait le pouvoir.

Les problèmes de vocabulaire peuvent être éclaircis par une note en bas de page dans le texte de départ. Ils peuvent cependant volontairement ne pas l'être pour donner à l'épreuve un caractère plus sélectif.

Structure du texte (et du résumé)

Bien qu'il soit tiré d'un ouvrage théorique, ce texte comporte un grand nombre de paragraphes. Il est donc indispensable de procéder à des regroupements de telle sorte que les paragraphes du résumé soient suffisamment consistants.

Travail sur le texte

Dans le cas d'un travail à domicile, le mieux serait sans doute, surtout pour les débutants, de procéder comme nous l'avons fait dans le cas précédent et de commencer par un résumé paragraphe par paragraphe. Il s'agit, rappelons-le, d'une phase préparatoire qui permet de bien entrer dans le texte, mais qui doit être dépassée.

Dans les conditions de l'examen, il est préférable de travailler directement sur le texte. On pourra, par exemple, grâce à des traits horizontaux prenant toute la largeur de la page, isoler les différentes unités de sens.

Comme c'est souvent le cas, le premier paragraphe met

en place le problème. Celui-ci peut se résumer ainsi : *nous assistons à la naissance d'un nouveau despotisme que je ne peux pas nommer et que, en conséquence, je vais me contenter de décrire.*

La suite tout entière est construite sur la description en parallèle d'une forme de servitude et d'une forme de despotisme particulière, le despotisme démocratique.

Pour faciliter le travail de rédaction, il peut être bon de formaliser l'opposition-relation entre les deux domaines par un tableau comme celui qui suit. Les éléments de ce tableau sont situés approximativement dans leur ordre d'apparition, ce qui explique la présence d'espaces vides.

SERVITUDE	**DESPOTISME**
	— l'espèce d'oppression — (concerne les peuples démocratiques) — la chose est nouvelle... nouveau despotisme
— une foule innombrable d'hommes semblables et égaux — qui tournent sans cesse sur eux-mêmes... pour petits et vulgaires plaisirs... — retiré à l'écart... étranger à la destinée de tous les autres. (sa famille et quelques amis comptent ; il est indifférent au reste) :... il n'a plus de patrie	
	— un pouvoir immense et tutélaire... seul, absolu, détaillé, régulier, prévoyant et doux — ressemblerait à la puissance paternelle (si transitoire, mais il dure et tend à maintenir le citoyen en enfance)
— (citoyen maintenu en enfance) — ne songent qu'à se réjouir	— il aime que les citoyens se réjouissent... Il travaille volontiers à leur bonheur — l'unique agent

Servitude (suite)	**Despotisme (suite)**
	— il pourvoit à leur sécurité... prévoit et assure leurs besoins, facilite leurs plaisirs, conduit leurs principales affaires, dirige leur industrie, règle leurs successions, divise leurs héritages
	— que ne peut-il leur ôter le trouble de penser et la peine de vivre
	— il rend moins utile et plus rare l'emploi du libre-arbitre
	— il renferme l'action de la volonté dans un plus petit espace
	— l'égalité (a préparé les hommes à accepter cela et à le souhaiter)
	— avoir pris dans ses puissantes mains chaque individu et l'avoir pétri... le souverain étend ses bras sur la société tout entière
— à travers lesquelles les esprits les plus originaux et les âmes les plus vigoureuses ne sauraient se faire jour pour dépasser la foule	— un réseau de petites règles compliquées, minutieuses et uniformes
	— il ne brise pas les volontés, il les amollit... les plie... les dirige
	— il force rarement d'agir, mais il s'oppose à l'action
	— il ne détruit point mais empêche de naître
	— il ne tyrannise point, il gêne, il comprime, il énerve, il hébète
— un troupeau d'animaux timides et industrieux	— il réduit chaque nation à n'être qu'un troupeau d'animaux timides et industrieux
— servitude réglée, douce et paisible	

Servitude (suite)	**Despotisme (suite)**
PEUT-ON À LA FOIS ÊTRE CONDUIT ET LIBRE. ILS VEULENT LES DEUX	
	— un pouvoir unique, tutélaire, tout puissant, mais élu — centralisation... souveraineté du peuple — tutelle (mais ils se consolent parce qu'ils ont choisi leur tuteur)
— chaque individu souffre qu'on l'attache (parce que c'est le peuple qui tient les bouts de la chaîne) — les hommes sortent un moment de leur dépendance pour indiquer leur maître et y rentrent — beaucoup de gens qui s'accommodent de...	
	— ... cette espèce de compromis entre le despotisme administratif et la souveraineté du peuple — pouvoir national

LE FAIT QUE LE PEUPLE SOIT LE MAÎTRE
NE ME SUFFIT POINT.
LA NATURE DU MAÎTRE IMPORTE BIEN MOINS
QUE L'OBÉISSANCE.

....

(Cependant, cette forme de despotisme démocratique, en dépit de tous les inconvénients qui viennent d'être énumérés, est préférable à celui qui remettrait tous les pouvoirs à une minorité ou à un seul individu.)

Remarques sur ce tableau

Tout d'abord un point de méthode. On pourrait faire remarquer que l'établissement d'un tel tableau prend du temps. C'est partiellement vrai. Cependant, ce type de travail ne prend vraiment beaucoup de temps qu'à celui qui n'est pas entraîné. Par ailleurs, nous oserons prétendre que, pour la majorité des candidats, il est impossible de rédiger un résumé satisfaisant s'ils n'ont pas opéré au préalable un débroussaillement de ce type.

Ce tableau permet de constater que Tocqueville consacre plus de place à la description du despotisme qu'à celle de la servitude. Il est vrai que qui décrit l'un décrit l'autre. Nous constatons donc que le texte correspond bien à ce qui est annoncé dans le paragraphe servant d'introduction : ne pouvant dénommer le despotisme démocratique, il va le décrire.

Cette description est très détaillée, parfois redondante. Or le résumé doit être une synthèse. Même s'il suit approximativement l'ordre du texte, il ne peut pas suivre les méandres de l'analyse. Pour éviter le fouillis et les répétitions, il va falloir, dans chaque cas, dégager les idées forces, ce que Tocqueville appelait les *« idées mères »*.

SERVITUDE

— une *foule* innombrable (tout le monde est concerné).
— *égalité* (alors que le despotisme traditionnel se caractérise par de fortes inégalités).
— grande *activité* des citoyens (chacun est « industrieux » en vue d'améliorer son bien-être).
— le citoyen *se désintéresse de la communauté* (il ne s'intéresse qu'à lui-même, à sa famille et à quelques amis). L'intérêt particulier fait oublier l'intérêt général.
— citoyen *maintenu en enfance* (il n'a pas à faire usage de sa liberté).
— priorité du *bien-être*, du plaisir, des réjouissances, du confort.
— encourage le *conformisme* (tend à écarter les esprits originaux, les caractères fortement trempés).
— ordre, calme, *paix sociale*.
— *servitude acceptée* parce qu'elle vient du peuple.

DESPOTISME

— *nouveau.*
— pouvoir né de l'*élection.*
— *protecteur* (« tutélaire »).
— unique, absolu, *tout puissant*, s'occupant de tout.
— tend à maintenir le citoyen en enfance dans la mesure où il *décide pour lui.*
— favorable au *bonheur du plus grand nombre.*
— façonne, *« pétrit » les individus.*
— *centralisme administratif* qui tend plus à empêcher qu'à favoriser l'initiative.
— *tutelle* autoritaire acceptée parce que *choisie.*

La description de l'auteur est minutieuse. Il lui arrive de revenir sur la même idée. Nous n'avons pas la possibilité de procéder de même, mais ce travail d'explication de texte qui doit toujours précéder la rédaction du résumé nous permet de savoir que le résumé devra :

— être structuré sur la relation-opposition *servitude/despotisme* ;
— mettre en évidence les points forts que nous venons d'énumérer.

On peut envisager à ce stade deux solutions :

— construction de deux grands paragraphes opposés, l'un sur la servitude, l'autre sur le despotisme ;
— entremêlement des deux thèmes selon la méthode utilisée par l'auteur, mais en simplifiant.

Nous avouons qu'au moment où nous nous lançons dans la rédaction, nous ne savons pas vraiment l'option qui sera retenue. Mais admettez que nous ne partons quand même pas à l'aventure et sans boussole.

Le résumé qui suit correspond à un sujet demandant un résumé en 200 mots.

▶ RÉSUMÉ EN 200 MOTS

Nous assistons à la naissance d'une forme nouvelle de despotisme et dont on ne peut que dégager les principales caractéristiques.

Ce pouvoir né de l'élection est favorable à l'égalité entre les citoyens et à leur bonheur. Il a tendance à tout prendre en charge, assurant la sécurité, intervenant dans tous les secteurs de l'activité humaine, protégeant, contrôlant, imposant partout sa règle. Unique, tout puissant, il est accepté par le peuple parce qu'il émane de lui.

Cependant, ce pouvoir n'est pas sans inconvénients. Les citoyens tendent à ne plus se soucier de la chose publique. Ils déploient une grande activité mais seulement pour améliorer leur bien-être et celui de leurs proches. A cet égoïsme s'ajoute le conformisme. Le désir d'égalité débouche sur le règne de la médiocrité. Nous sommes en présence d'une sorte de nivellement par le bas, fruit de l'égalitarisme et de la centralisation administrative.

Que cette situation déshumanisante découle de la volonté du peuple ne suffit pas à me rassurer. Mais cette forme de despotisme démocratique me paraît cependant préférable à celle qui remettrait la totalité du pouvoir dans les mains d'une minorité ou d'un seul individu.

Examen du résumé

Encadrée par une introduction et par une conclusion, nous retrouvons l'opposition dégagée au cours de l'analyse du texte. Cependant, le regroupement a été poussé plus loin : le paragraphe qui suit l'introduction regroupe, en effet, tout ce qui peut être considéré comme positif dans cette nouvelle forme de pouvoir. Les inconvénients sont regroupés dans le troisième paragraphe.

Nous n'avons pas suivi le déroulement du texte dans le détail, ce qui était manifestement impossible, mais nous en avons respecté la démarche d'ensemble.

On peut dire « je »

On peut dire « *je* » dans le résumé ou d'une manière plus générale s'exprimer à la première personne du singulier.

Il est aussi possible d'utiliser le « *nous* » de modestie qui correspond à une première personne du singulier et doit s'accorder comme tel.

Si on hésite entre ces deux solutions, le mieux est d'opter pour le choix effectué par l'auteur lui-même.

Ainsi nous écrivons dans la conclusion : « *Mais cette forme de despotisme ME paraît préférable...* » Nous avions procédé de la même manière, pour le résumé précédent. Cette façon d'opérer est tout à fait justifiée puisque, dans le cas du résumé, on contracte le texte « *comme si on était l'auteur* ».

▶ RÉSUMÉ EN 120 MOTS

Le texte est si riche que la pensée de Tocqueville va souffrir d'une réduction aussi poussée. Mais il reste possible de conserver l'essentiel.

A première vue, il ne sera sans doute pas possible de conserver les quatre paragraphes, mais, là encore, il faut s'en remettre à la dynamique de la rédaction.

Une forme de despotisme nouvelle apparaît avec la démocratie. Le pouvoir tend à s'occuper de tous les secteurs de l'activité humaine, assurant aux citoyens la sécurité, l'égalité, le bien-être.

Mais ce despotisme démocratique n'est pas sans inconvénients. Le citoyen perd l'initiative, fait passer son intérêt particulier avant l'intérêt général, désapprouve tout ce qui tend à s'écarter de la médiocrité, n'est plus un sujet de son histoire mais un objet dans la main du pouvoir.

Que ce pouvoir soit issu de l'élection — ce qui le fait accepter — ne suffit pas à calmer mon inquiétude. Mais, mieux vaut encore ce système que celui qui conduit le peuple à remettre la totalité de l'autorité à une minorité ou à un seul individu.

4
LE TRAITEMENT DES EXEMPLES

Comment se comporter lorsque l'auteur appuie son développement sur de nombreux exemples ?

La règle ici est la même que pour l'ensemble du résumé : il s'agit de faire une synthèse et non du découpage. Il ne faut donc pas se contenter de garder certains exemples et en abandonner d'autres. Cette pratique que l'on rencontre dans neuf cas sur dix est à bannir absolument.

Il faut établir une liste des exemples et examiner dans quelle mesure il est possible de procéder à des regroupements. Ces regroupements pourront servir au travail de synthèse.

Imaginons, par exemple, un texte évoquant différents moyens de déplacement : train, automobile, U.L.M., avion, bateau, fusée, sous-marin, marche à pied. Il est possible de tout englober dans une expression du type « *par voie terrestre, aérienne ou maritime* » qui évoque les trois catégories présentes dans l'énumération.

Le plus souvent, de tels regroupements sont possibles. Mais, de toute façon, il importe de trouver une expression synthétique qui ne laisse aucun exemple de côté.

EXEMPLE N° 1

Michel Platini fut un footballeur de grand talent. Lors de la panique au stade du Heysel (Belgique, 1985) qui se solda par 38 morts et 454 blessés, il jouait sous les couleurs de la Juventus de Turin. Le match eut lieu en dépit de la tragédie qui avait précédé. On fit à Platini, comme aux autres joueurs, le reproche d'avoir joué dans ces circonstances. Ce reproche n'est peut-être pas très fondé car, si les équipes n'avaient pas joué, le désastre aurait sans doute été pire. Par contre, les critiques sur les manifestations de joie quelque peu intempestives qui accompagnèrent le succès de la Juventus étaient, elles, justifiées.

Le texte se prête particulièrement à l'examen de l'attitude à adopter devant l'énumération d'un grand nombre d'exemples.

OBJECTIF

- **Faire la liste des exemples et faire différentes tentatives pour les classer.**

- **Faire un résumé de 80 mots.**

Violence sur les stades

Le cauchemar du Heysel continue de me hanter aujourd'hui encore. Tous ces morts... Et les blessés que j'allai visiter à l'hôpital de Vilvorde... On m'a beaucoup critiqué. J'entends encore ce concert de voix trop solennelles pour être honnêtes, qui m'objectaient : « Qui voudra se souvenir de votre victoire ? »

Qui ? Le plus grand nombre possible, je l'espère. Au nom de tous les innocents pourchassés, étouffés, piétinés pour avoir simplement chanté leur fierté et l'amour de nos couleurs. Et je dis cela parce que je sais qu'aucune victoire, aussi prestigieuse soit-elle, ne vaut une vie.

Il faut se souvenir, garder notre victoire en tête. Ne jamais oublier. Pour que n'aient plus jamais lieu les trop fréquentes catastrophes qui jonchent l'histoire du football... 23 mai 1964, Lima, Pérou : 320 morts et 1 000 blessés lors du match de qualification pour les J.O. opposant Pérou et Argentine. Un but refusé par l'arbitre au Pérou, qui lui aurait permis de revenir au score, déclenche une émeute et un incendie... 17 septembre 1967, Kayseri, Turquie : 40 morts, 600 blessés. Un but contesté, encore, provoque des échauffourées au couteau entre supporters de Kayseri et de Sivas... 23 juin 1968, Buenos Aires, Argentine : 80 morts, 150 blessés. Lors du match River Plate-Boca junior, des supporters allument des feux de joie. Le public croit à un incendie. C'est la panique aux portes du stade, dont l'une est bloquée par les tourniquets d'entrée... 25 juin 1969, Kirikhala, Turquie : 10 morts et 102 blessés. Cette fois, les supporters se sont entre-tués à coups de revolver... 25 décembre 1969, Bukavu, Zaïre : 27 morts, 52 blessés. Au moment de l'arrivée du président Mobutu, les portes du stade s'ouvrent, la foule s'engouffre, piétinant de nombreux spectateurs... 2 janvier 1971, Glasgow, Écosse : 66 morts, 108 blessés, à l'occasion du derby Celtic contre Rangers. Un but marqué à la dernière minute fait refluer une partie du public qui quittait le stade vers les gradins, se heurtant alors avec les nouveaux partants. Une bousculade meurtrière s'ensuit... 11 février 1974, Le Caire, Égypte : 48 morts et 47 blessés. 80 000 personnes veulent assister à la rencontre entre une équipe cairote et le Dukla de Prague. Mais la jauge d'accueil du stade Zamalek n'est que de 40 000 places. Une grille de bas de tribune s'effondre, comme au Heysel, sous la poussée... 11 mai 1985, Bradford, Angleterre : 54 morts et 200 blessés au cours du match Bradford-Lincoln. Un incendie, probablement d'origine criminelle, ravage les vétustes tribunes en bois... Et maintenant, 29 mai 1985, stade du Heysel, Bruxelles, Belgique : 38 morts, 454 blessés...

En jouant, j'en reste intimement persuadé, nous avons évité un carnage encore plus grand, nous avons sauvé des vies innocentes.

Michel Platini, *Ma vie comme un match,*
© Éditions Robert Laffont.

Examen du texte

Le troisième paragraphe, le plus long, est une énumération d'exemples assortie d'explications. La première chose à faire est d'en dresser la liste. Cela fait, on cherchera à procéder à des classements.

Dans l'énumération qui suit, nous laissons déjà de côté le jour et le mois. Ils ont leur intérêt dans le texte de Platini car cette précision montre qu'il ne s'agit pas de souvenirs vagues. Mais, dans la perspective d'une synthèse, on peut les considérer comme accessoires.

Nous conservons, en revanche, une grande partie des autres éléments puisque nous ne savons pas encore selon quels critères seront regroupés les exemples. Nous laissons aussi de côté le nom des villes, pour ne retenir que le nom de pays.

1. **1964, Pérou,** 300 morts et 1 000 blessés, émeute suite à une décision de l'arbitre contestée.
2. **1967, Turquie,** 40 morts et 600 blessés, bagarres suite à une décision de l'arbitre contestée.
3. **1968, Argentine,** 80 morts et 150 blessés, panique suite à des feux de joie.
4. **1969, Turquie,** 10 morts et 102 blessés suite à des bagarres.
5. **1969, Zaïre,** 27 morts et 52 blessés, panique suite à l'arrivée du président.
6. **1971, Grande-Bretagne,** (Ecosse), 66 morts et 108 blessés, panique suite à un mouvement de foule.
7. **1974, Égypte,** 48 morts et 47 blessés, effondrement d'une grille sous la poussée de la foule.
8. **1985, Grande-Bretagne,** (Angleterre), 54 morts et 200 blessés, incendie probablement criminel.
9. **1985, Belgique,** 38 morts et 454 blessés, panique suite à des bagarres entre supporters.

Dans un résumé au quart ou d'importance plus restreinte, il va être impossible d'être aussi complet. Et pourtant, nous l'avons dit, il n'est pas possible de ne conserver que quatre exemples sur neuf. Il faut donc réfléchir à des regroupements possibles.

Il est envisageable de regrouper les deux exemples relatifs à la Turquie (2 et 4) d'une part et les deux exemples relatifs à la Grande-Bretagne (6 et 8) d'autre part, mais cela ne mène pas très loin.

Un regroupement en fonction des dates ne paraît pas pertinent. L'examen des dates nous permet cependant de constater que l'Europe, absente de la première décennie, devient prépondérante ensuite.

Un regroupement par pays pourrait s'avérer intéressant. Les exemples sont empruntés à l'Amérique latine (1 et 3), à l'Asie (2 et 4), à l'Afrique (5 et 7) et à l'Europe (6, 8 et 9).

Un classement en fonction du nombre de morts n'apporte pas grand-chose. On constate que ce nombre de morts va de quelques dizaines à quelques centaines pour le premier exemple. Cet élément pourra être pris en compte. Le désir d'aller au plus simple conduira sans doute à laisser de côté les blessés.

Enfin, il est possible de travailler sur les causes de ces catastrophes. Elles se ramènent à deux catégories, les bagarres entre les supporters et les mouvements de panique.

Réduit à l'essentiel, le paragraphe sur les exemples peut se résumer ainsi : dans les dernières décennies, en Amérique du Sud, en Turquie, en Afrique et plus récemment en Europe, des matchs de football ont débouché sur des catastrophes provoquant des dizaines de morts — et même pour un cas des centaines de victimes — à la suite de bagarres entre supporters ou de mouvements de panique.

Pourrions-nous en dire plus ? Faudra-t-il au contraire en dire moins ? Cela dépendra du nombre de mots qui nous est alloué. Mais ce qui importe est de constater que cette méthode ne nous conduit pas à privilégier certains exemples pour en sacrifier d'autres.

Le résumé qui suit correspond à un sujet demandant un résumé en 80 mots.

▶ **RÉSUMÉ EN 180 MOTS**

Le drame du Heysel me hante. Il ne doit pas entacher notre victoire mais ne doit pas non plus faire oublier les catastrophes de ces dernières décennies. En Amérique du Sud, en Turquie, en Afrique, en Europe, des dizaines, et même pour un cas, des centaines de personnes sont mortes à l'occasion d'un match de football, suite à des bagarres entre supporters ou à une panique. En jouant, nous avons évité un drame plus grave encore.

Remarque sur la déperdition

Tout le côté concret, précis, nous n'osons pas dire « *vivant* », du texte de Platini disparaît : plus de revolvers, de couteaux, de buts contestés, d'incendies, etc. Il n'y a pas lieu de s'en désoler : plus on résume et plus le résultat devient abstrait. Mais nous avons bien opéré une synthèse puisqu'aucun exemple ni aucun élément essentiel n'a été omis.

Respect des proportions du texte

Il faut dans le résumé respecter approximativement les proportions du texte. Si ce principe était appliqué d'une manière stricte, il faudrait accorder au dernier paragraphe une importance égale au quinzième de ce qui est accordé au paragraphe relatif aux exemples. Mais cela serait tout à fait impossible. Nous devons, en effet, suivre la démarche d'ensemble du texte qui est la suivante :

I. PROBLÈME POSÉ AU HEYSEL : fallait-il jouer ? (§ 1)

II. DÉBUT DE RÉPONSE (§ 2)

III. ÉVOCATION DES 9 DRAMES (§ 3)

IV. RÉPONSE À LA QUESTION POSÉE AU DÉBUT : oui, il fallait jouer pour limiter le désastre (§ 4)

L'examen de notre résumé montre que nous avons respecté cette démarche d'ensemble. En revanche, nous n'avons respecté que très approximativement les proportions du texte de départ. Notre conclusion est presque aussi longue que la conclusion du texte alors que le paragraphe sur les exemples a été beaucoup plus condensé.

Le résumé des exemples ne doit pas provenir d'un choix entre les exemples proposés par l'auteur. Il doit se présenter comme une synthèse ne laissant aucun exemple de côté.

Tout en respectant approximativement les proportions du texte, on est souvent conduit à condenser un peu plus les passages relatifs aux exemples.

EXEMPLE N° 2

Le texte qui suit est tiré de l'excellent ouvrage de Michel Leiris intitulé *Cinq études d'ethnologie*, une réflexion sur la rencontre des cultures.

Ce texte va permettre d'aborder le même problème que celui rencontré avec le texte précédent : comment traiter les exemples et tout spécialement dans le cas où ils sont nombreux.

Objectif

- **Établir la liste intégrale des exemples d'emprunt effectués par la civilisation occidentale. Étudier les différentes possibilités d'opérer des classements.**
- **Faire un résumé en 60 mots.**
- **Faire un résumé en 80 mots.**

Les emprunts culturels

Contacts entre individus et entre peuples, emprunts, utilisation d'éléments préexistants pour des combinaisons neuves, découvertes de situations et de choses ignorées apparaissent donc comme les moyens par lesquels, de l'intérieur ou de l'extérieur, une culture se transforme. Si grand est le rôle des emprunts (qui représentent une économie en ce sens qu'ils évitent à une société d'avoir à parcourir par elle-même toutes les étapes menant à l'invention qu'elle emprunte) qu'on peut dire des cultures — comme il a été établi pour les races — qu'elles ne sont jamais « pures » et qu'il n'en est pas une qui, dans son état actuel, ne résulte de la coopération de peuples différents. Cette civilisation dont les Européens sont si fiers s'est édifiée grâce à de multiples apports dont beaucoup viennent de non-Européens : l'alphabet, par exemple, transmis d'abord aux Phéniciens par les groupes sémitiques voisins de la péninsule du Sinaï, est passé ensuite aux Grecs et aux Romains, puis s'est diffusé dans les parties les plus septentrionales de l'Europe ; le système que nous employons pour la notation des nombres est d'origine arabe, de même que l'algèbre, et, d'autre part, savants et philosophes arabes ont joué un rôle important dans les diverses « renaissances » dont l'Europe médiévale a été le théâtre ; les premiers astronomes apparaissent en Chaldée et c'est dans l'Inde ou le Turkestan qu'est inventé l'acier ; le café est d'origine éthiopienne ; le thé, la porcelaine, la poudre à canon, la soie, le riz, la boussole nous viennent des Chinois, qui, d'autre part, connurent l'imprimerie bien avant Gutenberg et surent, très tôt, fabriquer du papier ; maïs, tabac, pomme de terre, quinquina, coca, vanille, cacao sont dus aux Indiens d'Amérique ; l'Égypte antique a fortement influencé la Grèce et, si le fameux « miracle grec » s'est produit, c'est très précisément parce que la Grèce a été un carrefour où se sont rencontrés maints peuples et cultures différents ; on ne saurait, enfin, oublier que les gravures et peintures rupestres des époques préhistoriques aurignacienne et magdalénienne (œuvres d'art les plus anciennes que l'on connaisse en Europe et dont il est permis de dire que leur beauté n'a pas été dépassée) furent l'œuvre des hommes dits de la « race de Grimaldi », probablement apparentés aux actuels négroïdes — oublier non plus que, dans une autre sphère esthétique, la musique de jazz, dont le rôle est aujourd'hui si important dans nos loisirs, a été élaborée par les descendants des nègres africains amenés comme esclaves aux États-Unis et auxquels ce même pays est par ailleurs redevable — quoi qu'on puisse y penser de ces nègres — de la littérature orale qui a servi de bases aux contes de *Uncle Remus*, ouvrage dont la renommée est internationale.

Michel Leiris, *Cinq études d'ethnologie*

Examen du texte

Le texte, ainsi que le montre l'emploi, au début, de la conjonction « donc » vient au terme d'un développement sur le contact des cultures. Il commence par une réflexion d'ordre général sur cette question. Michel Leiris constate que toutes les cultures empruntent aux autres cultures avec lesquelles elles se trouvent en contact. De ce fait aucune n'est, à proprement parler, « pure ». A partir de la ligne 12 (« *Cette civilisation dont les Occidentaux sont si fiers...* ») vient un exemple qui lui sert à confirmer ce qu'il vient d'affirmer : l'Occident a beaucoup emprunté.

Cet exemple de l'Occident est lui-même constitué d'une accumulation d'exemples. Comme il ne sera certainement pas possible de les évoquer tous, il est indispensable de classer, de regrouper de manière à faciliter la recherche de formules synthétiques n'en laissant aucun de côté.

Commençons par l'énumération qui éliminera déjà quelques éléments accessoires :

1. Alphabet : Phéniciens et groupes sémitiques puis Grecs et Romains.
2. Notation des nombres, algèbre : Arabes.
3. Renaissances culturelles du Moyen Age : Arabes.
4. Astronomie : Chaldée (Proche-Orient).
5. Acier : Inde ou Turkestan.
6. Café : Éthiopie (Afrique).
7. Thé, porcelaine, poudre à canon, soie, riz, boussole (imprimerie, papier) : Chine.
8. Maïs, tabac, pomme de terre, quinquina, coca, vanille, cacao : Amérique (Indiens).
9. Domaine de la pensée : Grèce, elle-même influencée par l'Égypte.
10. Décoration des cavernes : négroïdes.
11. Jazz : intègre des éléments venus d'Afrique.
12. Littérature orale aux États-Unis : Afrique.

Pour la rubrique 8, nous mettons entre parenthèses « imprimerie » et « papier » parce que Michel Leiris parle seulement d'une antériorité, mais non comme le font certains d'une influence.

Possibilités de regroupements

On peut regrouper par continent (Asie, Afrique et Amérique) en notant cependant que les Arabes habitent à la fois en Asie et en Afrique.

Un classement par date ne s'avère pas vraiment pertinent. On peut cependant remarquer que certaines influences nous reportent dans un passé très lointain — plusieurs millénaires — alors que toutes les influences venues d'Amérique ne peuvent être que postérieures à 1492, date de la découverte de l'Amérique par Christophe Colomb.

Le regroupement le plus intéressant semble celui portant sur les domaines concernés. Leiris évoque la vie intellectuelle (1, 2, 3, 4, 9), la création artistique (3, 9, 10, 11, 12), les techniques (5, 7 à quoi on pourrait ajouter 9), l'alimentation (6, 7, 8). Certains paragraphes se recoupent, mais ces catégories seront certainement très utiles pour évoquer d'une manière synthétique l'ensemble des exemples.

Le résumé qui suit correspond à un sujet demandant un résumé en 60 mots.

▶ RÉSUMÉ EN 60 MOTS

C'est en grande partie parce qu'elles empruntent aux autres cultures que les cultures se transforment. Du fait de ces emprunts, aucune culture n'est absolument pure. L'exemple de l'Occident en est la meilleure preuve : qu'il s'agisse de la vie de l'esprit, de l'alimentation ou des techniques, il a trouvé son bien en Asie, en Afrique et chez les Amérindiens.

Examen du résumé

Impossible en 60 mots d'entrer dans le détail. Il faut donc se résoudre à la déperdition inhérente à ce genre d'exercice. Mais notre formulation englobe tous les exemples de l'auteur.

Caractère entièrement rédigé

Le résumé est entièrement rédigé. Il ne comporte pas de parenthèses. Il ne comporte pas de simples juxtapositions comme ce serait sûrement le cas dans de nombreuses copies. On ne perçoit pas, en le lisant, qu'il provient d'un autre texte. Ce n'est pas le cas du contre-exemple qui suit immédiatement.

Contre-exemple

Imaginons que le sujet ait demandé un résumé, non pas en 60 mots, mais en 80 : voilà ce que nous allons trouver dans la majorité des copies :

> Les civilisations évoluent surtout grâce à l'apport des autres cultures avec lesquelles elles entrent en contact. De ce fait elles ne sont jamais vraiment pures. Ainsi, pour ce qui est de l'Occident, il a emprunté aux Phéniciens (alphabet), aux Arabes (notation des nombres, algèbre), à la Chaldée (astronomie), à la Chine (thé, porcelaine, poudre à canon, etc.), à l'Inde ou au Turkestan (acier), à la Grèce, à l'Afrique (influences du jazz, littérature orale).

Ce résumé n'est pas bon parce que, d'une façon arbitraire, il laisse de côté certains exemples. Or rien dans le texte n'autorise à privilégier tel ou tel exemple. Ce défaut serait encore plus grave si le rédacteur n'avait disposé que de 60 mots. Car, nous le savons d'expérience, il se serait contenté de sacrifier quelques exemples ce qui aurait aggravé le défaut que nous venons de souligner.

Ce résumé est mauvais pour une autre raison. L'emploi excessif des parenthèses lui donne un côté décousu. Il n'apparaît pas « naturel » parce que quelqu'un qui écrirait un texte original — un texte ne provenant pas d'un autre texte — n'écrirait jamais ainsi. Le résumé doit être fluide. Tout doit parfaitement s'enchaîner. Comme le disait très bien une stagiaire qui avait parfaitement compris le sens de nos conseils : « *Il faut que ça coule* ».

Et si nous avions disposé de 80 mots

Avec 60 mots, difficile d'opérer autrement que nous l'avons fait, ce qui conduit à laisser de côté les exemples concrets. Avec 20 mots de plus, il devient envisageable d'évoquer des cas précis. En effet, il existe 24 « produits » dans l'énumération de l'auteur dont certains exigent plusieurs mots (renaissance culturelle du Moyen Age, poudre à canon, pomme de terre). De plus, il faut prendre en compte le recours à des mots de liaison puisque, comme nous venons de le montrer, le résumé ne doit pas être un simple entassement.

Il apparaît donc impossible d'être exhaustif. Comment alors contourner la règle qui veut qu'une partie des exemples ne soit pas arbitrairement négligée ? On appliquera le principe suivant : s'il faut procéder à un tri parmi les exemples, on les organisera et on formulera de telle sorte que le lecteur comprenne que d'autres exemples auraient pu être apportés à l'appui de la thèse.

Le résumé qui suit correspond donc à un sujet demandant un résumé de 80 mots.

▶ RÉSUMÉ EN 80 MOTS

> C'est en grande partie parce qu'elles empruntent aux autres cultures que les cultures évoluent. De ce fait, elles ont toutes un caractère composite. Ainsi, de l'algèbre à la philosophie, du café à la pomme de terre, de l'acier à la porcelaine, des productions culturelles du Moyen Age au rythme du jazz, pour n'en citer que quelques-uns, de nombreux éléments empruntés à l'Asie, à l'Afrique et à l'Amérique ont contribué à l'édification de la culture occidentale.

Remarques sur ce résumé

Tous les exemples ne sont pas cités mais :

— la formule *« pour n'en citer que quelques-uns »* le signale ;

— les quatre catégories dégagées plus haut (vie intellectuelle, art, technique, alimentation) se retrouvent dans cette rédaction ;

— le texte est exhaustif en ce qui concerne la provenance géographique ;

— à l'opposé du contre-exemple, le résumé conserve un caractère entièrement rédigé. Il correspond à l'opération à laquelle se voit contraint un journaliste à qui son rédacteur en chef indique que son « papier » est trop long.

Même quand il se rapporte à une énumération d'exemples, le texte du résumé doit rester parfaitement rédigé.

Pour éviter un résumé décousu, il faut classer les exemples afin de trouver une formulation synthétique capable de les englober tous.

Si l'on ne cite qu'une partie des exemples, il faut cependant les regrouper en ne négligeant aucune catégorie et en rédigeant de telle sorte que le lecteur comprenne que d'autres exemples pourraient être ajoutés.

EXEMPLE N° 3

Le texte qui suit est tiré d'un livre de René Lenoir intitulé *Les Exclus*. Ce livre se rapporte à tous ceux que la société exclut parce qu'ils sont handicapés ou tout simplement non rentables. René Lenoir pense cependant que la générosité doit reposer sur des bases rationnelles.

OBJECTIF

- **Dégager la structure du texte.**
- **Faire un résumé en 150 mots.**
- **Faire un résumé en 80 mots.**

Le coût de la santé

Il ne faut pas se le cacher, introduire la mesure de coût et du rendement dans le domaine de la santé physique et morale, dans celui de l'équilibre des individus, c'est conduire à des choix qui, tous, ne seront pas faciles. Tel est toujours le cas quand on passe de l'irrationnel au rationnel. Ces choix, pourtant, doivent être guidés par une même morale, une même conception de l'homme et de la vie. Car, nous voudrions le montrer, s'il n'y a qu'une seule morale, elle est vécue à deux niveaux et peut donner lieu à des décisions diamétralement opposées. En voici quelques exemples concrets :

— Un médecin de mes amis était en poste dans le Sud-Algérien, pour visiter quelques villages perdus dans le désert. Il ne disposait que d'une vieille Jeep. Il apprend qu'un vieillard est mourant dans un douar éloigné. Il fait plus de 40° à l'ombre. Le chef de poste lui dit : « Si vous faites ce trajet, la Jeep est morte, et vous savez qu'il faudra plusieurs mois pour la remplacer. Je vous demande donc de ne pas y aller. » Mais le jeune médecin, se souvenant du serment d'Hippocrate et n'écoutant que son cœur, part sauver le vieil homme. Il le sauve, mais la Jeep en meurt. Il a payé de ses deniers le remplacement du véhicule, mais, durant huit à dix semaines, il n'a pu se déplacer, abandonnant à leur sort des dizaines d'enfants, d'adultes ou de vieux. C'est le chef de poste qui avait raison : il ne pensait pas à la Jeep pour elle-même, mais comme moyen de travail à utiliser au mieux, pour le bien commun. Son âge et son niveau de responsabilité lui faisaient, à partir d'une même morale, prendre une vue meilleure de ce qu'il fallait faire.

— Dans les établissements pour arriérés profonds, quelques êtres vivent à l'état larvaire ; tous leurs réflexes sont abolis, leur encéphalogramme est plat, on les nourrit avec une sonde et on évacue artificiellement les déchets alimentaires. Les parents qui ont espéré durant quelques années un miracle, finissent par dire au médecin : « Si quelque maladie venait à emporter notre enfant, laissez-la faire. » Mais, dès que le thermomètre indique un peu de température, l'infirmière qui, chaque jour, s'occupe de cette vie qui n'a plus rien d'humain, alerte le médecin pour qu'il intervienne. C'est l'honneur de l'homme de lutter ainsi pour toute vie, aussi fragile et vacillante soit-elle; et si cet instinct de protection n'existait pas dans une espèce, elle aurait disparu depuis longtemps de la surface du globe. Mais ce qu'ignore cette infirmière généreuse, c'est que cet enfant coûte à la société des sommes considérables et que ces mêmes sommes pourraient être employées à sauver des enfants légèrement perturbés.

— Ma voisine avait 81 ans ; elle était aveugle, impotente et sourde. Il s'est trouvé un médecin pour lui poser un « pacemaker », c'est-à-dire une pile capable de stimuler son cœur défaillant. Après l'opération et pendant trois mois, il a fallu faire trois transfusions sanguines par jour ; puis la vieille dame est morte. Mais pendant ce temps, des centaines de blessés de la route manquaient de sang, des milliers d'enfants manquaient d'aide.

— J'ai découvert, en Lorraine, une femme qui a mis au monde vingt-quatre arriérés profonds dont vingt-trois sont vivants. Il ne s'est pas trouvé un médecin pour lui ligaturer les trompes. Sans doute était-ce contraire au Code de déontologie. Mais cette femme coûte, au bas mot, 500 000 F par an à la collectivité, sans avoir aucune satisfaction d'ordre maternel, puisque aucun de ses enfants ne peut communiquer avec elle, d'aucune façon que ce soit.

Vous en parlez à votre aise, diront certains, vous n'êtes pas concerné. Je regrette. Je l'ai été. J'ai vu ma mère mourir après une agonie de trois mois, dans un grand hôpital parisien. Elle suppliait chaque jour les médecins de la laisser mourir. Je leur tenais le même langage. Quand la souffrance s'atténuait, ma mère était paisible et disait : « Mon temps est venu, pourquoi faire durer ce martyre ? » Son cas pouvait-il contribuer à un progrès de la connaissance de la maladie ? Sa souffrance alors n'aura pas été inutile. Ou l'a-t-on prolongée en vain, pour satisfaire à une éthique médicale communément admise ?

Qu'est-ce que cette peur panique de la mort en Occident ?

En oubliant de nous apprendre à vivre, on oublie de nous apprendre à mourir. Lorsqu'elle a fait son temps, quand le grand âge est venu, quelle belle mort pourrait avoir une personne ! Je pense à *la Mamma* d'Aznavour : c'est ainsi que je voudrais qu'on meure ; qu'on amène dans la chambre du malade des fleurs qu'il aime, qu'on appelle ses amis, s'il en existe encore, qu'on lui chante les chansons de son enfance ou de son adolescence où il retrouvera le meilleur de lui-même, et qu'on laisse la nature faire son œuvre au milieu de cette poésie, de cette amitié, de cette tendresse, plutôt que de la forcer pour gagner Dieu sait quoi, Dieu sait qui, quelques semaines ou quelques mois.

Richard Lenoir, *Les Exclus. Un Français sur dix*,

Examen du texte

Entre un premier paragraphe servant d'introduction et les deux derniers paragraphes qui tirent les conséquences de ce qui précède, le corps du texte est constitué par quatre exemples :

1. La vieille Jeep.
2. Prolongement des arriérés profonds.
3. La vieille femme prolongée de trois mois.
4. La mère de 24 arriérés profonds.

A chacun de ces exemples correspond un paragraphe.

Le texte est donc structuré selon un schéma qui se retrouve souvent :

I. INTRODUCTION.
II. LES FAITS.
III. CONSÉQUENCES TIRÉES DES FAITS ÉVOQUÉS.

Nous constatons que :

— la partie consacrée aux exemples est plus longue que le reste du texte ;

— les exemples sont constitués par la présentation des faits, mais aussi par une réflexion sur ces faits, réflexion en rapport avec le titre du texte.

Dans le dernier paragraphe apparaît une idée nouvelle qui n'est plus directement en rapport avec le coût de la santé, mais qui constitue un apport nouveau à la thèse hostile à l'acharnement thérapeutique.

En dehors de cette articulation en trois temps (introduction, exemples, conclusion), le texte est structuré sur l'opposition entre deux morales qui est mise en place dès l'introduction : opposition entre ce que l'on pourrait appeler une morale du court terme et une morale du long terme. Le choix entre ces deux morales est directement lié au « *coût de la santé* ».

Le traitement des exemples

Un premier principe tout d'abord : il n'est pas question, dans notre souci de condenser le texte, de nous contenter de deux exemples sur quatre. Quelle que soit la solution adoptée, elle devra englober les quatre exemples.

Un résumé relativement long permettra peut-être d'évoquer l'un après l'autre ces quatre exemples. Cela deviendra impossible pour un résumé court et il faudra donc, dans ce cas, trouver une formule synthétique ou ramener ces exemples à quelques mots.

Ce principe posé, il faut réfléchir sur ces exemples pour voir ce qui les rapproche et ce qui les distingue. Ils correspondent à quatre problème moraux :

— le fait de privilégier un malade dans l'immédiat au détriment des problèmes qui se présenteront ensuite ;

— le prolongement pendant des années ou des dizaines d'années d'êtres humains vivant à l'état larvaire ;

— le prolongement pour une période brève de personnes âgées ;

— la stérilisation des personnes ne pouvant donner naissance qu'à des anormaux.

Dans tous les cas se présente le même problème moral : doit-on préserver toute vie à tout prix ?

▶ EXEMPLE DE RÉSUMÉ EN 150 MOTS

Les choix du médecin concernant son patient sont toujours d'ordre moral, mais il existe deux façons opposées d'envisager cette morale.

Le médecin qui, pour sauver dans l'immédiat une vie, en sacrifie plusieurs dans les semaines qui suivent, a tort. Celui qui prolonge, à grand coût, des êtres réduits à l'état larvaire au détriment de nombreuses personnes légèrement atteintes, se trompe. Il en va de même pour celui qui, à grand renfort de performances techniques, prolonge la vie d'une vieille personne de quelques mois ou pour celui qui refuse de stériliser une femme dont les enfants sont systématiquement anormaux.

Nous ne devons pas toujours considérer comme prioritaire la prolongation de la vie. Plutôt que de prolonger la souffrance du malade par cet acharnement thérapeutique, efforçons-nous de rendre plus humains les derniers instants.

Examen du résumé

On retrouve dans les trois paragraphes les trois phases distinguées plus haut : introduction, faits, conséquences. Cette mise en évidence du mouvement du texte a été rendue possible parce que nous avons regroupé les paragraphes correspondant à une même unité de sens.

L'opposition entre les deux morales dont nous avons dit qu'elle structurait le texte, structure aussi le résumé. Elle se retrouve dans l'introduction, dans l'évocation des exemples et au début de la conclusion.

L'exemple de la mère de l'auteur est regroupé avec celui de la vieille femme à qui on met un pace maker. La formulation regroupe les deux exemples : « *celui qui à grand renfort de performances techniques prolonge la vie d'une vieille personne de quelques mois* ». Mais l'idée d'une implication personnelle de l'auteur disparaît.

Certains éléments disparaissent comme la mention de la « *peur panique de la mort en Occident* », mais ce type de déperdition est de règle dans ce genre d'exercice.

▶ RÉSUMÉ EN 80 MOTS

> Le médecin est souvent confronté à une alternative morale : doit-on privilégier l'immédiat ou penser au long terme ? Doit-on tout faire pour préserver des vies, dont certaines ne sont plus tout à fait des vies, ou, au contraire, accepter de transférer les moyens sur les semaines qui suivent ou sur des cas moins dramatiques ? La prise en compte du long terme dans l'évaluation du coût de la santé nous semble préférable aux solutions généreuses mais à courte vue.

Examen du résumé

Par rapport au résumé précédent, nous avons :

— abandonné le découpage en paragraphes : ce découpage en paragraphes du résumé ne se justifie, en effet, que lorsqu'il est possible d'aboutir à des paragraphes consistants ;
— abandonné l'évocation des différents exemples : cependant, si on l'examine bien, notre résumé ne laisse aucun exemple de côté ;

— abandonné l'élargissement de la conclusion sur l'humanisation des derniers instants.

Mais nous avons organisé le résumé autour de l'opposition entre les deux morales qui nous apparaît plus importante que l'organisation en trois temps, laquelle est d'ailleurs conservée.

L'attitude envers les exemples est relative à la longueur du résumé.

Dans un résumé long, il est parfois possible de faire référence à tous les exemples utilisés par l'auteur. Dans un résumé court, on évitera de sacrifier une partie des exemples grâce à une formulation synthétique n'en laissant aucun de côté.

5
ORGANISER DES PARAGRAPHES

Ce chapitre porte sur l'organisation des paragraphes du résumé. Le chapitre suivant concerne leurs enchaînements.

Nous partons d'un double constat :

— les paragraphes de vos résumés sont souvent de « faux paragraphes » ;
— les paragraphes du résumé sont souvent simplement juxtaposés alors qu'ils doivent s'enchaîner pour bien marquer la progression de la pensée.

L'importance du paragraphe

L'épreuve du résumé comprend deux phases :

— la lecture du texte et sa compréhension ;
— la rédaction du résumé.

La lecture a permis de répondre à la question : *combien de paragraphes dans le résumé ?*

Notre problème est maintenant de :

— construire de vrais paragraphes ;
— les relier entre eux.

Tout l'art du résumé repose sur cette aptitude, une fois résolu le problème de la lecture : construire de vrais paragraphes et savoir établir entre eux des enchaînements.

Pour un correcteur expérimenté, la chose est incontestable : *tant que vous ne saurez pas construire un paragraphe, vous ne saurez pas faire un résumé.*

Le paragraphe comme unité visuelle

Le découpage d'un texte en paragraphes a pour but d'en faciliter la lecture. Ce découpage peut se faire soit par l'emploi d'un alinéa en début de paragraphe soit en laissant un espace entre les deux paragraphes.

Ces deux possibilités sont utilisées dans ce livre. Le recours à l'espace, mais sans alinéa, est utilisé pour l'ensemble des explications. Mais nous utilisons l'alinéa pour les résumés proposés en corrigé. Par ailleurs, pour les textes de départ, nous respectons la pratique de l'auteur étudié qui est le plus souvent le recours à l'alinéa.

En principe, l'emploi de l'alinéa suffit. Nous avons un peu emprunté à l'autre méthode en renforçant son effet par un léger espace entre les paragraphes. C'est ici notre expérience de correcteur qui nous conduit à agir ainsi. En toute rigueur, cet espace n'a pas lieu d'être, mais il facilite la correction. Il permet de voir plus rapidement si les matériaux ont été répartis correctement.

Il faut cependant éviter de laisser un espace trop important. Certains d'entre vous laissent plusieurs centimètres entre les paragraphes et c'est une erreur. Le texte perd son unité et ne ressemble plus à un texte normal. Or, nous l'avons dit, un bon résumé doit donner l'impression d'un texte normal et non d'un texte issu d'un exercice quelconque.

La seconde méthode pour distinguer les paragraphes, utilisée dans ce livre pour notre propre commentaire, n'emploie donc pas l'alinéa, mais laisse un espace entre les paragraphes qui suffit à marquer la séparation. Il ne vous est pas formellement interdit d'opérer ainsi, mais certains correcteurs étant assez traditionnalistes, il paraît préférable de s'en tenir à l'alinéa avec ou non un léger espace.

En ce qui concerne le recours à l'alinéa, un problème se pose à propos du premier paragraphe : doit-il ou non comporter un alinéa. Sur ce point les pratiques des éditeurs varient. Simplifiez votre tâche et mettez un alinéa à tous les paragraphes, même au premier.

Quelle que soit la méthode, le but est de faire apparaître, dès le premier coup d'œil, la répartition des matériaux, tout en donnant le sentiment d'un texte unique.

La nécessité de paragraphes consistants

Il ne s'agit ici que d'un rappel. Quand le résumé doit être fait en 50 ou 80 mots, pour éviter l'émiettement en quelques paragraphes de deux lignes, il est préférable de faire un résumé « monobloc ».

Pour un résumé de 200 mots, il pourra comporter de 2 à 5 paragraphes. Au-delà, on risque l'éparpillement et il faut donc procéder à des regroupements de manière à obtenir des paragraphes consistants.

Le faux paragraphe

Premier coup d'œil sur la copie : l'impression est favorable car, à juger par le nombre et l'importance des paragraphes, le rédacteur semble avoir bien rendu la structure du texte. Mais, à la lecture, on déchante car nous sommes en présence d'un « *faux paragraphe* ».

Le « *faux paragraphe* » est un paragraphe constitué de phrases simplement mises les unes à côté des autres mais sans que soient établies des relations logiques entre elles. C'est un tas et non une construction.

Or un vrai paragraphe est construit comme une petite dissertation. Il est toujours le lieu d'une progression. Dans les textes argumentatifs tels que ceux qui sont proposés pour le résumé, cette progression est toujours une progression logique.

Voilà un exemple de faux paragraphe trouvé dans une copie :

> Sous l'égide du NCN Center, des chercheurs de toutes disciplines se penchent actuellement sur la modification de la planète. Le réchauffement perçu risque d'entraîner des bouleversements écologiques et géographiques importants. La terre a connu dans son histoire de tels épisodes.

Le candidat a résumé trois morceaux du texte et les a juxtaposés. Il était facile, sans utiliser plus de mots, de mieux marquer les enchaînements :

> Sous l'égide du NCN Center, des chercheurs de toutes disciplines se penchent actuellement sur la modification du climat de la planète. Le réchauffement perçu risque, *en effet*, d'entraîner des bouleversements écologiques *comme ceux* que la Terre a connus dans le passé.

Remarque sur ce corrigé

Nous avons utilisé « *en effet* » pour relier la seconde phrase à la première. Il s'agit de marquer une relation de cause à effet. C'est *parce qu*'il y a un risque que de nombreux chercheurs travaillent sur cette question.

Il y avait évidemment d'autres façons d'indiquer cette relation de cause a effet. Il était, par exemple, possible d'intervertir l'ordre des éléments :

> *Parce qu*'il risque de provoquer des bouleversements écologiques et géographiques, des chercheurs du NCN Center de toutes disciplines étudient actuellement le réchauffement de la planète. .../...

Nous avons aussi, dans notre corrigé, ramené le paragraphe à deux phrases au lieu de trois. L'abus des phrases courtes donne en effet une impression de décousu. L'exemple qui suit en est la preuve.

L'abus des phrases courtes

Soit le paragraphe suivant tiré du même lot de copies :

> L'alarme est donnée. Trois pays consentent à prendre des mesures. Pour la Communauté européenne, il n'y a rien d'inquiétant. Les contraintes économiques et politiques priment.

On perçoit bien le lien logique entre la dernière phrase et celle qui précède, mais l'impression de décousu domine quand même. On a le sentiment catastrophique (pour la notation) que le rédacteur résume un bout de texte puis fait une phrase, résume un autre bout du texte et fait une autre phrase, et va ainsi son chemin. Le désastre est assuré.

Il était facile de donner plus de liant à ce texte :

> L'alarme est donnée, *mais* trois pays *seulement* consentent à agir. Pour la Comunauté européenne, cette inquiétude passe *après celles* concernant l'économie et la politique.

Nous avons ramené le nombre des phrases de 4 à 2. Nous avons économisé des mots à l'intérieur du texte (par exemple *« agir »* pour *« prendre des mesures »*), mais nous n'avons pas hésité à introduire des connecteurs. La pensée se suit beaucoup plus facilement.

D'une manière générale, dans le souci de donner de la cohésion au texte, il ne faut pas chercher à faire des économies sur les connecteurs.

Un autre exemple de mauvais paragraphe

Dans l'exemple qui suit, le rédacteur a suivi les consignes. Il a isolé visuellement le paragraphe. Il n'a pas lésiné sur les connecteurs.

> Des centaines d'hommes craignent pour l'avenir de notre planète. Un phénomène de réchauffement du globe en est à l'origine. Pourtant tout espoir de trouver une solution reste intact.

L'enchaînement est marqué maladroitement dans la seconde phrase (« *en est à l'origine* »). L'autre enchaînement est marqué par « *pourtant* » ce qui est tout à fait correct. L'impression reste cependant mauvaise. Le rédacteur donne l'impression qu'il est incapable de sortir du schéma sujet-verbe-complément. D'où une impression de gaucherie et un paragraphe qui manque de cohésion. Il était possible de donner plus de liant :

Du fait de son réchauffement, des centaines d'hommes craignent pour l'avenir de la planète, *même si* les espoirs de trouver une solution restent intacts.

Nous avons ramené les trois phrases à une seule. Nous n'obtenons pas à proprement parler un paragraphe, mais une phrase destinée à s'intégrer dans un paragraphe.

Examen d'un bon paragraphe

Dans le paragraphe qui suit, tiré de *L'Enfant et la Vie familiale sous l'Ancien Régime* de Philippe Ariès, nous avons mis en gras l'idée principale et mis en caractères italiques les mots qui servent à assurer les enchaînements. Les trois « p » en gras ajoutés au texte marquent le début d'un développement consacré à une preuve.

Dans la société médiévale que nous prenons pour point de départ, **le sentiment de l'enfance n'existait pas :** *cela ne signifie pas* que les enfants étaient négligés, abandonnés ou méprisés. Le sentiment de l'enfance ne se confond pas avec l'affection des enfants : il correspond à une conscience de la particularité enfantine, cette particularité qui distingue essentiellement l'enfant de l'adulte même jeune. Cette conscience n'existait pas. *C'est pourquoi*, dès que l'enfant pouvait vivre sans la sollicitude constante de sa mère, de sa nourrice ou de sa remueuse, il appartenait à la société des adultes et ne s'en distinguait plus. **P** Cette société d'adultes nous paraît aujourd'hui bien souvent puérile : question d'âge mental sans doute, mais aussi d'âge physique, parce qu'elle était en partie composée d'enfants et de très jeunes gens. **P** La langue ne donnait pas au mot enfant le sens restreint que nous lui attribuons désormais : on disait enfant comme on dit maintenant « gars » dans la langue courante. Cette indétermination de l'âge s'étendait à toute l'activité sociale : aux jeux, aux métiers, aux armes. **P** Il n'est pas de représentation collective où de petits et grands enfants n'aient leur place, blottis un ou deux dans la « trousse » pendue au col des femmes, ou pissant dans un coin, ou jouant leur rôle dans une fête traditionnelle, ou apprentis, à l'atelier, ou pages servant un chevalier, etc.

Philippe Ariès, *L'enfant et la Vie familiale sous l'Ancien Régime*, © Éditions du Seuil.

Ce paragraphe a été pris au hasard dans nos archives. L'examen de son organisation permet plusieurs remarques :

• **L'idée principale est formulée dans la première phrase du paragraphe.**

Cette mise en évidence de l'idée principale dans la première phrase ne constitue pas une obligation, mais cette situation se présente très fréquemment. Nous pouvons en tirer deux conséquences :

— *Dans la phase de lecture* du texte de départ, *il faut accorder la plus grande attention aux premières phrases des paragraphes*. Cette remarque vaut tout particulièrement quand il s'agit de paragraphes consistants comme c'est le cas ici.

— *Dans la rédaction* d'un paragraphe, *il est souvent bon d'exprimer l'essentiel dans la première phrase*. Le reste du paragraphe va consister à expliquer et à illustrer l'idée émise au début.

La seconde remarque peut se résumer ainsi :

• **Le paragraphe est axé autour d'un seul centre d'intérêt.**

Il est inutile de faire un second paragraphe lorsque l'on reste à l'intérieur d'un même centre d'intérêt.
Il faut aussi éviter de traiter deux unités de sens à l'inté-

rieur d'un seul paragraphe sauf lorsque l'on s'y voit contraint par le petit nombre de mots dont on dispose, et donc dans le cas d'un résumé court.

Le paragraphe cité est bien organisé autour d'une même idée. Il s'articule ainsi :

1. Idée force : au Moyen Age, le sentiment de l'enfance n'existait pas.
2. Explication pour éviter une erreur d'interprétation de cette affirmation initiale.
3. Conséquence (« *C'est pourquoi...* »).
4. Preuves :

— La société nous paraît puérile (*puer, pueris* = « enfant » en latin) parce qu'elle comprend de nombreux enfants.
— Preuve linguistique : le mot « *enfant* » ne correspond pas à une spécificité comme aujourd'hui.
— Preuve par l'iconographie.

Nous sommes donc bien en présence d'une sorte de petite dissertation dont la progression peut être schématisée ainsi :

1. Idée principale.
2. Précaution pour éviter un contresens sur l'idée principale.
3. Conséquences.
4. Preuves.

Le paragraphe reste bien centré sur la même unité de sens. L'examen de la façon dont cette idée est développée conduit à une troisième observation.

• **Le paragraphe est CONSTRUIT.**

Cette construction apparaît bien dans l'enchaînement des idées tel que nous venons de le dégager. Elle est soulignée par les expressions mises en italiques :

— « *cela ne signifie pas que...* » (qui introduit l'explication destinée à éviter un contresens).
— « *C'est pourquoi...* » (qui introduit la conséquence).

Les trois preuves n'ont pas besoin d'être introduites par des mots-outils car leur fonction découle tout naturellement de ce qui précède. Mais il est possible d'imaginer une démonstration plus appuyée ayant recours à des formules du type « *En premier lieu... En second lieu...* » ou « *Tout d'abord... Ensuite... Enfin...* ».

Examen d'un paragraphe de résumé

Le paragraphe du résumé devra être de la même manière construit et axé sur un même centre d'intérêt. Notre exemple est pris au hasard dans l'un des corrigés des pages précédentes.

> **Les inventions ne sont plus, comme autrefois, l'apanage d'un individu qui y attachait son nom**. Denis Papin, Stephenson, Marconi, Goddard, Leeuwenhoek, Wheatstone, Sainte-Claire Deville sont passés à la postérité, *mais* de tels exemples deviennent rares. *Parce qu'*elle demande des équipements coûteux, un travail en équipe, pour des raisons aussi juridiques et financières, l'invention tend *aujourd'hui* à devenir collective. *Demain*, elle ne pourra plus émaner que d'une multi-nationale ou d'un État.

L'idée principale est énoncée dans la première phrase. La suite du paragraphe illustre, explique, prouve, mais ne change pas de sujet.

Nous avons mis en italiques « *aujourd'hui* » et « *demain* » qui ne sont pas, à proprement parler, des mots-outils, mais qui correspondent à l'opposition autour de laquelle s'organise le texte.

▶ RÉSUMÉ DU PARAGRAPHE DE LA PAGE 203

> Au Moyen Age, l'enfant n'était pas perçu en tant qu'enfant et, *de ce fait*, il se mêlait très tôt aux adultes. *Cette* indistinction *explique* le sentiment d'un certain infantilisme que nous donne cette société. *Elle est confirmée par* le sens très général qu'avait le mot « enfance » à l'époque *et par* la présence constante des enfants dans les illustrations représentant la vie des adultes.

Examen du résumé

Les passages en italiques concernent les mots servant à assurer l'organisation logique et ce qui s'y rattache directement.

Notons à ce propos l'intérêt du démonstratif (« *Cette* indistinction... ») qui permet de souligner la référence à ce qui figure dans la phrase précédente.

EXEMPLE N° 1

Comme le dernier exemple du chapitre précédent, l'extrait qui suit est tiré du livre de René Lenoir intitulé *Les Exclus*. Dans la lignée de Galbraith, l'auteur montre ce que peuvent avoir d'aberrant certains indicateurs économiques à partir desquels on prétend mesurer la prospérité d'un pays.

Nous avons mis en italiques certains éléments de manière à faire ressortir l'articulation logique.

OBJECTIF

- **Ramener les cinq premiers paragraphes à un seul paragraphe bien organisé.**

Pour de nouveaux critères économiques

Il est grand temps de donner ses véritables dimensions au calcul économique. *Lorsqu'*il a été mis sur pied, au lendemain de la dernière guerre, il a constitué un grand progrès, *mais tel qu'*il est utilisé en comptabilité nationale, c'est un outil d'analyse tout à fait insuffisant et qui laisse dans l'ombre des pans entiers de la réalité.

Voilà déjà quinze ans, Bertrand de Jouvenel a montré qu'on négligeait la valeur des biens purement gratuits comme air et eau, biens que la pollution a brutalement fait apparaître comme de grande valeur.

Mais il faut, avec Galbraith, aller plus loin. La comptabilité nationale additionne en positif des phénomènes qu'il faudrait affecter d'un signe négatif.

Une mère de famille, à la suite de difficultés familiales et économiques, se livre à la prostitution pour survivre avec ses enfants : son activité apparaîtra en terme d'accroissement dans la PIB (production intérieure brute). *Inversement*, l'efficacité d'une assistante sociale qui permet d'éviter le placement d'un enfant dans un établissement, fera diminuer la PIB.

Ainsi, des indicateurs exclusivement économiques n'ont pas grande valeur. *Celle* qui leur est accordée est fondée sur le postulat selon lequel le bien-être général est directement proportionnel à la consommation. *Mais* la consommation n'est parfois qu'une activité compensatrice. *Il est difficile de savoir si* son augmentation est l'indice d'un accroissement du bien-être *ou si* ce sont plutôt les besoins compensateurs d'une carence qui ont augmenté. *Par exemple, si* la pollution atmosphérique contraignait les individus à porter des masques respiratoires, *pourrait-on* en déduire que cette consommation supplémentaire est bénéfique ? Le coût de réparation des nuisances devrait *donc* être inscrit au passif de la PIB.

*Il faut qu'*il soit bien clair que nous ne faisons ici *ni* le procès de la société de consommation *ni* celui de la comptabilité économique. *Bien au contraire*, nous pensons qu'un perfectionnement de cette comptabilité lui permettrait de cerner de plus près la réalité et de montrer, comme des études récentes viennent de le montrer, que certaines dépenses de prévention, *loin de* charger l'économie, peuvent *au contraire* alléger les charges qui pèsent sur elle, en sauvegardant, au moindre coût, le patrimoine de la nation.

Encore faut-il que cette leçon soit entendue. Une idée ne trouve sa traduction politique et budgétaire que *lorsqu'*elle s'est répandue dans l'opinion. La prévention n'est pas encore une idée force. *Il faut qu'*elle le devienne.

René Lenoir, *Les Exclus. Un Français sur dix*,

Remarque sur les cinq premiers paragraphes

L'idée principale est facile à identifier d'autant plus qu'elle est énoncée dès la première phrase : les outils de l'analyse économique sont insuffisants.

La pensée s'articule ainsi, si l'on s'en tient au découpage en paragraphes de l'auteur :

1. Idée principale : le calcul économique doit être rénové (jeu sur une opposition *passé/présent*).
2. Confirmation par référence à une pensée déjà ancienne (« *Voilà quinze ans...* »).
3. Confirmation par référence à Galbraith (comme dans le cas précédent, l'idée s'explicite et s'enrichit chemin faisant : la façon traditionnelle d'envisager la rentabilité est remise en cause).
4. Deux exemples pour illustrer la thèse (mère de famille se prostituant ; assistante sociale efficace).
5. Explicitation de l'idée principale : nécessité de prendre en compte le bien-être. Adjonction d'un nouvel exemple.

Nous sommes donc en présence d'un problème posé dès le début : celui de l'intérêt du calcul économique tel qu'il est pratiqué. S'appuyant sur des auteurs et sur des exemples, Richard Lenoir explicite l'idée en centrant son propos sur la P.I.B. dans les deux derniers paragraphes.

Les cinq paragraphes se rapportent à un même centre d'intérêt et le regroupement en un même paragraphe s'impose donc.

Au moment de rédiger, nous envisageons la possibilité d'opérer un transfert pour regrouper les exemples du paragraphe 4 et du paragraphe 5, mais nous ne savons pas encore à ce moment s'il nous sera possible de les évoquer dans le détail.

► **RÉSUMÉ DES CINQ PREMIERS PARAGRAPHES**

> Les critères utilisés pour évaluer l'économie doivent être remis en cause. Ils laissent *en effet* de côté ce qui n'entre pas dans le marché *mais* qui est fondamental pour le bien-être. Ils font *même* apparaître comme positifs des éléments nuisibles à ce bien-être. *Ainsi*, la P.I.B. (Production industrielle brute) néglige des activités bénéfiques non rémunérées, *mais* augmente avec des dépenses qui correspondent à une diminution du bien-être.

Commentaire du résumé

Si ce résumé avait dû être plus court, il aurait été possible de supprimer la dernière phrase qui explicite l'idée principale à partir de l'exemple précis de la P.I.B.

La première connexion (« *en effet* ») pouvait être absente, car l'implication logique allait de soi, mais il n'est pas mauvais de marquer les jointures. Il faut cependant éviter de pousser ce zèle trop loin comme vous le faites parfois.

Il n'a pas été possible de s'arrêter sur le détail de chaque exemple. Nous avons écarté la tentation de n'en garder qu'un seul, préférant le recours à une formulation générale.

Il faut toujours partir du principe que celui qui lit le résumé n'a pas lu le texte. En conséquence, il ne faut pas reprendre les sigles sans les expliquer, comme le fait l'auteur dans le texte, sauf quand il s'agit de sigles très connus comme UNESCO. Dans ce cas, le recours aux parenthèses est admis.

▶ RÉSUMÉ DES DEUX DERNIERS PARAGRAPHES

Les deux derniers paragraphes correspondent à une avancée de la pensée. L'auteur a prouvé un premier point : les indicateurs utilisés pour évaluer la marche de l'économie ne sont pas satisfaisants. Avec les deux derniers paragraphes apparaît une idée nouvelle : il ne s'agit cependant pas d'abandonner ces indicateurs mais de les améliorer. L'adverbe « *Pourtant* », en début de paragraphe, sert à marquer l'articulation de cette avancée avec ce qui précède.

> Pourtant, il ne s'agit pas d'abandonner ces indicateurs. Il importe seulement de *les* améliorer, ce qui mettra en évidence l'importance du long terme et de la prévention.

Examen du résumé des deux paragraphes

Comme toujours l'ensemble est fluide, entièrement rédigé. Les enchaînements montrent l'articulation de la pensée avec l'unité de sens précédente (« *Pourtant* ») et à l'intérieur de l'unité de sens.

Dans les éléments servant à lier les phrases entre elles, nous avons souligné « *les* », élément de la seconde phrase, mais qui se réfère à un point de la première.

Nous n'avons pas évoqué l'exemple venant en fin de paragraphe estimant que l'allusion aux exemples contenue dans le premier paragraphe du résumé suffisait.

EXEMPLE N° 2

Les textes d'Alain et spécialement les « Propos » sont assez souvent proposés dans les épreuves de résumé. Ils ne sont pas faciles à condenser parce qu'Alain, faisant confiance à son lecteur pour la perception des enchaînements, ne les explicite pas toujours. De plus il s'agit de textes déjà très denses.

Les mots en italiques nous permettent de mettre en évidence les enchaînements.

OBJECTIF

- **Faire un paragraphe bien organisé à partir des trois premiers paragraphes de « Bucéphale ».**

- **Faire un paragraphe bien structuré à partir du dernier paragraphe de « Bucéphale ».**

Bucéphale

*Lorsqu'*un petit enfant crie et ne veut pas être consolé, la nourrice fait souvent les plus ingénieuses suppositions concernant ce jeune caractère et ce qui lui plaît et déplaît ; appelant *même* l'hérédité au secours, elle reconnaît *déjà* le père dans le fils ; ces essais de psychologie se prolongent *jusqu'à* ce que la nourrice ait découvert l'épingle, cause réelle de tout.

Lorsque Bucéphale, cheval illustre, fut présenté au jeune Alexandre, aucun écuyer *ne pouvait* se maintenir sur cet animal redoutable. *Sur quoi* un homme vulgaire aurait dit : « Voilà un cheval méchant. » Alexandre *cependant* cherchait l'épingle, et la trouva bientôt, *remarquant que* Bucéphale avait terriblement peur de sa propre ombre ; *et comme* la peur faisait sauter l'ombre aussi, cela n'avait point de fin. *Mais* il tourna le nez de Bucéphale vers le soleil et, le maintenant dans cette direction, il put le rassurer et le fatiguer. *Ainsi* l'élève d'Aristote savait déjà que nous n'avons aucune puissance sur les passions tant que nous n'en connaissons pas les vraies causes.

Bien des hommes ont réfuté la peur, et par fortes raisons ; *mais* celui qui a peur n'écoute pas les raisons ; il écoute les battements de son cœur et les vagues du sang. Le pédant raisonne du danger à la peur ; l'homme passionné raisonne de la peur au danger ; *tous les deux* veulent être raisonnables, et tous les deux se trompent ; *mais* le pédant se trompe deux fois ; il ignore la vraie cause et il ne comprend pas l'erreur de l'autre. Un homme qui a peur invente quelque danger, *afin* d'expliquer cette peur réelle et amplement constatée. *Or* la moindre surprise fait peur, sans aucun danger, *par exemple* un coup de pistolet fort près, et que l'on n'attend point, *ou seulement* la présence de quelqu'un que l'on n'attend point. Masséna eut peur d'une statue dans un escalier mal éclairé, et s'enfuit à toutes jambes. .../...

Alain, *Propos*, © Editions Gallimard.
Pléiade, tome 1.

Remarques sur le texte

L'auteur s'appuie sur deux exemples auxquels il consacre les deux premiers paragraphes. Ces deux exemples sont introduits par le même mot (« *Lorsqu'...* »), répétition qui traduit la volonté d'établir un parallèle entre ces deux exemples.

Chacun de ces deux paragraphes est organisé selon le schéma : 1. Faits ; 2. Conséquences. Le troisième paragraphe élargit la réflexion commencée à partir de deux faits précis.

Les deux exemples ne sont pas exactement sur le même plan. Le premier concerne seulement la recherche de la vraie cause. Le second reprend cette même idée, mais y ajoute le thème de la peur.

Le lien entre les deux idées est fait à la fin du second paragraphe (« *nous n'avons aucune puissance sur les passions tant que nous n'en connaissons pas les vraies causes* »).

Le troisième paragraphe élargit la réflexion et s'arrête sur les vraies causes de la peur. Il ressort de ce paragraphe que la peur, comme les autres passions, ne repose pas sur des bases rationnelles. Il est donc vain de vouloir la combattre par des raisonnements. Cela prépare la suite du raisonnement, non citée ici : pour agir sur les passions, il faut en analyser la vraie cause ; cela conduit à agir sur le corps et non sur l'esprit.

Le découpage en paragraphes s'articule ainsi :

1. Exemple de l'enfant qui pleure montrant la nécessité de chercher la vraie cause.
2. Exemple d'Alexandre montrant la nécessité de chercher la vraie cause, mais qui souligne aussi l'action perturbatrice de la peur.
3. Réflexion sur la peur en liaison avec l'idée de la vraie cause : la peur ne découlant pas du raisonnement, il n'est pas possible de la combattre par le raisonnement.

Notre principal problème va être de savoir comment traiter les exemples.

► RÉSUMÉ DES TROIS PARAGRAPHES

On cherche mille explications aux pleurs d'un enfant *avant de* découvrir qu'une épingle le pique. Alexandre *réussit* à dompter Bucéphale *parce qu'*il avait découvert que celui-ci avait peur de son ombre. *Cette* recherche de la vraie cause *montre que* la peur *ne peut être* combattue *par* le raisonnement, *parce qu'*elle naît de causes — la surprise par exemple — qui ne sont pas de l'ordre de la démonstration.

Examen du résumé

Nous avons réussi à conserver les exemples relatifs à la vraie cause, c'est-à-dire ceux qui sont directement liés à l'idée essentielle.

Les exemples éliminés (coup de pistolet, Masséna) n'entrent pas dans la même catégorie. Ils se rapportent au rôle de la surprise et sont donc de caractère secondaire.

Nous n'avons cependant pas manqué au principe énoncé dans le chapitre selon lequel il ne faut pas conserver une partie des exemples pour négliger le reste. Ce principe ne vaut que pour les exemples situés sur le même plan. Nous avons, conformément à ce principe, donné le détail des deux exemples essentiels. Pour les deux exemples secondaires, nous nous sommes contenté du mot « *surprise* » qui en exprimait l'essentiel.

▶ RÉSUMÉ DE LA SUITE DU TEXTE

Résumez, avant de lire notre corrigé, la suite du « Propos » d'Alain qui figure ci-dessous :

L'impatience d'un homme et son humeur *viennent* quelquefois *de ce qu'*il est resté trop longtemps debout ; ne raisonnez point contre son humeur, *mais* offrez-lui un siège. Talleyrand, disant que les manières sont tout, a dit plus qu'il ne croyait dire. *Par le souci de ne pas incommoder, il cherchait* l'épingle et finissait par la trouver. Tous ces diplomates présentement ont quelque épingle mal placée dans leur maillot, d'où les complications européennes ; et chacun sait qu'un enfant qui crie fait crier les autres ; bien pis, l'on crie de crier. Les nourrices, par un mouvement qui est de métier, mettent l'enfant sur le ventre ; ce sont d'autres mouvements aussitôt et un autre régime ; *voilà* un art de persuader qui ne vise point trop haut. Les maux de l'an quatorze *vinrent*, à ce que je crois, *de ce que* les hommes importants furent tous surpris ; *d'où* ils eurent peur. *Quand* un homme a peur, la colère n'est pas loin ; l'irritation suit l'excitation. *Ce n'est pas* une circonstance favorable *lorsqu'*un homme est brusquement rappelé de son loisir et de son repos ; il se change souvent et se change trop. *Comme* un homme réveillé par surprise, il se réveille trop. *Mais ne dites jamais que* les hommes sont méchants ; *ne dites jamais qu'* ils ont tel caractère. *Cherchez* l'épingle.

Examen du texte

Les éléments mis en italiques par nous s'efforcent de mettre en évidence l'articulation logique.

Dans le prolongement de ce qui précède, Alain va montrer la nécessité d'agir sur le corps. Il ajoute de plus une idée à ce qui a été dit : la passion est contagieuse. L'enfant qui crie fait crier les autres. Il revient ensuite à la surprise et à la nécessité de chercher la vraie cause. La dernière phrase « *Cherchez l'épingle* » sert de conclusion au paragraphe mais aussi à tout le reste puisqu'elle se réfère aux premières lignes. Ce tour de clé avait été préparé par la référence aux nourrices figurant dans le paragraphe qu'elle termine.

Nous sommes donc en présence d'un grand nombre d'idées :

1. Il faut agir sur le corps (un exemple et une référence).
2. Exemple des diplomates européens avec apport d'un complément (celui qui crie fait crier).
3. La solution des nourrices (relative au corps).
4. Retour au cas des diplomates (guerre de 14-18) : ils ont eu peur parce qu'ils ont été surpris.
5. Remarque d'ordre général : la colère naît de la peur. Autre cause d'une réaction passionnelle : être brusquement tiré du repos.
6. Conclusion du paragraphe mais aussi du texte : ne jugez pas les hommes trop vite, mais cherchez la vraie cause de leurs réactions.

Impossible, bien sûr, dans notre paragraphe, de retrouver les six phases que nous venons de mettre en évidence. Il faudra s'en tenir à l'essentiel.

> La passion n'étant pas une affaire de raison, il faut la calmer en agissant sur le corps, ce que savent bien les nourrices. La peur naît de la surprise, la colère naît de la peur, un homme brusquement tiré du repos devient excessif. Prenons donc en compte ces vraies causes avant de porter des jugements définitifs sur la nature mauvaise de l'homme.

Examen du résumé

Nous avons été obligé d'abandonner le détail des exemples. Les références à l'homme debout, à Talleyrand, aux diplomates de 14-18 disparaissent, mais la substance du texte est conservée.

Les exemples ne sont d'ailleurs pas vraiment oubliés. «*En agissant sur le corps...*» englobe, à la fois, l'homme debout et Talleyrand.

La référence aux nourrices concerne l'enfant que l'on met sur le ventre. Bien que les diplomates ne soient pas nommément désignés, ce qui s'y rapporte est maintenu. Nouvelle confirmation d'un principe : quand il faut absolument choisir, les exemples sont sacrifiés au profit de l'idée.

EXERCICE N° 3

Les trois paragraphes qui suivent sont extraits d'un article de Jean Lacouture sur la déontologie du métier de journaliste ou plus exactement sur l'absence d'une déontologie formalisée dans cette profession.

OBJECTIF

- **Condenser en un seul paragraphe bien structuré les trois paragraphes qui suivent.**

Le débat que le journaliste mène avec sa conscience est âpre et multiple, *d'autant plus* que son métier est plus flou et doté de moins de règles, et pourvu d'une déontologie plus flottante que beaucoup d'autres...

Les médecins connaissent *certes*, et depuis l'évolution des connaissances et des lois, de cruelles incertitudes — dont mille enquêtes, témoignages et débats ne cessent de rendre compte. Les avocats ne sont *guère en reste*, *ni* les chercheurs et leurs manipulations biologiques ou leurs armes absolues, *ni* les utilisateurs militaires de ces engins. *Mais enfin*, les uns et les autres ont leur serment d'Hippocrate, leur barreau, leurs conventions de Genève. Les journalistes, rien.

Il n'est pas absurde de comparer leur condition à celle d'un missile téléguidé qui ignorerait aussi bien la nature de la mission que l'orientation du pilote *et qui* serait programmé de telle façon qu'il ne soit pointé *ni* en direction de la terre, pour éviter les accidents, *ni* en direction de la mer, pour prévenir la pollution. *A partir de ces données*, le journaliste est un être libre et responsable, auquel *il ne reste qu'*à faire pour le mieux en vue d'éclairer ses contemporains *sans pour autant* faire exploser les mille soleils d'Hiroshima.

Jean Lacouture, © *Le Monde*.

Examen du texte

Le texte peut se décomposer ainsi :

1. Idée principale : le débat de conscience du journaliste est accentué par le fait que celui-ci ne peut pas se raccrocher à un code de morale professionnelle (déontologie).
2. Les cas des autres professions (médecins, avocats, chercheurs, militaires) : ils ont aussi des problèmes de conscience, mais ils disposent, eux, d'un système de règles.
3. Comparaison avec un missile montrant l'ambiguïté du rôle assumé par le journaliste.

Il paraît nécessaire de conserver l'opposition exprimée dans le premier paragraphe et qui fournit la matière du second : opposition entre la profession de journaliste (sans code de déontologie) et les autres professions qui, elles, disposent d'un cadre pour guider leur action.

Sera-t-il possible de conserver l'image du missile téléguidé qui occupe plus de la moitié du troisième paragraphe ? Ce n'est pas sûr. La décision sera prise en cours de rédaction.

▶ Résumé

Les problèmes de conscience qui se posent au journaliste sont d'autant plus aigus que celui-ci ne dispose pas d'un code de morale professionnelle lui fournissant des repères. Le journaliste se distingue en cela des médecins, des avocats, des chercheurs, des militaires. Sa tâche en est rendue plus complexe car il s'agit d'atteindre sa tâche qui est d'informer honnêtement le public sans pour autant provoquer des catastrophes.

Examen du résumé

Dans un cas comme celui-ci, il est préférable de remplacer le mot « *déontologie* » par un équivalent (morale professionnelle). Cela évite de donner le sentiment d'un simple démarquage et montre que le texte est compris.

Pour le troisième paragraphe, en fin de compte, nous avons abandonné l'image du missile qui risquait de compliquer inutilement l'exposé, et nous avons privilégié l'idée.

Notre résumé est constitué de trois phrases qui correspondent aux trois paragraphes. Il est possible, et pratique pour un résumé plus court, d'agir autrement. Les éléments du deuxième paragraphe peuvent être transférés au début. Le mouvement de la pensée continue d'être respecté.

▶ **RÉSUMÉ**

A la différence des médecins, des avocats, des chercheurs, des militaires, le journaliste ne dispose pas d'un code de morale professionnelle l'aidant à guider son action. Sa tâche en est rendue plus complexe et il doit frayer sa voie entre le désir d'informer honnêtement et le risque de provoquer une catastrophe.

Ce qu'il faut éviter

Il faut éviter des formulations comme celles qui suivent et dont on est sûr qu'elles se retrouveront dans la moitié des copies.

> Le métier de journaliste se distingue d'autres professions (médecins, avocats, chercheurs, militaires) en ce sens que...
>
> Parce qu'il n'est pas régi par des textes, le métier de journaliste est moralement plus difficile que d'autres : médecin, avocat, chercheur, militaire.

Dans le premier cas, les exemples sont entassés entre deux parenthèses. Dans le second cas, ils s'accumulent après les deux points.

Le résumé ne doit jamais donner l'impression que l'on a cherché à économiser des mots. Il faut donc éviter ce style télégraphique. Ou bien il s'avère possible de rédiger d'une manière fluide en citant tous les exemples ou bien il faut les remplacer par une formulation synthétique.

6
L'ENCHAÎNEMENT DES PARAGRAPHES

Nous supposons résolus les problèmes étudiés dans les pages précédentes. La structure du texte a été perçue, le résumé est fait de quelques paragraphes organisés et consistants qui apparaissent au premier coup d'œil. Il subsiste cependant une difficulté : ces paragraphes ne doivent pas être des îlots juxtaposés. Il importe d'établir entre eux des enchaînements pour retrouver la progression du texte. Ce chapitre concerne donc les transitions.

Place de la transition

Soit deux paragraphes qui se succèdent, le paragraphe A et le paragraphe B. Différents cas de figure sont possibles :

1. Absence d'un élément identifiable assurant la transition.
2. Présence d'un élément identifiable au début du paragraphe B.

3. Présence d'un élément identifiable en fin de paragraphe A.
4. Présence d'éléments identifiables en fin de paragraphe A et au début du paragraphe B.

Absence d'un élément identifiable

L'enchaînement logique entre le paragraphe A et le paragraphe B peut être suffisamment évident pour qu'il ne soit pas nécessaire de l'expliciter. Ainsi dans cet exemple figurant dans le début d'un texte proposé au bac.

« Tout le monde se sent écologiste. Et personne ne l'est vraiment. Tout le monde aime la nature. Et tout le monde la pollue. Tout le monde préfère les prairies odoriférantes, les cimes parfumées, les acacias en fleur aux odeurs du périphérique. Tout le monde déteste les plages de mazout, les masses d'immeubles, les rivières chargées de sel ou de détergents. Tout le monde...

L'écologie est le royaume des évidences. On aime tout ça... et on fait le contraire. Plus l'environnement se décompose sous nos yeux... » [...]

Entre ces deux paragraphes, il n'existe pas de connecteur car le lien logique entre *tout le monde* et le *royaume des évidences* va de soi. Il aurait été possible d'expliciter en écrivant par exemple : *« L'écologie est DONC le royaume des évidences »*, mais l'auteur fait confiance à son lecteur et ne juge pas utile de souligner la relation logique.

Présence d'un élément identifiable au début du paragraphe B

Ce type de transition est celui qui se rencontre le plus fréquemment. Examinons, par exemple, les débuts de paragraphe du texte sur l'environnement de la page 258 (ligne 14).

1. « *Dans cette lutte pour la vie...* » : le démonstratif « *cette* » renvoie à ce qui précède et établit donc un lien entre les paragraphes.

Notez, au passage, cet intérêt des démonstratifs qui ont de plus l'avantage de ne pas coûter cher en mots.

2. « *Mais voici que...* » : ici, simple recours à un mot-outil (la conjonction « *mais* ») qui introduit évidemment une opposition.

3. « *Bien sûr, de tous temps...* » : cette fois c'est la locution adverbiale « *bien sûr* » qui va introduire une concession (*Il est vrai*, de tous temps, on l'a su).

Remarquons que cette concession ne porte pas sur l'idée elle-même mais sur son caractère de nouveauté.

4. « *Certes, les événements...* » : l'adverbe « *certes* » introduit une apparente concession.

Un exemple d'absence de connecteurs à l'alinéa qui suit.

5. « *On laissera donc hors du champ d'observation...* » : la conjonction « *donc* » introduit le second terme d'une relation de cause à effet.

La suite du texte fournit d'autres exemples de ce type de transition.

— « *On touche là...* »
— « *Avant de se lancer dans cette question nouvelle...* »
— « *Relisons ainsi le diagnostic...* »
— « *Voici donc [...] un problème nouveau...* »

La transition en fin de paragraphe A

La méthode consistant à mettre les éléments servant à la transition à la fin du premier des deux paragraphes est moins fréquemment utilisée que celle que nous venons de décrire. Mais les auteurs y ont parfois recours. Cesbron procède ainsi au début du texte étudié page 68.

Dans le premier paragraphe, Cesbron expose des faits révoltants relatifs à la pratique de la torture dans le monde. Ce paragraphe se termine ainsi : « *Tout cela ce sont des faits, comme le Portugal, le Liban ou l'inflation. Certes on ne peut pas y penser sans cesse. Mais voulez-vous, un instant, entre l'Espagne et le chômage, y penser avec moi ?* »

Il devient évidemment inutile de mettre une nouvelle « accroche » au début du paragraphe suivant.

Éléments de transition en fin de paragraphe A et au début du paragraphe B

Il arrive souvent que les éléments de transition figurant au début du paragraphe B soient préparés par des éléments se trouvant à la fin du paragraphe A. Cela apparaît, par exemple, si l'on examine l'un des cas évoqués plus haut :

> [...]« Des *événements* récents donnent à réfléchir : fuites massives de gaz explosible, échappée de produits extrêmement toxiques, libération de produits radioactifs, etc.
>
> Certes, les *événements* connus à Seveso ou à Three Miles Island, par exemple... »[...]

La reprise du mot « *événement* » renforce l'enchaînement assuré par « certes ».

Conséquences à tirer pour le résumé

On évitera, sauf exception, la méthode consistant à laisser sous-entendues les connexions logiques.

Il ne faut pas hésiter à recourir à la méthode du connecteur en début de paragraphe B qui a le mérite d'être efficace. Mais il ne faudra pas pour autant écarter les autres possibilités.

Le souci de marquer les connexions ne doit pas conduire à l'excès inverse comme cela se voit dans certaines copies. Il n'est donc pas question de truffer le résumé de mots-outils plus ou moins justifiés. Abondance de bien nuit parfois.

Autre moyen d'assurer la transition

Il existe d'autres moyens d'assurer la transition ou de la rendre inutile qui apparaissent bien dans le texte de Pascal figurant page 268.

1. Mise en place très nette du problème dans la ou les premières phrases.
2. Le paragraphe de transition.

Mise en place du problème

Pascal pose nettement le problème dans une première phrase qui aurait pu être isolée de ce qui suit : « *Il y a dans le monde deux sortes de grandeurs ; car il y a des grandeurs d'établissement et des grandeurs naturelles.* »

Les deux aspects du problème sont évoqués très nettement. Ils peuvent ensuite être étudiés l'un après l'autre sans qu'il soit nécessaire de recourir à des mots-outils pour les introduire.

Célestin Freinet utilise la même technique dans le texte

cité page 79. Son texte commence par une phrase fournissant l'axe de la discussion. Cette introduction centrée sur l'essentiel permet d'économiser des transitions par la suite : « *Il y a, dans la vie, deux sortes d'individus : ceux qui font des expériences et ceux qui n'en font plus.* »

Cette technique, quand le texte de départ s'y prête, peut être utilisée dans le résumé puisqu'elle a le mérite d'économiser des mots.

Le paragraphe de transition

Les éléments de transition peuvent ne figurer ni à la fin du paragraphe A ni au début du paragraphe B, mais dans un petit paragraphe les reliant.

Cette possibilité est aussi utilisée dans le texte de Pascal auquel nous venons de faire allusion. Dans les deux premiers paragraphes, Pascal a défini, en les opposant, les « *grandeurs d'établissement* » et les « *grandeurs naturelles* ». Il souhaite alors passer à l'étude des attitudes respectives que requièrent ces deux sortes de grandeurs. Il va tout simplement mettre en place le problème par un petit paragraphe : « *Nous devons quelque chose à l'une et l'autre de ces grandeurs ; mais comme elles sont d'une nature différente, nous leur devons aussi différents respects.* »

Cette méthode n'est pas très facile à utiliser dans le résumé parce qu'elle risque de coûter cher en mots et parce qu'elle ne débouche pas sur un paragraphe consistant. Il reste cependant possible d'intégrer cet élément au début du paragraphe dont il annonce le contenu. Ce qui nous ramène au cas précédent.

EXEMPLE N° 1

Le texte de Patrick Lagadec qui suit attire l'attention sur les risques inhérents au progrès technologique.

Nous avons mis en italiques les débuts de paragraphe. Ces passages mis en évidence font ressortir le souci de l'auteur d'articuler avec netteté.

Le texte comporte une quinzaine de paragraphes. Le correcteur sait qu'il va, en conséquence, trouver de nombreux résumés comportant, eux aussi, une quinzaine de paragraphes et auxquels il mettra une note oscillant entre 3 et 6.

Les traits horizontaux correspondent à la séparation entre des unités de sens en fonction desquelles pourront être envisagés les regroupements.

OBJECTIF

- **Faire un résumé en 250 mots en soignant particulièrement les enchaînements.**

- **Faire un résumé de 100 mots en procédant de même.**

Le risque écologique

Depuis toujours l'homme s'est vu contraint à relever un défi colossal : assurer sa survie. Une survie précaire pour beaucoup qui ont eu à souffrir d'une nature parfois démesurément hostile. Les mythes, comme celui du déluge dans la Bible, sont là pour le rappeler et le graver profondément dans les cultures. Fatalité, calamité, fléau : les catastrophes naturelles ont souvent été vécues comme des pièges inqualifiables tendus par la nature, comme des châtiments voulus par les dieux. Écrasé, mais résolu à faire front, l'homme a dû, à chaque fois, reprendre le joug et renouer avec la vie. Comme le secrétaire du roi du Portugal le conseillait à son souverain après le tremblement de terre de Lisbonne en 1755 : « Sire, nous devons enterrer les morts et nourrir les vivants ».

Dans cette lutte pour la vie, affirmée avec opiniâtreté à chaque désastre, l'homme a pu compter sur son intelligence. Et d'abord avec la première marque de ce recours à l'esprit, l'outil, qui a permis de gagner beaucoup en autonomie par rapport au milieu naturel et, par là, en assurance individuelle et collective. La technologie a apporté plus de sécurité, la science a fait naître l'espérance et la confiance. Les famines et les épidémies, notamment, ont été vaincues dans les pays technologiquement avancés.

Mais voici que, du cœur même de cette nouvelle raison d'espérer, surgit à nouveau la menace à grande échelle, mettant en péril la survie de larges collectivités. Le risque de grandes catastrophes, d'origine technologique cette fois, est devenu actuel.

Bien sûr, de tout temps, on a su que l'outil comportait quelques dangers ; et ce tribut s'est sensiblement alourdi quand la manufacture s'est substituée à l'atelier, quand la mine devint lieu de travail, quand la vapeur remplaça le cheval. Il y eut Courrières en 1906 : la mort de 1 099 mineurs ; il y eut le *Titanic* en 1912 : 1 500 disparus. Sans doute l'ingéniosité humaine a-t-elle pu trouver des parades et faire baisser les fréquences des accidents et des catastrophes : la mine, le chemin de fer, le bateau, les ponts, etc., sont devenus plus sûrs. Mais ces ajustements ne peuvent plus cacher la réalité ni la gravité du risque technologique contemporain. Des événements récents donnent à réfléchir : fuites massives de gaz explosible, échappée de produits extrêmement toxiques, libération de produits radioactifs, etc.

Certes, les événements connus à Seveso ou à Three Miles Island, par exemple, ne constituent que de simples alertes et n'ont pas atteint la gravité qui aurait pu être la leur. Mais ils conduisent déjà au diagnostic suivant : il y a rupture franche entre le risque technologique d'aujourd'hui et celui d'hier. D'une part, l'ampleur des phénomènes a changé : par exemple, certains responsables, en juillet 1976, ont pu se demander en secret si l'accident de Seveso n'allait pas contraindre à évacuer Milan, la capitale économique de l'Italie, et pour un temps non déterminé. D'autre part, la nature des dangers s'est transformée : du fait de l'accroissement quantitatif tout d'abord — non plus la mort mais l'hécatombe collective —, en raison ensuite de la spécificité des éléments en jeu qui font planer la menace non plus seulement sur les vivants mais sur leur descendance.

L'examen du défi posé par ces catastrophes technologiques d'une nature inédite est l'objet du présent ouvrage.

On laissera donc hors du champ d'observation bien d'autres composantes, plus connues, du problème global de la sécurité des sociétés contemporaines : risque militaire, catastrophes naturelles, accidents du travail, dangers quotidiens comme les accidents de la route, etc.

La coupe peut paraître sévère. On est en effet tenté de s'arrêter aux lourds tributs payés aux catastrophes naturelles : 4,6 millions de morts et 223 millions de victimes dans le monde entre 1900 et 1976 — soit une moyenne annuelle de 60 000 tués et de 3 millions de blessés ou de sans-abri —, 95 % des victimes étant dénombrées en pays du Tiers Monde. On est aussi interpellé par les 15 000 victimes annuelles que l'on compte sur les routes et par les 2 000 morts déplorés chaque année du fait des accidents du travail, dans un pays comme la France. Mais ce sont là des questions qui ont déjà fait l'objet de recherches. Le risque technologique majeur, lui, reste un sujet à explorer. Et à explorer d'urgence.

Certes, on n'ignorera pas les interrelations existant entre les catastrophes technologiques et ces autres composantes du risque. On sait en effet, par exemple, que les catastrophes naturelles peuvent provoquer des catastrophes technologiques, comme dans le cas des séismes ou tsunamis qui portent atteinte à des réalisations humaines et déclenchent des effets en chaîne : incendies, ruptures de barrages, pollutions chimiques, etc. *Et l'inverse est également reconnu* : la mise en eau des grands barrages peut être suivie de séismes, le rejet de certains gaz pose des questions sur le climat, etc. Mais l'examen de ces interrelations ne sera pas placé au centre de l'analyse car il importe aujourd'hui de porter les efforts sur le problème du risque technologique majeur, en tant que tel. Pour ce qui concerne, en particulier, les rapports entre risques naturels et risques technologiques, le choix a été fait de mettre l'accent ici, sur ce qui, de bout en bout, relève de la responsabilité humaine. Afin qu'il n'y ait aucune échappatoire possible dans un quelconque appel à la notion de fatalité.

On touche là une interrogation essentielle de ce travail : comment les catastrophes d'origine technologique interpellent, aujourd'hui, notre responsabilité ?

Avant de se lancer dans l'exploration de cette question nouvelle, on retiendra une leçon capitale que nous donnent les études sur les autres domaines du risque : les sociétés se résignent bien hâtivement à la défaite face à ce type de difficultés.

Relisons ainsi le diagnostic de B. Booth et F. Fitch, deux spécialistes britanniques des sciences de la terre : « On est étonné de voir que l'humanité dans son ensemble a été extrêmement lente à se mobiliser pour trouver une parade aux catastrophes naturelles, lente pour, dans ce domaine, organiser la prévision, la lutte et les secours, excepté à un niveau strictement local ou régional ou d'une manière occasionnelle et ponctuelle, et le plus souvent *après l'événement*, c'est-à-dire quand il est trop tard. [...] Même aujourd'hui, avec toutes les connaissances que nous avons accumulées concernant les lois qui régissent le monde de la nature, nous ne faisons la plupart du temps que des efforts dérisoires et incohérents pour atténuer les effets prévisibles néfastes de processus naturels très simples et dont nous avons depuis longtemps compris le principe. Chaque année, des dizaines de milliers de personnes sont tuées parce que les leçons du passé sont systématiquement ignorées ».

Voici donc, avec le risque technologique majeur, un *problème* nouveau et d'une extrême gravité ; car on ne peut se cacher la réalité : de grandes agglomérations, de vastes zones, sont aujourd'hui sous la menace de graves destructions, contaminations, évacuations. Les populations concernées pour chaque cas se comptent par centaines de milliers, voire par millions. Et les causes de désastres sont multiples, même si elles restent mal inventoriées et peu connues.

Explorer le problème ; examiner de quelle façon il est, ou n'est pas, pris en charge actuellement ; s'interroger sur les exigences nouvelles que la société technico-scientifique doit s'imposer à elle-même si elle veut réunir les conditions de son développement : voilà une tâche urgente à remplir ; sans *a priori*, sans alarmisme, sans l'épouvante qui paralyse, sans l'insouciance qui conduit à la débâcle. Mais avec tout le sérieux de notre pensée, toute la rigueur de notre raison.

Lorsque la technologie devient une source potentielle de catastrophes aussi graves qu'on le soupçonne aujourd'hui, nous ne pouvons plus ignorer les multiples aspects de notre responsabilité. Il y va peut-être de notre survie. Il y va sûrement de notre liberté.

Patrick Lagadec, *La Civilisation du risque. Catastrophes technologiques et responsabilités sociales*, © Éditions du Seuil.

Examen du texte

Le découpage par des lignes horizontales fait apparaître les grandes unités de sens. Le texte s'articule ainsi :

1. L'homme a dû longtemps lutter pour sa survie et l'apparition de l'outil lui a été d'un grand secours.

2. MAIS l'amplification de cette technologie se met à menacer cette survie même. Le risque est même aggravé. Cela :
— concerne un plus grand nombre de personnes ;
— concerne aussi leurs descendants.

3. Restriction du champ : l'auteur écarte les autres risques tout en les évoquant rapidement.

4. Mise en place du problème : *« Comment les catastrophes d'origine technologique interpellent, aujourd'hui, notre responsabilité ? »*

5. Évocation d'un point de vue jugé important : le manque de prévention.

6. Retour sur le problème :
— explicitation du problème (évocation précise des risques) ;
— évocation de la tâche que l'auteur se propose de réaliser dans son livre ;
— retour à l'idée de survie.

Réflexion sur les connecteurs

La connexion entre 1 et 2 est simple. Il s'agit d'une opposition. Le recours à « *mais* » ou à un équivalent va s'imposer.

La restriction du champ d'observation (unité de sens 3) pourra donner lieu à un paragraphe dans un résumé long. Dans un résumé court, elle pourra être intégrée à un autre paragraphe. Cette question de méthode se distingue un peu de la démarche d'ensemble tout en s'y rattachant quand même. On peut imaginer une transition du type *« même si on se limite aux catastrophes d'origine technologique »*.

L'introduction de 4 (mise en place du problème) pourra être faite par « *donc* » ou un équivalent car il s'agit d'un aboutissement de la réflexion.

Pour l'introduction de 5, il faudra trouver un équivalent de « *Avant de se lancer...* »

Pour introduire 6 (retour sur le problème), il faudra avoir recours à « *donc* » comme l'auteur, ou à un équivalent, puisque la situation est la même qu'en 4. Il paraît d'ailleurs bon de regrouper 4 et 6 qui correspondent à la même idée. Le 5 sera peut-être même englobé dans un solide paragraphe mettant bien en place le problème. On obtiendrait une articulation plus vigoureuse du type :

I. La technologie qui, autrefois, a assuré la survie de l'homme menace, aujourd'hui, cette même survie.

II. Ce n'est pas le seul risque et ce risque n'est pas isolé des autres, mais nous consacrerons notre étude au risque d'origine technologique.

III. Parce qu'il y va de notre survie, il faut réfléchir à un phénomène qui engage notre responsabilité.

Il serait même possible de pousser plus loin la simplification en se contentant d'un schéma du type *faits-conséquences*. L'attitude adoptée dépendra du nombre de mots alloués.

► RÉSUMÉ EN 250 MOTS

De tous temps, l'homme a dû affronter les catastrophes naturelles lesquelles étaient souvent perçues comme des punitions infligées par les dieux. Il s'est appuyé dans cette lutte sur son intelligence et sur l'outil qui lui a permis de diminuer son aliénation aux forces de la nature.

Mais, paradoxalement, le risque de nouvelles calamités provient aujourd'hui de cette technologie à l'origine libératrice. On savait déjà que la technologie avait ses dangers, mais quelques catastrophes récentes, qui auraient pu être pires, montrent une accentuation du risque. Il concerne maintenant, non seulement un grand nombre de personnes, mais aussi leurs descendants.

Nous laisserons de côté les autres risques, comme ceux liés aux catastrophes naturelles ou aux accidents de la route, tout en sachant qu'ils ne sont pas négligeables et qu'ils s'imbriquent parfois avec le risque technologique. Même quand nous étudierons les relations entre différents types de risque, c'est tout spécialement sur la responsabilité de l'homme que nous porterons notre attention.

Car, autre élément spécifique, nous sommes responsables de ces désastres. Comme le font remarquer des savants britanniques, nous n'avons pas une attitude suffisamment prospective. N'accordant pas une place suffisante à la prévention, nous nous contentons de panser les blessures.

Nous sommes donc en présence d'une forme nouvelle de risque et qui concerne des millions de personnes. Il s'agit pour nous d'examiner ce problème sous tous ses angles et de réfléchir aussi aux attitudes qu'il implique. La tâche est urgente puisque notre survie et même notre liberté sont en jeu.

Examen du résumé

Nous avons utilisé la délimitation des unités de sens correspondant aux lignes horizontales. On remarquera en début de paragraphe les éléments correspondant au souci d'accrocher les wagons. Essayez de repérer à l'intérieur des paragraphes les autres éléments ayant pour but de souligner les articulations logiques.

Sans démarquer le texte, nous en reproduisons les grandes phases. Dans un résumé plus court, comme celui qui suit, il devient plus difficile d'être aussi fidèle à la démarche, mais il faut continuer à rendre le mouvement d'ensemble.

▶ **RÉSUMÉ EN 100 MOTS**

La technologie qui, autrefois, a permis à l'homme d'atténuer l'effet des catastrophes naturelles devient aujourd'hui la cause même de grandes catastrophes. Le risque qu'elle fait peser sur l'humanité est nouveau par plusieurs aspects : parce qu'il concerne des millions de personnes ; parce qu'il concerne aussi leurs descendants ; enfin, parce que notre responsabilité est engagée.

Il est donc nécessaire de rompre avec l'esprit d'imprévoyance qui a prévalu jusque-là et d'étudier rapidement sous tous ses aspects une question cruciale dont dépend notre survie et même notre liberté.

Examen du résumé

Le nombre des paragraphes diminue et il aurait même été possible de faire un résumé monobloc.

Nous insistons sur l'essentiel c'est-à-dire sur la nouveauté du risque et sur les conséquences qui en découlent.

Les deux paragraphes correspondent à la grande articulation en deux temps : 1. Les faits ; 2. Les conséquences. Le mot « *donc* » établit le lien.

EXEMPLE N° 2

Le texte qui suit est tiré du *Second discours sur la condition des grands* de Blaise Pascal (1623-1662). Le mot « *grand* » dans ce titre désigne tous ceux qui occupent un rang élevé dans la société et notamment les membres de la haute noblesse. Pascal essaie de cerner ce qui constitue effectivement la grandeur.

OBJECTIF

- **Faire un résumé en 100 mots rendant bien la structure logique du texte de départ.**

Grandeurs naturelles et grandeurs d'établissement

Il y a dans le monde deux sortes de grandeurs ; car il y a des grandeurs d'établissement et des grandeurs naturelles. Les grandeurs d'établissement dépendent de la volonté des hommes qui ont cru avec raison devoir honorer certains états* et y attacher certains respects. Les dignités de la noblesse sont de ce genre. En un pays on honore les nobles, en l'autre les roturiers ; en celui-ci les aînés, en celui-là les cadets. Pourquoi cela ? Parce qu'il a plu aux hommes. La chose était indifférente avant l'établissement : après l'établissement elle devient juste, parce qu'il est injuste de la troubler.

Les grandeurs naturelles sont celles qui sont indépendantes de la fantaisie des hommes, parce qu'elles consistent dans des qualités réelles et effectives de l'âme ou du corps, qui rendent l'une ou l'autre plus estimable, comme les sciences, la lumière de l'esprit, la vertu, la santé, la force.

Nous devons quelque chose à l'une et l'autre de ces grandeurs ; mais comme elles sont d'une nature différente, nous leur devons aussi différents respects.

Aux grandeurs d'établissement nous leur devons des respects d'établissement, c'est-à-dire certaines cérémonies extérieures, qui doivent être néanmoins accompagnées selon la raison d'une reconnaissance intérieure de la justice de cet ordre, mais qui ne nous font pas concevoir quelque qualité réelle en ceux que nous honorons de cette sorte. Il faut parler aux rois à genoux ; il faut se tenir debout dans la chambre des princes. C'est une sottise et une bassesse d'esprit que de leur refuser ces devoirs.

Mais pour les respects naturels qui consistent dans l'estime, nous les devons aux grandeurs naturelles ; et nous devons au contraire le mépris et l'aversion aux qualités contraires à ces grandeurs naturelles. Il n'est pas nécessaire, parce que vous êtes duc, que je vous estime, mais il est néces-

* État : condition sociale, rang.

saire que je vous salue. Si vous êtes duc et honnête homme, je rendrai ce que je dois à l'une et à l'autre de ces qualités. Je ne vous refuserai point les cérémonies que mérite votre qualité de duc, ni l'estime que mérite celle d'honnête homme. Mais si vous étiez duc sans être honnête homme, je vous ferai encore justice ; car en vous rendant les devoirs extérieurs que l'ordre des hommes a attachés à votre naissance, je ne manquerais pas d'avoir pour vous le mépris intérieur que mériterait la bassesse de votre esprit.

Pascal, *Second discours sur la condition des grands.*

Examen du texte

Il s'agit, comme dans le cas précédent, d'un texte entièrement organisé autour d'une opposition. Et, comme dans le texte de Freinet, cette opposition est nettement mise en place par la première phrase.

Le texte comporte cinq paragraphes. Le paragraphe 3 sert uniquement à assurer la transition. Les autres paragraphes correspondent chacun à une unité de sens. Si l'on fait une exception pour le paragraphe 3, nous sommes donc en présence du cas assez rare où il est possible de résumer paragraphe par paragraphe du moins dans le cas d'un résumé relativement long.

Ces quatre paragraphes correspondent à quatre unités de sens, le texte s'articulant ainsi :

1. Nature des grandeurs d'établissement.
2. Nature des grandeurs naturelles.
3. Attitude requise face aux grandeurs d'établissement.
4. Attitude requise face aux grandeurs naturelles.

Cette schématisation simplifie un peu les choses puisque le dernier paragraphe revient sur le point 3.

Les *grandeurs d'établissement* (issues des conventions sociales) sont opposées aux *grandeurs naturelles* (provenant du mérite) comme l'extérieur à l'intérieur. Nous retrouvons cette même opposition dans les respects dus à chacune de ces grandeurs. Une phrase résume avec une grande force la substance du texte : *« Il n'est pas nécessaire parce que vous êtes duc que je vous estime mais il est nécessaire que je vous salue. »*

Reprise des mots du texte

Il n'est pas utile de chercher à éviter la reprise des expressions « *grandeurs d'établissement* » et « *grandeurs naturelles* » puisque le texte tout entier est une explication de ces expressions.

Par contre, il faut éviter la reprise du mot « *état* » qui figure dans le premier paragraphe. Ce mot, en effet, n'est plus employé aujourd'hui dans ce sens de « *condition sociale* », « *rang social* ».

Établissement d'un tableau des oppositions

Pour bien percevoir le jeu des oppositions, établissez un tableau sur le modèle de celui qui a été proposé plus haut.

Risque de contresens

Le correcteur sait à l'avance les erreurs qui vont être commises par une partie des candidats. L'erreur d'interprétation provient souvent de ce que le lecteur projette sur le texte ses propres idées. Cela va conduire certains « *résumeurs* » de ce texte à rendre Pascal plus anarchiste qu'il ne l'est.

Pascal insiste, notamment dans la fin du premier paragraphe, sur le caractère parfaitement arbitraire des conventions sur lesquelles reposent les grandeurs d'établissement. Mais il insiste sur le fait qu'il faut accepter cet ordre et même y adhérer intérieurement. Les « *cérémonies extérieures* » « *doivent être néanmoins accompagnées selon la raison d'une reconnaissance intérieure de la justice de cet ordre* ».

Pascal est donc conservateur et non anarchiste, même si la magistrale distinction qu'il fait entre la personne et le rang a quelque chose de profondément corrosif.

Articulation du texte

Pascal utilise une phrase pour mettre en place, dès le début, les deux premiers paragraphes.

Il assure la transition entre les deux grandes parties du texte par un petit paragraphe qui n'a pas d'autre fonction que d'assurer cette transition. Ce petit paragraphe contient déjà le mot « *mais* » qui réapparaîtra pour articuler les paragraphes 4 et 5.

Ayant à économiser des mots, nous serons obligé de procéder autrement, tout en gardant à l'esprit la nécessité de conserver la structure fondamentalement antithétique du texte.

▶ **RÉSUMÉ EN 100 MOTS**

Les grandeurs d'établissement sont celles qui, comme la noblesse, ne proviennent que des conventions humaines. Elles ont un caractère arbitraire et ne doivent rien au mérite. Les grandeurs naturelles sont celles qui proviennent des seules qualités intellectuelles ou physiques.

En dépit de leur caractère arbitraire, nous devons un respect formel aux grandeurs d'établissement. Leur remise en cause ne serait pas sage. Mais la véritable estime ne peut aller qu'aux qualités réelles c'est-à-dire aux grandeurs naturelles. J'apprécie un homme en fonction de ses qualités ou de ses défauts mais je lui manifeste les égards dus à son rang.

Enchaînement entre les paragraphes

Pour éviter des paragraphes manquant de consistance, nous avons regroupé les deux paragraphes relatifs aux définitions (§ 1 et 2) et les deux paragraphes relatifs aux attitudes (§ 4 et 5).

Dans le premier paragraphe du résumé, nous n'avons pas éprouvé le besoin de souligner l'opposition entre les grandeurs naturelles et les grandeurs d'établissement par un « *mais* » ou un terme équivalent. Le parallélisme des constructions (*les grandeurs... proviennent...*) et l'expression « *des seules qualités...* » suffisent à faire percevoir l'opposition.

Le second paragraphe du résumé s'enchaîne au précédent grâce à « *En dépit de leur caractère arbitraire...* » qui rappelle une idée énoncée dans le premier paragraphe. A l'intérieur de ce paragraphe, nous procédons comme l'auteur en utilisant la conjonction « *mais* » pour articuler l'opposition.

EXEMPLE N° 3

Dans un article tiré du *Nouvel Observateur*, Norbert Bensaïd situe le problème précis et relativement pointu dont il parle — la pilule contraceptive — dans une perspective très large. La remise en cause du mythe de la nature toujours bonne lui permet en effet d'asseoir son argumentation.

Objectif

- **Résumé en 150 mots.**
- **Résumé en 80 mots.**

La nature n'est pas toujours bonne

Il y a quelques années, on lâcha des soldats dans la montagne pyrénéenne pour une sorte d'opération « survie ». Tenaillés par la faim, quelques-uns découvrirent des racines qui semblaient comestibles et en mangèrent. Deux ou trois en moururent. Les autres, gravement intoxiqués par l'aconit — qui fut très employé en médecine, et l'est parfois encore —, avaient découvert que la nature n'était, après tout, pas aussi bonne qu'on veut bien le dire.

Mais les mythes ont la vie dure. Il semble qu'une référence abusive et constante à une « bonne nature » ait fait perdre à la campagne écologique une part de son audience et de sa crédibilité. Mais on peut craindre que cette même référence ne retrouve un nouvel impact quand il s'agit de sexualité, quand on s'adresse à une population, qui, comme la nôtre, a subi massivement l'influence de la culture judéo-chrétienne qui fait du plaisir la chose la moins belle et la moins naturelle du monde. Pour M. Brunetti, il se confond avec « les médicaments, les prothèses, la pornographie et les conseils techniques ». Pour peu qu'on oppose, en plus, cette bonne nature à la mauvaise chimie, on a des chances de gagner la partie. Dans la conscience commune, en effet, le chimique est par excellence le contraire du naturel. Parler d'un « nuage chimique » descendant sur les adolescents, attaquer la contraception « chimique », c'est jouer sur du velours. Et pourtant cela ne veut strictement rien dire.

Tout en nous et autour de nous est chimique. Nous ne sommes qu'un mélange d'eau, de sels minéraux, de protéines, d'hydrates de carbone, de lipides savamment combinés. Ce que nous mangeons est chimique : le sucre (saccharose ou fructose, corps très simples), les viandes, les légumes, ce que nous respirons (un mélange de gaz simples). On ne peut même pas opposer la complexité des produits chimiques naturels — comme le magique acide sésoxyribonucléique, si cher à Dali — et la simplicité rudimentaire des produits chimiques inventés par l'homme de laboratoire. Ceux-ci atteignent une complexité qui laisse loin derrière elle certaines des créations de la nature.

Mais peut-être veut-on simplement opposer l'harmonie déjà existante entre les produits naturels et la dysharmonie forcément induite par l'introduction dans cet équilibre de produits inventés. Bien des microbes, bien des cellules cancéreuses et bien des parasites seraient de cet avis qui ont vu leur nocivité — leur méchanceté devrait-on dire —, mortelle, mais souvent bien naturelle, victorieusement combattue par ces inventions artificielles et diaboliques des hommes. Nous avons au contraire la plus grande peine, par exemple, à nous débarrasser de certains hypotenseurs que nous devons à la grande sagesse indienne, millénaire comme on sait. Certains ont quasiment pleuré de joie et d'attendrissement quand nous sont parvenus de là-bas ces produits miraculeux extraits du ravwolfia, une bonne et franche plante comme l'héroïne l'est du bon et loyal pavot et la mescaline d'un bon et fraternel champignon américain.

Et puis il a fallu déchanter. Même purifiés, même dépouillés de leurs alcaloïdes les plus nocifs, ces merveilleux médicaments, si naturels, présentaient de graves inconvénients. Et la mode en a été si grande — malgré l'opposition supposée des savants à tout ce qui est « naturel » — qu'on les retrouve dans la plupart des préparations destinées à combattre l'hypertension, bien naturelle elle aussi — comme la mort.

Mais il faudrait peut-être préciser une chose : la pilule, c'est tout bêtement un produit naturel. Un mélange d'hormones — naturelles ou copies synthétiques d'hormones naturelles. Elles reproduisent à une toute petite échelle — à doses bien moindres — le statut hormonal de la femme enceinte. En les introduisant dans l'organisme, on ne déséquilibre pas profondément l'équilibre hormonal, on inhibe l'ovulation, comme le fait la grossesse mais à des doses infiniment moindres.

Norbert Bensaïd, © *Le Nouvel Observateur*, 08.06.75.

Examen du texte

On comprend que l'auteur répond à un article ou à un livre de M. Brunetti dans lequel ce dernier a critiqué la pilule contraceptive en s'appuyant sur le fait qu'elle n'était pas naturelle. A cette occasion, Norbert Bensaïd élargit le débat et critique le mythe (idée ancrée dans la psychologie collective) selon lequel tout ce qui est naturel est bon.

Cet élargissement de la question est presque plus intéressant que ce qui lui a servi de point de départ. Il ne faut cependant pas oublier ce point de départ.

Articulation des paragraphes du texte

L'auteur ne s'est pas trop fatigué pour varier les enchaînements puisque trois paragraphes sur six commencent par la conjonction «*mais*». La troisième phrase du second paragraphe commence aussi par le même mot.

Notre problème est de savoir si les oppositions ainsi introduites correspondent à des articulations entre unités de sens ou à des articulations à l'intérieur des unités de sens.

Démarche d'ensemble

L'articulation de la pensée correspond aux phases suivantes :

1. UN FAIT ET LA DÉDUCTION QU'ON EN TIRE : ce qui est arrivé aux soldats montre que la nature n'est pas toujours bonne (§ 1).
2. CONSÉQUENCE NÉGATIVE DU MYTHE DE LA BONNE NATURE SUR LE MOUVEMENT ÉCOLOGIQUE : idée accessoire que l'on va laisser de côté (début du § 2).
3. UTILISATION DU MYTHE POUR COMBATTRE LA PILULE : la pilule est rangée dans la mauvaise chimie opposée à la bonne nature (fin du § 2).

4. RETOUR SUR LE PROBLÈME GÉNÉRAL. TOUT CE QUI EST DANS LA NATURE EST CHIMIQUE (§ 3).
5. EXEMPLES DE MAUVAIS PRODUITS NATURELS ET DE BONS PRODUITS ARTIFICIELS (§ 4 et 5).
6. RETOUR AU PROBLÈME DE LA PILULE : la pilule est naturelle (§ 6).

Nous constatons donc que l'auteur commence par parler de la nature en général puis en vient au problème de la pilule. Il revient ensuite au problème de la nature en général pour terminer avec le problème de la pilule.

Ce cheminement pourra être conservé dans un résumé relativement long. Pour un résumé court, on peut, dès ce moment de l'examen du texte, envisager de simplifier en regroupant tout ce qui se rapporte à la nature en général d'une part et tout ce qui se rapporte à la pilule d'autre part.

► RÉSUMÉ EN 150 MOTS

Il existe un préjugé très répandu selon lequel la nature est toujours bonne, préjugé que les faits infirment. Ce préjugé est utilisé pour combattre la pilule contraceptive, laquelle est présentée comme un produit chimique et donc artificiel, non naturel.

Mais tout ce qui est dans la nature est chimique. Notre corps, ce que nous mangeons ou respirons est chimique. De graves perturbations infligées à notre organisme ont des causes naturelles comme les microbes, les cellules cancéreuses, les parasites et nous sommes bien contents de lutter contre eux avec des produits artificiels. Des plantes tout à fait naturelles peuvent, elles aussi, avoir des conséquences néfastes sur notre santé.

L'argument contre la pilule ne tient donc pas et cela d'autant moins qu'elle est un produit naturel ne perturbant pas en profondeur l'organisme.

Examen du résumé

Ce résumé sans le démarquer suit le texte d'assez prêt et l'on y retrouve les articulations dégagées plus haut.

L'articulation entre les paragraphes est fortement marquée par l'emploi de « *mais* » et « *donc* ».

Dans le second paragraphe, l'absence de mots-outils pour souligner les enchaînements n'est pas gênante. La première phrase met en place l'idée et le lecteur comprend très bien que les trois phrases qui suivent correspondent à trois catégories d'exemples. Il est donc inutile d'expliciter par des expressions du type « *ainsi* » ou « *par exemple* ».

► **RÉSUMÉ EN 80 MOTS**

De nombreuses preuves montrent que l'idée selon laquelle tout ce qui vient de la nature est bon ne tient pas. Les plantes contenant du poison, les microbes, les cellules cancéreuses, les parasites sont naturels et pourtant néfastes.

C'est pourquoi, opposer la bonne nature à la mauvaise chimie pour combattre la pilule contraceptive ne convainc en rien. D'abord parce que tout dans la nature est chimique. Ensuite parce que la pilule est un produit naturel ne brutalisant pas le fonctionnement naturel de l'organisme.

Examen du résumé

Quand le résumé est court, il devient difficile d'appliquer strictement la méthode « Jivaro » (p. 27) et l'on tend à se rapprocher de l'analyse (p. 331).

Comme prévu, nous avons regroupé ce qui concerne la nature en général d'une part et ce qui concerne la pilule d'autre part. Le lien entre les deux paragraphes est assuré nettement par « C'est pourquoi... » Les deux arguments du paragraphe 2 sont introduits par « *D'abord* » et « *Ensuite* ».

7

PEUT-ON REPRENDRE LES MOTS DU TEXTE ?

Les règles relatives à la reprise ou à la non-reprise des mots du texte sont les plus difficiles à interpréter. Il n'est pas possible d'apporter à cette question une réponse simple ou du moins une réponse dont l'application serait strictement mécanique. Comme toujours les candidats aspirent à des recettes qui leur éviteraient d'utiliser leur matière grise et comme toujours il n'existe pas de solution de ce type.

Pour trouver l'attitude judicieuse dans ce domaine, il faut s'arrêter à nouveau sur les *« mauvais résumés »*. Les mauvais résumés donnent l'impression d'avoir été faits avec des ciseaux et de la colle. Non seulement des mots du texte, mais des expressions, des fragments de phrase et parfois même des phrases entières à peine modifiées ont été repris. Le correcteur se dit qu'il est en face d'un candidat correspondant à l'un des trois cas suivants :

— il ne connaît pas la méthode ;
— il n'a pas compris le texte et s'en tire comme il peut, c'est-à-dire plutôt mal ;
— il prend le correcteur pour un idiot.

Il ne connaît pas la méthode

Aussi étonnant que cela paraisse, et surtout dans les concours administratifs, il se trouve toujours des candidats qui « vont à l'abattoir » parce qu'ils n'ont pas pris la peine de s'informer sur la nature exacte de l'épreuve. Nous insistons dans le dernier chapitre sur la nécessité de s'informer sur les instructions officielles définissant l'épreuve, les sujets des années précédentes et les rapports des correcteurs.

Le *« rapport des correcteurs »* est le document établi dans tous les organismes de formation sérieux par les correcteurs et auquel peuvent se reporter les candidats de l'année suivante. Ce rapport met en évidence les éléments positifs et surtout les erreurs qui sont survenues le plus souvent dans les copies. Il est particulièrement utile pour le candidat malheureux qui songe à se représenter.

Il n'a pas compris le texte

Le candidat peut effectivement ne pas avoir compris le texte. La méthode consistant à barrer des éléments et à en conserver d'autres traduit alors cette insuffisance. Le problème se situe dans ce cas en amont. Mais il peut arriver qu'il ait compris l'essentiel ; en utilisant cette méthode il donne le sentiment du contraire.

Dans ce cas, comme dans le précédent, le correcteur n'a pas le temps de faire du sentiment. Si le résumé lui donne l'impression que le texte n'est pas vraiment compris, il note en conséquence.

Il prend le correcteur pour un idiot

Le correcteur a parfois l'impression, à l'écrit comme à l'oral, de se trouver en présence de « petits malins » bien décidés à le rouler dans la farine. L'opération découpage-collage donne parfois ce sentiment. Elle est faite avec une certaine habileté et le résumé n'est pas à proprement parler mauvais. Pourtant le fait de savoir si le texte a été compris reste un peu problématique. Évitez ce jeu dangereux en partant du principe que l'on n'apprend pas à un vieux singe à faire des grimaces. Un bon résumé demande une prise de risque. Il faut avoir le courage de s'éloigner du texte pour mieux en rendre la substance.

Le texte doit être repensé

Le résumé est un exercice d'intelligence. Le texte doit être repensé et donner lieu à une reformulation.

Pour comprendre le texte, et pour donner le sentiment qu'il est compris, nous avons donné dans les chapitres précédents les conseils de base. Ceux-ci peuvent se ramener à un grand principe : il faut identifier les grandes unités de sens et la façon dont celles-ci s'articulent entre elles. Cela fait, il faut rendre cette articulation dans le résumé.

Nous nous arrêterons donc seulement ici sur le problème de la reprise des mots du texte qui peut se résumer ainsi : *comment faire pour que le résumé ne donne pas le sentiment d'être un simple démarquage du texte de départ ?*

Quelques principes

Le fait de remplacer presque tous les mots du texte par des équivalents ne suffit pas à donner le sentiment que le texte a été vraiment compris. Cette pratique va souvent de pair avec un résumé qui colle trop au texte.

L'expression « *reprise des mots du texte* » n'est qu'à moitié satisfaisante car il s'agit souvent de la reprise d'expressions, de locutions, et même de phrases entières. Dans certains cas, seule la structure de la phrase est conservée alors que les mots sont remplacés par des termes plus ou moins synonymes. Le problème est le même dans tous les cas. Le résumé donne le sentiment d'un démarquage et... la note est mauvaise.

Nous étudierons successivement les principes suivants :

1. Il n'est pas toujours possible d'éviter la reprise des mots du texte.
2. Il faut éviter de reprendre des mots qui pourraient poser un problème d'interprétation.
3. Il faut éviter de reprendre des expressions ou des locutions propres à l'auteur.
4. Il faut éviter autant que possible de citer le texte.
5. Le résumé doit être écrit dans la langue du XXe siècle.

1. Il n'est pas toujours possible d'éviter la reprise des mots du texte

On ne peut parfois éviter de reprendre des mots du texte surtout quand il s'agit des mots autour desquels s'organise le débat. Prenons, par exemple, le texte de Freinet de la page 79 articulé sur l'opposition entre ceux qui font des expériences et ceux qui n'en font plus. On voit mal comment il serait possible de faire un bon résumé de ce texte sans reprendre le mot « *expérience* ».

D'une manière générale, les mots les plus simples du texte, et qui ne posent pas de problème d'interprétation, peuvent être repris. Dans un texte sur le chômage, on ne fera pas des prouesses d'ingéniosité pour remplacer le mot « *chômage* » par des équivalents. On le reprendra tout simplement.

De la même manière, dans un texte sur la situation de l'homme face à la nature et sur le rôle de l'outil, les mots « *homme* », « *nature* », « *outil* » pourront être repris sans problème.

Si dans le paragraphe suivant apparaît le mot « *technologie* », un problème se pose et cela d'autant plus que ce mot a deux sens différents en français. Il faut, dans ce cas, montrer au correcteur que l'on a compris. Comme l'auteur avait déjà parlé de l'outil, il est possible de s'y référer en disant : « *la technologie qui en est le prolongement* ». Le correcteur comprend que le sens du mot et la relation établie par l'auteur ont été perçus.

2. Il faut éviter de reprendre des mots qui pourraient poser un problème d'interprétation

L'exemple du mot « *technologie* » a déjà montré qu'un mot « compliqué » peut être repris si le rédacteur s'arrange pour montrer qu'il est compris.

Soit un texte où revient le mot « *déontologie* ». Notre problème est donc d'éviter que le correcteur se dise : « *Il reprend ce mot sans le comprendre* ». Il faut donc s'arranger, si on souhaite le reprendre, pour faire comprendre que ce n'est pas pour masquer une ignorance. Ainsi, il sera possible, dans le début du résumé, de parler de « *morale professionnelle* » et, par la suite, d'y renvoyer par une formule du type « *cette déontologie* ».

Ces « explications » doivent toujours être très brèves, ce qui ne les empêche pas de nécessiter quelques mots.

Il est cependant préférable d'opter pour cette solution plutôt que de donner l'impression que l'on démarque simplement le texte.

En fait, ce problème de la reprise des mots du texte se pose surtout quand le résumé est mal fait. Quand les principes sur l'articulation en fonction des unités de sens est bien appliqué, le problème ne se pose plus vraiment car le mot repris s'explique par le contexte.

Un autre exemple

Le correcteur sait à l'avance les erreurs qui vont être commises en grand nombre. Voici une phrase prise au hasard, mais qui se prête particulièrement à notre propos. Bien sûr, nous savons, nous, qu'il ne faut pas résumer des phrases ou des paragraphes mais des unités de sens, mais nous supposons un candidat qui ne le sait pas.

- *« Qu'est-ce que le machiavélisme dans le folklore de la mentalité moderne ? »*

Cette phrase située au début du texte pose le problème qui va être débattu tout au long du développement, celui de la façon dont est perçu le machiavélisme par le grand public. On voit donc mal comment il serait possible de faire un bon résumé sans reprendre le mot « *machiavélisme* ».

Le mot qui pose vraiment un problème est le mot « *folklore* ». Ce mot est pris aujourd'hui dans deux acceptions :

— un sens anthropologique ou ethnologique, sans aucune nuance dépréciative : il désigne alors l'ensemble des usages, des traditions, de l'art populaire propres à une communauté ;
— un sens connoté négativement qui correspond à « *ensemble d'attitudes stéréotypées* ».

Ce second sens est dérivé du premier. De l'idée de tradition on est passé à l'idée de « *survivance* », de pratiques qui ne sont plus en prise sur la vie, et parfois maintenues artificiellement pour des raisons touristiques par exemple. De là l'idée de comportements ou de modes de penser figés.

Voyons tout d'abord la phrase que va rédiger notre mauvais candidat :

- *A quoi correspond le machiavélisme dans le folklore de la psychologie contemporaine ?*

Laissons de côté la reprise du mot « *machiavélisme* », reprise inévitable comme nous l'avons montré. Laissons aussi de côté le démarquage de la phrase. Le candidat a remplacé « *Qu'est-ce que* » par « *A quoi correspond* » et « *mentalité moderne* » par « *psychologie contemporaine* », ce qui n'est pas condamnable en soi. Le mot « *psychologie* » employé seul a seulement le tort de ne pas rendre suffisamment le fait qu'il s'agit d'une psychologie collective.

Mais le rédacteur a conservé le seul mot qui posait vraiment un problème c'est-à-dire le mot « *folklore* ». Cette reprise est évidemment interprétée par le correcteur comme une solution de facilité. Nous ne donnerons pas de corrigé pour la raison bien simple qu'il ne faut pas résumer une phrase mais une unité de sens. Mais il faut reformuler d'une manière montrant que l'idée est comprise. Le résumé du début du paragraphe (et non de cette seule phrase) pourrait être rédigé ainsi : « *Que représente dans l'arsenal des idées reçues de nos contemporains la notion de « machiavélisme » et ce qui s'y rapporte* ». L'explication de « *folklore* » coûte cher en mots, mais il est toujours possible de faire des économies ailleurs.

3. Éviter de reprendre des expressions ou des locutions propres à l'auteur

Le souci est toujours d'éviter le sentiment d'un simple démarquage du texte. Ce sentiment est fort quand se retrouvent dans le résumé des phrases ou des fragments de phrase du texte, mais aussi des expressions propres à l'auteur. Imaginons que l'auteur emploie des locutions comme « *vouer aux gémonies* » ou « *passer sous les fourches caudines* », il sera préférable d'en donner une transcription. Cette règle vaut aussi pour des expressions moins figées. Prenons le passage suivant :

- « *Le chômeur manifeste des signes d'une instabilité émotionnelle, qui s'affirme plus ou moins rapidement et intensément, selon son histoire professionnelle.* »

On évitera de reprendre des expressions comme « *instabilité émotionnelle* » ou « *histoire professionnelle* » ou de seulement les remplacer par des calques. Il faut reformuler non pas la phrase, mais l'unité de sens tout entière.

4. Éviter autant que possible de citer le texte

En principe, vous êtes autorisé à citer des mots ou des fragments du texte à la condition de signaler l'emprunt par des guillemets. Vous avez tendance à abuser de cette tolérance.

Partant du principe que le résumé doit donner le sentiment d'être un texte autonome et non un texte issu d'un autre texte, il ne faut citer que lorsqu'il n'est pas possible de faire autrement.

Les cas où l'on doit se résoudre à citer sont rares. Soit par exemple le célèbre texte de Pascal sur les « *grandeurs naturelles* » et les « *grandeurs d'établissement* » étudié à partir de la page 268. Le texte étant une explication de ces deux expressions, il est impossible de les éviter. On les mettra donc entre guillemets la première fois et on pourra les reprendre ensuite avec ou sans guillemets.

Nous avons rencontré le même problème dans l'étude du texte de Cesbron cité page 68. Ce texte est entièrement axé sur la discussion de la formule « *La fin justifie les moyens* ». Comme le montrent nos corrigés, il est pratiquement obligatoire de reprendre la formule dans un résumé relativement long, alors que l'on peut en faire l'économie dans un résumé court.

5. Écrire le résumé dans la langue du XXe siècle

Il faut écrire le résumé dans la langue du XXe siècle. Ce principe vaut pour les textes du XIXe siècle et des siècles précédents dont certains mots ont disparu de la langue ou n'ont pas le même sens qu'aujourd'hui.

Jusqu'au XIXe siècle, le mot « *énervé* », par exemple, a eu le sens de mou, languissant, sans énergie. Le mot « *nerf* » désignait, en effet, les tendons. Une personne « *énervée* » était donc une personne semblable à quelqu'un dont on aurait coupé les tendons. La simple reprise de « *énervé* » pris dans ce sens correspond donc à un contresens.

Le problème suivant s'est présenté dans le texte de Alexis de Tocqueville cité page 181.

L'auteur emploie le mot « *souverain* ». Ce mot désigne pour nous un roi, un monarque. Mais Tocqueville prend le mot dans un sens propre à la langue politique et qui n'est plus employé aujourd'hui sauf lorsque l'on se réfère aux penseurs politiques du passé. La reprise du mot sans explications correspond donc à un contresens. Rien, en effet, ne permet au correcteur de savoir s'il y a effectivement contresens ou s'il s'agit d'une erreur de méthode.

Tocqueville emploie aussi le mot « *demeurant* » dans son ancien sens de « *reste* ». Il faut évidemment éviter de le reprendre et lui substituer un équivalent moderne.

Repenser et reformuler

Il est nécessaire de suivre un certain nombre de règles quant à la reprise des mots du texte. Cependant, il importe de s'en tenir à l'esprit de l'épreuve plus qu'à la lettre.

L'esprit de l'épreuve peut être résumé en quelques mots : *le texte doit être repensé et reformulé, l'objectif étant d'éviter le sentiment d'un simple démarquage.*

Le simple remplacement de mots et tout ce qui ressemble à un calque, à une sorte de traduction en mot à mot est mauvais. Il faut oublier les phrases du texte et rédiger non en fonction de ces phrases, mais en fonction du paragraphe qu'on organise.

Comment faire ?

Le problème est donc simple : *comment résumer le texte sans donner le sentiment d'un démarquage ?*

Comment faire pour éviter de voir apparaître sur la copie des formules du type « *Résumé trop fait les yeux sur le texte* » ou « *Le résumé colle trop au texte* » ?

La réponse est simple. Pour ne pas donner le sentiment d'un démarquage, il ne faut pas démarquer. Et pour ne pas démarquer, il faut appliquer les méthodes exposées dans les chapitres précédents sur la mise en évidence des unités de sens.

Mais comment faire, dans la pratique, pour ne pas céder à la tentation toujours présente du démarquage.

Là encore, le principe est simple. Il faut s'entraîner à rédiger le paragraphe correspondant à une unité de sens sans regarder le texte.

Une fois isolée l'unité de sens et perçue son articulation avec l'ensemble, vous en faites rapidement le schéma (qui montre l'articulation à l'intérieur de cette unité de sens). Vous rédigez ensuite l'œil sur ce schéma, mais sans regarder le texte, ou en n'y donnant que quelques coups d'œil pour vérification.

Importance relative de ce problème

Ce problème de la reprise des expressions du texte a son importance et vous avez raison de vous poser des questions à son propos. Il y a une technique du résumé qu'il faut connaître. Mais l'essentiel est bien dans les points sur lesquels nous avons insisté et sur lesquels vous avez parfois de la peine à vous laisser convaincre : EXPRIMER LE MOUVEMENT ET LA STRUCTURE DU TEXTE GRÂCE À DES PARAGRAPHES CONSISTANTS, ORGANISÉS ET BIEN ARTICULÉS ENTRE EUX.

Quand ce problème est bien résolu, la question de la reprise des expressions du texte ne se pose pratiquement plus.

EXEMPLE N° 1

Le texte sur lequel nous allons travailler est tiré du livre fondamental de Georges Friedmann intitulé *Le Travail en miettes*. Il ne pose pas de problèmes particuliers en ce qui concerne la reprise des mots du texte, mais permet déjà un premier tour des problèmes.

OBJECTIF

- **Faire un résumé en 100 mots.**

Les effets de la privation de travail sur le chômeur

Pour bien comprendre les effets de la privation du travail sur le chômeur, il faut d'abord rappeler que, dans chaque branche d'activité, le chômage tend d'abord à frapper les moins qualifiés, c'est-à-dire ceux qui ont précisément le moins de chances de s'adapter à une situation nouvelle, ceux sur lesquels a le plus de prise le sentiment d'insécurité. Il y a souvent une période d'anxiété préliminaire à la perte du travail et qui s'aggrave avec celle-ci : le chômeur manifeste des signes d'une instabilité émotionnelle, qui s'affirme plus ou moins rapidement et intensément, selon son histoire professionnelle, les succès ou les insuccès qu'il a eus antérieurement durant sa vie de travail. Les étapes du comportement de l'homme privé de travail ont été observées au cours d'enquêtes américaines, britanniques et françaises qui, bien entendu, font apparaître de nombreuses différences individuelles. Dans l'ensemble, on a pu constater qu'après une première période de choc, où la personnalité résiste et demeure à peu près inchangée, après une seconde, caractérisée par une plus ou moins active recherche de travail (accompagnée de prétentions toujours décroissantes jusqu'à l'acceptation de n'importe quelle tâche rémunérée) s'installe une phase de dépression. La privation du cadre assuré par l'activité professionnelle et ses routines quotidiennes, une acuité décrue et une sorte d'hébétude dans la perception du temps qui passe, se doublent de complications familiales pour créer, chez le chômeur, un complexe croissant d'infériorité à l'égard des membres de sa famille, et particulièrement de sa femme et de ses enfants. Comme le disait un ouvrier américain à une assistante sociale : « Comment croyez-vous que toutes ces choses agissent sur moi ? Elles n'augmentent certainement pas mon estime pour moi-même et mon bonheur. A certains moments je bous intérieurement, mais la plupart du temps, je me sens complètement vidé. Je n'aurais jamais imaginé que la paix de mon foyer et mon autorité dépendaient de mon travail. Eh bien, le travail, c'est tout simplement ce qui commande toute notre vie. »

Freud a bien vu que le travail rattache l'individu à la communauté humaine ; mais il est paradoxal qu'il n'ait nulle part observé que le travail est, par ailleurs, une des causes les plus actives qui insèrent l'individu dans le groupe familial, constituant en bien des cas, pour celui-ci, une sorte d'indispensable ciment faute de quoi à la fois le groupe et l'individu perdent leur équilibre, se désagrègent. Des observations françaises rejoignent, sur plusieurs de ces points, les enquêtes américaines. La privation du travail, en même temps qu'elle constitue pour le chômeur une régression sociale, engendre, au bout d'un certain temps, « une sorte d'intoxication » qui exige une complète réadaptation. La privation prolongée du travail est véritablement une menace pour la santé mentale de l'individu.

Georges Friedmann, *Le Travail en miettes*,

Examen du texte

Le problème autour duquel s'organise tout le texte est énoncé dès la première phrase. Il s'agit de « *comprendre les effets de la privation du travail sur le chômeur* ». L'auteur, après avoir présenté différents aspects de la question, aboutit à une conclusion qui résume le contenu de l'exposé : « *La privation prolongée du travail est véritablement une menace pour la santé mentale de l'individu.* »

On peut, dans un premier temps, dégager l'articulation suivante :

1. Mise en place du problème.
2. Premier constat : les effets sont particulièrement forts sur les chômeurs non qualifiés.
3. Les différentes phases de l'évolution psychologique du chômeur.
4. L'action du chômage dans les relations à l'intérieur de la famille.
5. Remarque sur le fait que Freud a négligé ce lien avec la famille.
6. Conclusion : le chômage agit comme une intoxication et menace la santé mentale de l'individu.

A partir de cette articulation, il faut étudier les possibilités de regroupement car il n'est pas question de faire un résumé de 100 mots en six paragraphes.

Reprise des mots du texte

Des mots comme « *effet* », « *chômeur* », « *chômage* », « *travail* », « *famille* », « *individu* », etc. peuvent évidemment être repris.

Il en va de même pour des expressions comme « *privation de travail* » ou même « *complexe d'infériorité* » ou « *santé mentale* » dont la reprise pourrait être tolérée (mais que nous évitons quand même dans notre corrigé).

Aucun passage du texte ne justifie une citation. Nombre d'entre vous vont citer dans leur conclusion les derniers mots du texte (« *une menace pour la santé mentale de l'individu* »), mais il vaut mieux éviter cette solution de facilité.

En revanche, on s'efforcera de ne pas reprendre des expressions comme « *instabilité émotionnelle* », « *anxiété préliminaire* », « *prétentions toujours décroissantes* » qui n'ont pas le caractère figé de « *santé mentale* » ou de « *complexe d'infériorité* ».

L'ouvrier américain évoqué par Friedmann est transcrit en style direct (comme s'il était enregistré au magnétophone), mais on transposera en style indirect.

▶ RÉSUMÉ EN 100 MOTS

Les conséquences psychologiques du chômage sont particulièrement nettes sur les travailleurs peu qualifiés qui sont les moins aptes à une réadaptation. Il suscite l'angoisse et un flottement psychique dont l'ampleur varie avec les individus.

Pourtant, les études faites dans différents pays montrent que, dans un premier temps, la personnalité résiste au choc. Mais, par la suite, apparaît une phase de dépression qui va conduire le chômeur à perdre pied au sein même de sa famille.

Ce lien entre travail et vie familiale, trop négligé par Freud, permet de comprendre que l'absence de travail puisse perturber dangereusement l'équilibre psychique des personnes concernées.

Examen du résumé

Ainsi que nous l'avions prévu, nous avons repris des mots comme « *chômeur* », « *personnalité* », « *travail* », « *familial* », etc.

Dans d'autres cas, nous avons préféré des équivalents : « *flottement psychique* » pour « *instabilité émotionnelle* » ou « *perturber l'équilibre psychique* » pour « *une menace pour la santé mentale* ».

Et surtout, nous ne collons jamais aux phrases du texte. Nous les oublions tout simplement puisque nous ne résumons pas « les yeux sur le texte ».

Le texte étant relativement court et ne s'écartant jamais vraiment du centre d'intérêt principal, il aurait été tout à fait possible de faire un résumé monobloc et qui aurait donc regroupé nos trois paragraphes. Mais ce résumé resterait fortement articulé parce qu'il a été fait en fonction des principales unités de sens.

EXEMPLE N° 2

Machiavel est un penseur politique né à Florence à la fin du XVe siècle, surtout connu pour l'un de ses livres, *Le Prince*. Dans *Le Travail de l'œuvre Machiavel*, Claude Lefort s'intéresse à l'ensemble de l'œuvre de ce penseur, mais plus encore au discours qui, de siècle en siècle, a été porté sur elle. Le texte qui suit concerne le machiavélisme tel qu'il apparaît aux yeux des non-spécialistes.

OBJECTIF

- **Faire un résumé en 200 mots.**

- **Faire un résumé en 80 mots.**

Le machiavélisme tel qu'on l'imagine

Qu'est-ce que le machiavélisme dans le folklore de la mentalité moderne ? Qu'est-ce qu'un personnage machiavélisant ? Une entreprise ou un dessein machiavélique ? Bien qu'il entre dans le machiavélisme de la perfidie et de la mauvaise foi, comme écrit Littré, aucun de ces deux concepts ne l'épuise : le perfide peut être lâche, l'homme de mauvaise foi incertain dans son propre but ; à l'un ou à l'autre il manque, ou du moins il n'est pas nécessairement donné la volonté consciente d'user de la trahison ou du mensonge comme d'un moyen en vue d'une fin délibérément posée. Le machiavélisme implique d'abord l'idée d'une maîtrise de la conduite. Est machiavélique qui fait le mal volontairement, qui met son savoir au service d'un dessein essentiellement dommageable à autrui. On ne saurait donc l'être comme on *est* rusé ou trompeur, par tempérament. S'il comprend la ruse, celle-ci est méthodique, s'il comprend le crime, celui-ci porte le signe d'une opération rigoureusement ajustée à l'intention de l'agent, ou transparente à soi.

Ainsi se trouvent associés dans la représentation commune un certain nombre de traits qui lui donnent son originalité. Au premier examen, apparaît le calcul des moyens destinés à atteindre une fin déterminée, la prévision des opérations dont l'enchaînement nécessaire assurera le succès d'une entreprise, l'anticipation de la conduite des adversaires et des parades. En bref, l'homme machiavélique est considéré comme un stratège ; mais ce stratège use toujours de stratagèmes. Il agit conformément à un plan de lui seul connu, faisant en sorte que ses victimes tombent dans les pièges qu'il leur a astucieusement tendus. Avec le calcul de la ruse, le principe du secret commande son action. Il porte un masque qui dérobe aux regards d'autrui en toute occasion les mouvements de son âme. Bien mieux, il ne cède pas à ses mouvements. Il est tout entier occupé à accomplir ses desseins et ne se laisse distraire ni par la haine, ni par le ressentiment, ni par aucun mobile qui risquerait de le placer sous l'emprise d'autrui. Ce dernier trait est essentiel : il est *souverain*. En face de lui tous les hommes sont innocents, ignorants du rôle qui leur a été réservé dans l'intrigue qu'il a conçue. Il paraît s'être donné pour maxime de traiter toujours autrui comme un moyen, manifestant ainsi qu'il est d'une autre essence que le vulgaire, éloigné de lui de toute la distance qui sépare le sujet de l'objet. Encore devons-nous préciser que cette souveraineté ne découle pas seulement d'une intelligence et d'une méchanceté supérieures. Il la conquiert par les procédés qui la font reconnaître par ses adversaires. Ainsi le machiavélisme ne va-t-il pas, croyons-nous, sans une mise en scène qui met en pleine lumière, au moment décisif, la maîtrise totale de l'acteur, et non seulement sa force ou son habileté en face de ses victimes. En ce sens, il fait plus que désigner une technique criminelle, il évoque un art, une activité vouée à se donner le spectacle de sa propre réussite, qui s'enchante de son propre résultat. Le Machiavel se complaît dans l'intrigue compliquée qu'il a montée ; quand il pourrait frapper sans attendre, atteindre le but sans détours, il choisit les voies obliques qui laisseront aux victimes le temps d'apprécier l'étendue de son pouvoir et de goûter leur malheur. Il est celui qui joue volontiers avec son adversaire et, non content de le dominer, le contraint encore à agir pour sa propre perte.

Logique malfaisante, ruses accumulées, perversité sereine, jouissance dans le crime, telles sont sans doute les composantes du concept de machiavélisme, ou tout du moins les résonances d'un terme auquel nous ont accoutumés la littérature, la presse ou l'usage quotidien du langage.

Claude Lefort, *Le travail de l'œuvre Machiavel*,

Examen du texte

L'auteur n'explique pas ce qu'est le machiavélisme à ses yeux, mais ce qu'il est pour l'opinion commune. Cet aspect est rappelé dans chacun des trois paragraphes :

— « *Dans le folklore de la mentalité moderne* ».
— « *dans la représentation commune* »
— « *ou tout du moins les résonances d'un terme auquel nous ont accoutumés la littérature, la presse et l'usage quotidien du langage* ».

Le résumé doit évidemment prendre en compte cet élément. Dans le cas contraire, il devient inexact puisqu'il va apparaître comme l'exposé des idées de l'auteur alors que le texte analyse seulement l'image du machiavélisme dans l'esprit des contemporains.

Le texte s'articule ainsi :

I. PROBLÈME : mise en place du problème : qu'est-ce que le machiavélisme dans l'imaginaire contemporain ?

II. BIEN QUE : bien qu'il comporte « *perfidie* » et « *mauvaise foi* », cela ne suffit pas. Il faut aussi « *volonté consciente* » et maîtrise de soi.

III. AINSI : ainsi se trouvent associés un certain nombre de traits :
1. Calcul.
2. Secret.
3. Maîtrise de soi.
4. Goût de la mise en scène.

IV. CONCLUSION : une simple récapitulation.

La démarche logique est donc nette. Après avoir posé le problème, l'auteur montre qu'il y a dans le machiavélisme tel qu'il est perçu, quelque chose en plus d'un simple mélange de ruse et de perfidie. Ayant rapidement évoqué ce « *plus* » dans le premier paragraphe, il va, dans un long paragraphe (§ 3), en examiner l'un après l'autre les différents aspects. Enfin la conclusion récapitule pour permettre à la pensée de repartir (dans la partie du texte qui fait suite à notre extrait).

Notre résumé va simplifier cette articulation en quatre temps. Tout ce qui concerne le « *plus* » et qui figure dans les deux premiers paragraphes sera sans doute regroupé. Par ailleurs, la conclusion ne faisant que récapituler ce qui vient d'être dit, sera sans doute intégrée à ce qui précède.

La reprise des mots du texte

Sur la nécessité d'éviter la reprise du mot « *folklore* » qui figure au début du texte, se reporter page 286.

Certains mots du texte peuvent être repris et, en tout premier lieu, bien sûr, le mot « *machiavélisme* ». Des termes comme « *ruse* », « *maîtrise* », « *trait* », « *piège* », « *conduite* », etc. peuvent évidemment être réutilisés dans le résumé. Pour d'autres mots ou expression comme « *mise en scène* », on cherchera des équivalents montrant qu'ils sont compris.

Un problème se pose avec l'opposition entre la « *fin* » (l'objectif) et les « *moyens* » qui se réfère manifestement à Kant. Kant, en effet, affirme que la conduite morale se caractérise par le fait qu'autrui n'est jamais considéré comme un moyen mais toujours comme une fin. Autrui n'est jamais traité comme un objet, mais toujours comme un sujet (cette opposition *objet/sujet* figure aussi dans le troisième paragraphe). Or le machiavélisme se situe à l'extrême opposé de cette attitude puisqu'autrui y est employé comme un moyen qu'utilise le Machiavel pour atteindre son objectif.

Cette opposition pourra-t-elle être reprise ? La réponse dépendra de la longueur du résumé. Il va de soi que, même si l'on a reconnu l'allusion à Kant, on ne citera pas cet auteur puisque l'auteur lui-même ne le fait pas.

▶ RÉSUMÉ EN 200 MOTS

A quoi correspond le machiavélisme et ce qui s'y rattache dans l'imaginaire contemporain ? Il comporte les notions de ruse, de méchanceté, de mensonge, mais cela ne suffit pas à le définir. S'y ajoute l'idée d'un homme maître de lui, utilisant consciemment la feinte pour atteindre son objectif.

Dans l'image du machiavélisme sont donc présents différents traits. Le machiavélisme implique tout d'abord le recours à une ruse savamment planifiée, un piège ingénieusement élaboré. Cela suppose le secret car le piège ne peut évidemment fonctionner que s'il est caché au regard. Le Machiavel tel qu'on l'imagine doit aussi faire preuve d'une totale maîtrise de soi. L'autre est manipulé, il n'est qu'un moyen utilisé pour que soit atteinte une fin qui n'est pas la sienne. Enfin le machiavélisme se caractérise par quelque chose de spectaculaire dans la mise en œuvre. La victime doit assister à sa défaite et même y participer sous le regard satisfait de son bourreau. Le machiavélisme est vu comme une fourberie supérieure parce que de bout en bout dominée et ne devant rien à l'impulsion.

Examen du résumé

Nous avons pris la peine de signaler et de rappeler en cours de route que nous parlions de l'image du machiavélisme dans la psychologie collective. Cette idée a été mise en place dès le début du résumé (« *dans l'imaginaire contemporain* ») et rappelée ensuite à trois reprises (« *Dans l'image du machiavélisme...* » ; « *Le Machiavel tel qu'on l'imagine...* » ; « *Le machiavélisme est vu...* »).

Pour éviter que l'opposition *moyen/fin* soit perçue comme un simple démarquage, nous l'avons reprise, mais en l'expliquant (« *L'autre est manipulé...* »).

Notons à cette occasion l'intérêt pour faire un bon résumé de disposer d'un vocabulaire riche. Des termes comme « *imaginaire* », « *planifié* », « *manipuler* » montrent à la fois que le texte est compris et que le rédacteur maîtrise sa langue.

Nous avons aussi évité la reprise d'une formule comme « *Il est souverain* » (parfaitement maître de soi et du jeu) parce que d'un usage moins courant et donc plus propre à l'auteur que « *maître de soi* ».

▶ RÉSUMÉ EN 80 MOTS

> Comment nos contemporains se représentent-ils le machiavélisme ? Ils ne le limitent pas à l'usage malfaisant de la fourberie. Le Machiavel est perçu comme un homme maître de lui, agissant consciemment et patiemment pour atteindre des buts peu louables. Il suppute, avance masqué, manipule autrui pour le faire entrer dans son piège. De plus son triomphe n'est complet que s'il est reconnu, d'où un certain goût du spectacle, spectacle dont la victime est à la fois le témoin et l'acteur involontaire.

Le recours à un vocabulaire qui ne figure pas dans le texte (« *Il suppute* »... « *manipule* »...) évite l'impression de démarquage.

EXEMPLE N° 3

Dans *La Trahison des clercs* (1927), Julien Benda défend une thèse personnelle sur le rôle des « *clercs* » (mot qui correspond à ce que nous appelons aujourd'hui les « *intellectuels* ») dans la société. Pour lui le clerc ne doit s'inféoder ni à un parti ni à un État car il est avant tout au service de la vérité et de la justice. C'est parce que les penseurs de son temps ne sont pas restés fidèles à cet idéal que Julien Benda les considère comme des traîtres.

Dans le texte qui suit, on veillera à ne pas confondre les passages où il s'exprime en son nom et ceux où il évoque les thèses qu'il combat.

OBJECTIF

- **Faire un résumé en 200 mots.**
- **Faire un résumé en 100 mots.**

La trahison des clercs

3°) L'affirmation que les formes politiques doivent être adaptées à « l'homme tel qu'il est et sera toujours » (entendez insocial et sanguinaire, c'est-à-dire nécessitant éternellement des régimes de cœrcition et des institutions militaires). — Cette application de tant de pasteurs modernes à affirmer l'imperfectibilité de la nature humaine apparaît comme une de leurs attitudes les plus singulières, si l'on songe qu'elle ne tend à rien moins qu'à prononcer l'entière inutilité de leur fonction et à prouver qu'ils ont totalement cessé d'en connaître l'essence. Il est clair que, lorsqu'on voit des moralistes, des éducateurs, des directeurs d'âme patentés, promulguer, devant le spectacle de la barbarie humaine, que l'« homme est ainsi », qu'« il faut le prendre ainsi », qu'« on ne le changera jamais », on est tenté de leur demander quelle est alors leur raison d'être ; et que, lorsqu'on les entend répondre « qu'ils sont des esprits positifs et non des utopistes », « qu'ils s'occupent de ce qui est, non de ce qui pourrait être », on est confondu de les voir ignorer que le moraliste est par essence un utopiste et que le propre de l'action morale est précisément de créer son objet en l'affirmant. Mais on se ressaisit en s'apercevant qu'ils n'ignorent rien de tout cela et savent notamment fort bien que c'est en l'affirmant qu'ils créeront cette éternité de barbarie nécessaire au maintien des institutions qui leur sont chères.

Le dogme de l'incurable méchanceté de l'homme a, d'ailleurs, chez certains de ses adeptes, une autre racine : un plaisir romantique à évoquer la race humaine murée dans une misère fatale et éternelle. De ce point de vue, on peut dire qu'il s'est constitué de nos jours, avec certains écrivains politiques, un véritable *romantisme du pessimisme*, aussi faux dans son absolutisme que l'optimisme de Rousseau et de Michelet en haine duquel il s'est formé, et dont l'attitude hautaine et soi-disant scientifique impressionne grandement les âmes simples. On ne saurait méconnaître que cette doctrine a porté ses fruits hors du monde littéraire et qu'à sa voix s'est levée une humanité qui ne croit plus qu'à ses égoïsmes et n'a pas assez de risées pour les naïfs qui pensent encore qu'elle peut devenir meilleure. Le clerc moderne aura fait ce travail assurément nouveau : il aura appris à l'homme à nier sa divinité. On sent la portée d'une telle œuvre : les stoïciens prétendaient qu'on supprime la douleur en la niant ; la chose est contestable pour la douleur, mais elle est rigoureusement vraie pour la perfection morale.

J'indiquerai encore deux enseignements inspirés aux clercs modernes par leur prédication de l'« État fort », et dont je n'ai pas besoin de dire s'ils sont nouveaux chez des ministres du spirituel.

Le premier est celui par lequel ils déclarent à l'homme qu'il est grand dans la mesure où il s'applique à agir et à penser comme l'ont fait ses ancêtres, sa race, son milieu, et ignore l'« individualisme » ; on sait l'anathème lancé il y a trente ans, lors de l'affaire Dreyfus, par tant de docteurs français contre l'homme qui « prétend chercher la vérité pour son compte », se faire une opinion personnelle, au lieu d'adopter celle de sa nation, à qui des chefs vigilants ont dit ce qu'elle doit croire. Notre âge aura vu des princes de l'esprit enseigner que la forme louable de la pensée est la forme grégaire et que la pensée indépendante est méprisable. Il est d'ailleurs certain qu'un groupe qui se veut fort n'a que faire de l'homme qui prétend penser pour son compte.

Le second est celui par lequel ils enseignent aux hommes que le fait, pour un groupe, d'être nombreux lui constitue un droit. C'est la morale qu'entendent de maint de leurs penseurs les nations surpeuplées cependant que les autres apprennent de maint des leurs que, si elles persistent dans leur faible natalité, elles deviendront l'objet d'une extermination « légitime ». Le droit du nombre admis par des hommes qui se disent relever de la vie de l'esprit, voilà pourtant ce que voit l'humanité moderne. Il est d'ailleurs certain qu'un peuple, pour être fort, doit être nombreux.

Cette religion de l'état des forces et des modes moraux qui l'assurent, les clercs l'ont prêchée aux hommes bien au-delà du domaine politique, mais sur un plan tout à fait général. C'est la prédication du pragmatisme, dont l'enseignement depuis cinquante ans par presque tous les moralistes influents d'Europe est bien un des tournants les plus remarquables de l'histoire morale de l'espèce humaine. On ne saurait exagérer l'importance d'un mouvement par lequel ceux qui, depuis vingt siècles, ont enseigné à l'homme que le critérium de la moralité d'un acte c'est son désintéressement, que le bien est un décret de sa raison dans ce qu'elle a d'universel, que sa volonté n'est morale que si elle cherche sa loi hors de ses objets, se mettent à lui enseigner que l'acte moral est celui par lequel il assure son existence contre un milieu qui la lui conteste, que sa volonté est morale pour autant qu'elle est une volonté « de puissance », que la partie de son âme qui détermine le bien est son « vouloir-vivre » dans ce qu'il a de plus « étranger à toute raison », que la moralité d'un acte se mesure par son adaptation à son but et qu'il n'y a que des morales de circonstance. Les éducateurs de l'âme humaine prenant parti pour Calliclès contre Socrate, voilà une révolution dont j'ose dire qu'elle me semble plus considérable que tous les bouleversements politiques.

Julien Benda, *La Trahison des clercs*,

Examen du texte

L'auteur discute les thèses de ceux qu'il considère comme des traîtres :

1. Thèse selon laquelle la nature de l'homme étant immuable, il est vain d'envisager un progrès quelconque.
2. Thèse affirmant la priorité de la tradition sur la pensée individuelle.
3. Thèse sur la primauté accordée au grand nombre considéré comme donnant des droits.
4. Thèse selon laquelle est moral ce qui est utile.

La discussion des thèses adverses consiste à en faire ressortir les contradictions ou l'impasse à laquelle elles conduisent :

— en niant toute possibilité d'une amélioration, le clerc oublie ce qui constitue la nature même de son rôle (le devoir de contribuer à cette amélioration) ;
— en refusant tout autre critère que l'utilité, la morale de la même manière se nie elle-même.

Dans les dernières lignes, Benda évoque les dialogues de Platon. Dans ceux-ci, Platon met en scène son maître Socrate et les sophistes. Ceux-ci nient la possibilité de définir le Bien et Socrate combat leurs arguments pour montrer la possibilité d'édifier une morale.

Si l'on ramène le texte à ses grandes unités de sens, on obtient donc à première vue un résumé en quatre paragraphes :

1. Critique du fatalisme.
2. Critique du passéisme (attachement excessif au passé).
3. Critique du « vitalisme ».
4. Critique de l'utilitarisme.

Le mot « vitalisme » ne nous satisfaisant qu'à moitié, nous l'avons mis entre guillemets. L'idée est que la force donnée par le plus grand nombre tient lieu de droit. La vérité, la justice s'inclinent devant la vitalité biologique.

On peut envisager de ramener le nombre des paragraphes à trois en regroupant les points 2 et 3.

Les deux premiers paragraphes correspondent à deux causes d'une même attitude fataliste. Il faudra donc les regrouper, mais en faisant ressortir, si le nombre de mots alloués le permet, la nature de ces deux causes :

1. Conservatisme : cela leur permet de souhaiter le maintien d'un système qui les avantage.

2. Un « romantisme du pessimisme ».

Reprise du mot « clerc »

L'auteur emploie trois fois le mot « *clerc* ». Dans les deux premiers emplois, il complète le mot par l'adjectif « *moderne* ».

Il a recours à de nombreux mots ou expressions plus ou moins synonymes, mais comportant parfois une nuance d'ironie :

— pasteurs modernes ;
— moralistes, éducateurs, directeurs d'âmes patentés ;
— ministres du spirituel ;
— docteurs français ;
— princes de l'esprit ;
— penseurs ;
— hommes qui disent relever de la vie de l'esprit ;
— éducateurs de l'âme humaine.

Peut-on reprendre le mot « *clerc* » ? Si l'on part du principe selon lequel le résumé doit être écrit dans la langue du XXe siècle, il ne faut pas reprendre le terme et donc le remplacer par un équivalent moderne. Il sera d'ailleurs difficile d'éviter cette solution dans un résumé court.

Mais Benda utilise volontairement un mot ancien, qui remonte au Moyen Age, en lui donnant un sens particulier. Il serait, d'une certaine façon, dommage de ne pas reprendre ce mot et cela d'autant qu'il figure dans le titre du livre dont on résume un extrait. Il faut donc envisager de le reprendre, mais en s'arrangeant pour montrer qu'il est compris.

Reprise des mots du texte

Nous n'entrerons pas dans le détail puisque nous suivons les mêmes principes que précédemment. Il importe d'éviter le démarquage, mais cela n'implique pas le remplacement systématique de tous les mots du texte par des équivalents.

Dans le dernier paragraphe, l'auteur emploie le mot « *critérium* » que l'on trouve encore aujourd'hui sous la plume des philosophes. Mais partant toujours du principe selon lequel le texte doit être écrit dans la langue du XXe siècle, nous utilisons le mot « *critère* ».

Dans ce même paragraphe figure le mot « *pragmatisme* ». Pour éviter que le correcteur pense qu'il a été repris sans être compris, nous exprimerons autrement l'idée.

▶ Résumé en 200 mots

Quand l'intellectuel — le « clerc » à qui échoit la mission de guider ses semblables — affirme que la nature de l'homme étant immuable, rien ne changera jamais, il trahit la mission qui le définit. Son attitude peut s'expliquer par deux causes : soit il souhaite le maintien d'un ordre social qui lui est favorable, soit il cède à un romantisme se complaisant à présenter l'histoire de l'humanité sous un jour tragique. Mais, quelles que soient ses motivations, en niant la part du divin dans l'homme, il contribue à rendre impossible tout progrès.

La défense de l'État tout puissant conduit à d'autres aberrations. Nous voyons ces « clercs » préconiser la soumission complète de la pensée libre aux vérités intangibles de la tradition. D'autres vont même jusqu'à proclamer que le grand nombre suffit à constituer le droit.

D'une manière générale, nous assistons depuis un demi-siècle à une mutation dans le domaine moral. Le seul critère retenu devient l'utilité. Or le propre de la morale est de définir un idéal qui se situe au-dessus des seules préoccupations pratiques. Cet abandon de ce qui constituait l'essence même de la morale correspond à une profonde révolution.

Examen du résumé

Nous avons opté pour la solution consistant à expliquer rapidement le mot *« clerc »*, ce qui nous a permis de le réutiliser ensuite. Nous aurions pu le réutiliser sans guillemets. Nous avons cependant mis des guillemets parce qu'il s'agit d'un sens particulier à l'auteur. Les guillemets peuvent de plus correspondre à la nuance *« ces prétendus clercs »* souvent présente dans le texte.

Il faut remarquer qu'en expliquant le mot *« clerc »*,

nous n'ajoutons pas au texte puisque les éléments utilisés pour cette explication figurent dans le premier paragraphe.

Il était pratiquement impossible d'éviter la reprise du mot « *romantisme* », mais nous avons évité la facilité qu'aurait constitué la reprise de l'expression « *romantisme du pessimisme* » (qui va se retrouver dans 50 % des copies). Nous avons recours au mot « *tragique* » qui implique à la fois l'idée d'une fatalité et celle d'une perspective peu radieuse.

L'expression « *considérations pratiques* » évite la reprise du mot « *pragmatisme* » et montre au passage que le mot est compris. Par contre, nous n'avons pas hésité à reprendre le mot « *révolution* ».

▶ RÉSUMÉ EN 100 MOTS

Nos intellectuels affirmant que l'homme étant irrémédiablement mauvais, tout progrès est impossible, entrent en contradiction avec leur mission. Pour des raisons diverses, ils nient la possibilité pour l'homme d'atteindre au surhumain et contribuent de ce fait à la stagnation.

Ceux qui proclament la primauté de la tradition sur la pensée individuelle, ou le fait que la force issue du plus grand nombre suffit à constituer le droit ou encore la nécessité pour la morale de s'en tenir au seul critère de l'utilité vont dans le même sens. Ils participent, par cet abandon de tout idéalisme, à une profonde révolution morale.

Examen du résumé

Nous avons dû abandonner l'évocation des deux causes du fatalisme, nous contentant de dire « *Pour des raisons diverses...* »

L'idée de la part du divin dans l'homme est exprimée par le mot « *surhumain* ».

Le mot « *idéalisme* » qui a de nombreux sens en philosophie est pris ici dans son sens moral qui est en même temps le sens courant (le fait de croire à un idéal). Il résume tant bien que mal la croyance en des valeurs supérieures qui ne peuvent être ramenées à un quelconque utilitarisme.

EXEMPLE N° 4

Le texte qui suit est tiré du *Contrat social* de Rousseau. Dans cet ouvrage, Jean-Jacques Rousseau cherche à déterminer sur quoi repose l'autorité des gouvernants. Il écarte différentes hypothèses et en particulier l'idée d'une monarchie de droit divin. Ayant écarté ces hypothèses, ce qui apparaît dans la première phrase du texte, il fait reposer cette autorité politique sur des « *conventions* », c'est-à-dire sur un accord, un contrat.

Le texte qui nous intéresse, tiré d'un chapitre intitulé « De l'esclavage », examine la façon dont ce contrat a pu être conçu. Rousseau écarte la thèse de Grotius (1583-1645), juriste hollandais, selon lequel un peuple pourrait se soumettre de lui-même à la volonté toute puissante d'un souverain.

Dans les chapitres qui suivent le texte étudié, Rousseau montre que le contrat sur lequel se fonde l'autorité politique ne peut être qu'un contrat établi entre des parties égales et qu'il se caractérise par le fait qu'il est révocable par l'une ou l'autre de ces parties.

Comme pratiquement tous les textes proposés en résumé, ce passage est un texte argumentatif, mais l'argumentation est particulièrement serrée. On le constatera en mettant en évidence les nombreux mots-outils qui servent à articuler la démonstration.

OBJECTIF

- **Faire un résumé en 150 mots.**
- **Faire un résumé en 80 mots.**

De l'esclavage

Puisqu'aucun homme n'a une autorité naturelle sur son semblable, et puisque la force ne produit aucun droit, restent donc les conventions pour base de toute autorité légitime parmi les hommes.

Si un particulier, dit Grotius, peut aliéner sa liberté et se rendre esclave d'un maître, pourquoi tout un peuple ne pourrait-il pas aliéner la sienne et se rendre sujet d'un roi ? Il y a bien là des mots équivoques qui auraient besoin d'explication, mais tenons-nous en à celui d'*aliéner*. Aliéner c'est donner ou vendre. Or un homme qui se fait esclave d'un autre ne se donne pas, il se vend, tout au moins pour sa subsistance : mais un peuple pourquoi se vend-il ? Bien loin qu'un roi fournisse à ses sujets leur subsistance, il ne tire la sienne que d'eux, et selon Rabelais, un roi ne vit pas de peu. Les sujets donnent donc leur personne à condition qu'on prendra aussi leur bien ? Je ne vois pas ce qu'il leur reste à conserver.

On dit que le despote assure à ses sujets la tranquillité civile. Soit ; mais qu'y gagnent-ils, si les guerres que son ambition leur attire, si son insatiable avidité, si les vexations de son ministère les désolent plus que ne feraient leurs dissensions ? Qu'y gagnent-ils, si cette tranquillité est une de leurs misères ? On vit tranquille aussi dans les cachots ; en est-ce assez pour s'y trouver bien ? Les Grecs enfermés dans l'antre du Cyclope y vivaient tranquilles, en attendant que leur tour vînt d'être dévorés.

Dire qu'un homme se donne gratuitement, c'est dire une chose absurde et inconcevable ; un tel acte est illégitime et nul, par cela seul que celui qui le fait n'est pas dans son bon sens. Dire la même chose de tout un peuple, c'est supposer un peuple de fous : la folie ne fait pas droit.

Quand chacun pourrait s'aliéner lui-même, il ne peut aliéner ses enfants ; ils naissent hommes et libres ; leur liberté leur appartient, nul n'a droit d'en disposer qu'eux. Avant qu'ils soient en âge de raison le père peut en leur nom stipuler des conditions pour leur conservation, pour leur bien-être ; mais non les donner irrévocablement et sans conditions ; car un tel don est contraire aux fins de la nature et passe les droits de la paternité. Il faudrait donc, pour qu'un gouvernement arbitraire fût légitime, qu'à chaque génération le peuple fût le maître de l'admettre ou de le rejeter : mais alors ce gouvernement ne serait plus arbitraire.

Renoncer à sa liberté, c'est renoncer à sa qualité d'homme, aux droits de l'humanité, même à ses devoirs. Il n'y a nul dédommagement possible pour quiconque renonce à tout. Une telle renonciation est incompatible avec la nature de l'homme, et c'est ôter toute moralité à ses actions que d'ôter toute liberté à sa volonté. Enfin, c'est une condition vaine et contradictoire de stipuler d'une part une autorité absolue et de l'autre une obéissance sans bornes. N'est-il pas clair qu'on n'est engagé à rien envers celui dont on a droit de tout exiger et cette seule condition, sans équivalent, sans échange n'entraîne-t-elle pas la nullité de l'acte ? Car quel droit mon esclave aurait-il contre moi, puisque tout ce qu'il a m'appartient, et que son droit étant le mien, ce droit de moi contre moi-même est un mot qui n'a aucun sens ?

Rousseau, *Du contrat social*,
Livre I, début du chapitre IV.

Examen du texte

Le début du texte fait voir que cette démonstration se situe dans le cadre d'une démonstration plus vaste (« *Puisqu'aucun homme n'a une autorité naturelle sur son semblable* (monarchie de droit divin) *et puisque la force ne produit aucun droit...* »).

Le texte s'articule ainsi :

1. PUISQUE les autres thèses ne tiennent pas, l'autorité politique repose sur des « conventions ».

2. RÉFUTATION DU PARALLÈLE DE GROTIUS (si un individu peut aliéner sa liberté, un peuple peut faire de même) : on débouche sur une contradiction.

3. ABANDON DE LA LIBERTÉ ASSIMILÉ À LA FOLIE (et ne pouvant en conséquence servir à fonder le droit).

4. NOUVEL ARGUMENT : ON NE PEUT ALIÉNER SES ENFANTS (en supposant qu'on puisse s'aliéner soi-même, on ne peut le faire pour d'autres).

5. ABSURDITÉ LOGIQUE DE CET ABANDON (en abandonnant cette liberté, je cesse d'être homme).

6. ABSURDITÉ SUR UN PLAN PRATIQUE : comment imaginer la mise en œuvre d'un contrat entre quelqu'un qui peut tout et quelqu'un qui ne peut rien.

Reprise des mots du texte

Comme il s'agit d'un texte du XVIIIe siècle et que le résumé doit être écrit dans la langue du XXe, on peut penser qu'il y aura lieu de procéder à de nombreuses transpositions. Or ce n'est pas vraiment le cas.

Le mot « *convention* » a conservé son sens d'« *accord* ». « *Aliéner* » reste utilisé dans le sens du texte. Seul le mot « *despote* » a un peu vieilli et nous lui préférons aujourd'hui le mot « *dictateur* ». Nous aurons donc un problème : faut-il conserver la couleur du texte en reprenant le mot « *despote* » ou traduire le mot par son équivalent moderne (dictateur) ?

▶ RÉSUMÉ EN 150 MOTS

Selon Grotius, un peuple peut abandonner sa liberté dans la main d'un roi comme un esclave peut abandonner la sienne dans celle de son maître. Mais il y a là une absurdité. L'esclave procède à un échange — sa liberté contre sa prise en charge — alors que le tyran prend au peuple à la fois sa liberté et son bien. Un tel abandon serait folie et ne peut donc fonder le droit. De plus, même en supposant que l'on puisse vendre sa liberté, il est impossible de vendre celle de ses enfants qui sont nés libres et peuvent seuls, une fois adultes, disposer de leur liberté.

En fait cette liberté est inhérente à la nature humaine et il est impossible de rester homme en y renonçant. Sans compter qu'un contrat entre quelqu'un qui peut tout et quelqu'un qui ne peut rien est une absurdité.

Examen du résumé

Nous n'avons pas repris « *aliéner* » ; préférant montrer que le texte est compris, nous optons pour « *abandonner sa liberté* », « *vendre sa liberté* ». En fin de compte, nous avons remplacé « *despote* » par « *tyran* » qui reste plus dans la tonalité du texte que « *dictateur* ».

Le recours à un vocabulaire précis (« *inhérente à la nature humaine* ») permet d'économiser des mots.

Nous avons été obligé d'abandonner certains points de l'argumentation. Ainsi, nous laissons de côté la fin de l'argument sur les enfants (pour que l'argument tienne, il faudrait une remise en cause à chaque génération, mais on ne serait plus alors dans un régime despotique). La déperdition est encore bien plus forte dans le résumé qui suit, mais nous avons privilégié, comme il faut toujours le faire, la démarche d'ensemble.

▶ Résumé en 80 mots

> Un peuple ne peut abandonner sa liberté à un roi comme un esclave abandonne la sienne à un maître. Cet échange sans compensation serait folie et ne peut donc fonder le droit. Et même si ce peuple pouvait ainsi s'aliéner, il ne pourrait pas engager les générations futures! En fait, l'homme ne peut s'imaginer sans la liberté et un contrat entre un homme tout puissant et un être réduit à l'état d'objet est une absurdité.

Examen du résumé

Nous avons cette fois repris le mot « *aliéner* » mais en l'intégrant dans un contexte qui permet de montrer qu'il est compris.

La déperdition est forte mais la structure de l'argumentation demeure. A noter au passage que, dans un texte fortement argumentatif comme celui-ci, il serait pratiquement impossible de ne pas suivre l'ordre du texte.

Exercice

Le premier résumé laisse complètement de côté un paragraphe entier du texte et donc l'idée qui y est développée. Identifiez cette idée et reprenez le résumé proposé de manière à l'intégrer.

Quel est l'élément du second résumé qui fait qu'il échappe à ce reproche d'être incomplet ?

L'ENTRAÎNEMENT

1. Entraînement et exercices

2. Autres types d'exercice

3. La maîtrise de la langue

4. L'acquisition d'une culture générale

5. Index des auteurs étudiés

6. Index des problèmes de méthode

7. Index des matières

1
ENTRAÎNEMENT ET EXERCICES

Si vous avez suivi les conseils donnés au début de cet ouvrage sur la nécessité de faire les exercices correspondant à la rubrique « OBJECTIFS » avant de lire les corrigés, vous pouvez vous dispenser de lire le chapitre qui suit. Mais, si vous faites partie des 98 % qui ne l'ont pas fait, vous pouvez continuer la lecture.

La nécessité d'un entraînement

Il faut regarder du côté des musiciens, des danseurs ou des sportifs de haut niveau. Ceux-ci ne peuvent donner une impression de facilité qu'au prix d'un travail acharné de tous les jours. Ainsi, un pianiste professionnel est quotidiennement devant son piano au moins six heures par jour.

Toutes proportions gardées, il en va de même pour le résumé. Il ne s'agit pas bien sûr d'y travailler sur le même rythme que notre musicien. Mais la performance ne peut être réussie qu'au terme d'exercices répétés.

C'est pourquoi il est aberrant, comme cela se produit parfois, d'organiser une formation sur le résumé une semaine avant l'examen. Tout enseignement a besoin d'être digéré et complété par un entraînement.

Pour que cet entraînement soit bénéfique, il est nécessaire qu'il soit évalué. C'est pourquoi, il vous faut trouver soit un professeur de français compétent, soit un cours par correspondance susceptible d'évaluer votre travail et de vous fournir des corrigés.

Pour ce qui est de la formation permanente, il existe dans les différents ministères, des organismes de formation qui corrigent vos prestations et vous fournissent le suivi pédagogique nécessaire. A titre d'exemple, le fonctionnement remarquable des organismes de formation dépendant de l'administration de la poste ou des télécommunications.

Cette nécessité d'un entraînement pour acquérir un tour de main est fondamental et c'est pourquoi nous nous permettons d'insister lourdement. Dans les conditions de l'examen, vous perdez une partie de vos moyens. Il faut donc compenser cette diminution de votre efficacité en acquérant de véritables réflexes ; c'est-à-dire des aptitudes à réagir sur lesquelles l'émotion n'a pas de prise.

Si vous n'avez pas suivi les conseils donnés en début d'ouvrage sur la nécessité de s'exercer avant de lire les corrigés, vous pouvez vous rattraper en faisant les exercices suivants.

Exercices tous niveaux

On peut distinguer deux niveaux :

— niveau 1 : seconde, première, concours administratifs de la catégorie B ;

— niveau 2 : terminale, concours, concours administratifs de la catégorie A.

Les exercices qui suivent peuvent être faits par les candidats de ces deux catégories, mais les candidats du groupe 2 diviseront le temps alloué par deux.

I. Résumé en une phrase (30 minutes par texte)

1. Résumez en une phrase le texte « Les foyers de l'histoire » situé page 104

2. Idem pour « Les nouveaux bureaucrates », page 116.

3. Même chose pour « Fonction politique de la manifestation », page 159.

4. Toujours résumé en une phrase pour « Les risques pédagogiques de l'informatique », page 170.

5. Faites de même pour « Le despotisme démocratique », page 181.

6. Ramenez à une phrase « Le risque écologique », page 258.

II. Classement des exemples (30 minutes par exercice)

1. Classez les éléments relatifs à la servitude d'une part et au despotisme d'autre part en fonction des données fournies par le tableau des pages 186-188.

2. Énumérez et classez les exemples contenus dans les paragraphes 4 et 5 du texte des pages 275-276. Comme pour le cas précédent, vous pouvez imaginer différents types de classement.

III. Organiser un paragraphe (30 minutes par exercice)

1. Organisez en un seul paragraphe les éléments contenus dans la rubrique ci-dessus intitulée « La nécessité d'un entraînement », page 323.

2. Organisez en un seul paragraphe les éléments contenus dans l'introduction de ce livre.

3. Organisez un paragraphe d'une cinquantaine de mots au maximum pour le résumé de la page 122.

4. Ramenez à un seul paragraphe le résumé de la page 155.

5. Organisez en un paragraphe l'ensemble des conseils donnés sur le traitement des exemples dans le chapitre 4 de la seconde partie, à partir de la page 195.

IV. Enchaînement des paragraphes

1. Établissez une liste de cinquante termes, expressions, procédures diverses utilisés dans ce livre pour assurer les transitions. Ce relevé peut être fait dans notre commentaire, dans les textes proposés ou dans nos résumés.

2. A partir de journaux ou de livres, établissez une liste de 100 mots ou expressions servant à assurer la transition. Classez ces mots ou expressions en fonction de la relation logique établie (opposition, cause à conséquence, similitude, concession, restriction du champ, etc.).

V. Résumé en trois heures

Ces résumés seront donc faits en trois heures pour les candidats du groupe 1 et en une heure trente et même en une heure pour les candidats du groupe 2 (voir p. 324-325).

Procurez-vous quatre livres dont la lecture vous permettra d'améliorer votre culture générale. Nous donnons les titres dans leur ordre de parution, mais non dans l'ordre où ils doivent être étudiés. Il est, en effet, préférable d'étudier Rousseau en dernier.

- ***Du contrat social*, Jean-Jacques Rousseau, 1762, Livre de poche-Pluriel.**
- ***Le Romancier et ses personnages*, François Mauriac, 1933 (chez Buchet-Chastel et Presses Pocket).**
- ***Race et histoire*, Claude Lévi-Strauss, 1961, Gallimard-Folio.**
- ***L'Exil intérieur*, Roland Jaccard, 1975, Seuil-Points.**

Pour vous retrouver dans les conditions de l'examen, vous pouvez photocopier les pages concernées et les agencer sur des feuilles de format 21 x 29,7.

➡ Travail sur *Race et histoire* de Lévi-Strauss

1. Résumez en 200 mots l'ensemble constitué par les 4 premiers paragraphes du chapitre 3 (« L'ethnocentrisme »), c'est-à-dire jusqu'à *« qui croit à la barbarie »*.

2. Résumez en 250 mots le chapitre 5 (« L'idée de progrès »).

3. Résumez en 200 mots le chapitre 7 (« Place de la civilisation occidentale »).

4. Résumez en 200 mots le chapitre 9 (« La collaboration des cultures »).

5. Résumez en 200 mots le chapitre 10 (« Le double sens du progrès »).

➡ Travail sur *Le Romancier et ses personnages* de François Mauriac

1. Résumez en 200 mots les premières pages du livre (jusqu'à « *ce que racontent les grandes personnes* », p. 101 en Buchet-Chastel et p. 36 en Presses Pocket.

2. Résumez en 150 mots depuis « *En ce qui me concerne...* » (p. 107 en Buchet-Chastel et p. 40 en Presses Pocket) jusqu'à « *centrer autour d'une autre âme* » (p. 112 en Buchet-Chastel et p. 44 en Presses Pocket).

3. Résumez en 200 mots depuis « *Si le romancier...* » (p. 119 en Buchet-Chastel et p. 49 en Presses Pocket) jusqu'à « *sur sa joue brûlante* » (respectivement p. 124 et p. 53).

4. Résumez en 200 mots depuis « *Derrière le roman...* » (p. 142 en Buchet-Chastel et p. 66 en Presses Pocket) jusqu'à « *les êtres qu'il enfante* » (respectivement p. 147 et p. 70).

5. Résumez en 200 mots le début de « L'éducation des filles », développement figurant dans le même ouvrage. Depuis « *Lorsqu'on m'a demandé...* » (p. 163 en Buchet-Chastel et p. 83 en Presses Pocket) jusqu'à « *que de perdre son bourreau* » (p. 174 en Buchet Chastel et p. 91 en Presses Pocket).

VI. Résumé en deux heures

Comme précédemment, la durée du temps alloué doit être divisée par deux pour les catégories « supérieures » (terminales, classes préparatoires, concours administratifs de catégorie A).

➡ Travail à partir de *L'Exil intérieur* de Roland Jaccard

1. Résumez en 150 mots depuis « *Il y a presque un*

siècle... » (début de « Le dernier des hommes », p. 13) jusqu'à « *et sa grande solitude* » (fin de rubrique en page 19).

2. Résumez en 100 mots depuis « *La jeunesse écrivait...* » (début de « Névrose et civilisation », p. 27) jusqu'à « *contraire à la civilisation* » (fin de rubrique p. 30).

3. Résumez en 200 mots depuis « *L'homme de la modernité* » jusqu'à « *et son propre corps* » (fin de rubrique p. 52).

4. Résumez en 150 mots depuis « *L'observateur moderne...* » (p. 58) jusqu'à « *de l'ordre public* » (fin de rubrique p. 62).

VII. Résumé en une heure

1. Extrait de *L'Exil intérieur*. Résumez en 80 mots depuis « *Au moindre danger...* » (p. 97) jusqu'à « *à l'intérieur de ces murs* » (fin de rubrique p. 99).

➡ Travail sur *Du contrat social* de Rousseau

Toujours en une heure. Les références de page sont données en référence à la collection Livre de poche-Pluriel. Dans le cas où vous possédez d'autres éditions, les références de chapitre peuvent vous suffire pour localiser le passage concerné.

1. Résumez en 50 mots le chapitre 3 du Livre I (« Du droit du plus fort »), pp. 164-166.

2. Résumez en 80 mots le chapitre 6 du Livre I (« Du pacte social »), pp. 177-181.

2. Résumez en 80 mots le chapitre 11 du Livre II (« Des divers systèmes de législation »), pp. 238-241.

4. Résumez en 50 mots le chapitre 9 du Livre III (« Des signes d'un bon gouvernement »), pp. 284-286.

2
AUTRES TYPES D'EXERCICE

Nous évoquerons rapidement trois autres types d'exercice correspondant à une contraction de texte, mais qui se distinguent du résumé :

— l'analyse,
— la synthèse de documents,
— la contraction croisée.

L'ANALYSE

Le mot « analyse » pour désigner cette épreuve n'est pas particulièrement bien choisi puisqu'il s'agit, en fait, d'une synthèse.

Rappelons la différence entre « analyse » et « synthèse ». Le mot « analyse » correspond à une décomposition d'un ensemble en ses éléments fondamentaux. Ainsi, celui qui décompose l'eau en hydrogène et en oxygène procède à une analyse. De la même manière, celui qui, avant de passer à la rédaction du résumé, isole les grandes unités de sens du texte de départ fait une « analyse ».

A l'opposé, celui qui obtient de l'eau à partir d'oxygène et d'hydrogène procède à une synthèse. Il en va de même pour celui qui rédige un résumé. A partir des éléments épars issus de l'analyse, il aboutit à une unité. Le début du mot « synthèse » provient du grec *sun*, qui signifie « avec », d'où l'idée de réunion, de convergence, d'unité.

Celui qui fait une « analyse » (dans la terminologie des examens) agit comme celui qui fait un résumé. Il ne fait une analyse (dans le sens traditionnel du terme) que dans la phase préparatoire. La seconde partie de son travail est une synthèse.

Pourquoi a-t-on appelé « analyse » ce qui est en fait une synthèse ? Cette question n'a pas une grande importance. Il importe surtout pour nous de savoir ce qui est attendu d'un candidat à qui l'on demande de faire une analyse. La question est spécialement intéressante dans les concours où il est demandé à ce candidat de faire successivement un résumé et une analyse du même texte.

L'analyse se distingue du résumé sur deux points :

— la réduction du texte est faite en troisième personne. Ce n'est plus l'auteur qui parle (réduction en première personne) mais une tierce personne qui rend compte ;
— le rédacteur de l'analyse n'est pas contraint de « suivre l'ordre du texte ».

La rédaction en troisième personne

Ne pensez plus comme pour le résumé « Je suis l'auteur à qui on a demandé de condenser son texte ». Vous êtes maintenant dans la situation d'un journaliste qui rend compte. Il faudra donc, au début de l'analyse, situer le texte et donner le nom de son auteur. A titre d'exemple, se reporter aux corrigés ci-dessous.

Ne suit pas l'ordre du texte

Le rédacteur n'est plus astreint à rendre le mouvement de la pensée de celui qui a rédigé le texte de départ. Il doit rendre compte du contenu du texte, mais avec une plus grande liberté dans l'agencement des matériaux.

En ce sens, l'analyse est plus synthétique encore que le résumé. Elle permet aussi de mieux s'assurer que le texte de départ a été compris.

Du fait de cette grande liberté dans la répartition des matériaux, nous conseillons la procédure consistant à commencer l'analyse par une phrase rendant compte de la totalité du texte. Dans notre premier exemple, nous utilisons deux phrases correspondant aux deux centres d'intérêt s'imbriquant dans le texte de départ. Mais les premières lignes de l'analyse rendent bien compte de l'ensemble du texte.

Comme pour le résumé, le rédacteur de l'analyse s'interdit tout apport d'éléments personnels. Toujours dans le même esprit, il s'interdit des commentaires d'ordre stylistique. Cependant, il peut souligner la façon dont l'auteur organise son argumentation. Il pourra écrire, par exemple, « *L'auteur étaye sa thèse sur trois exemples empruntés à l'histoire de la Suisse...* »

Deux exemples permettront de comprendre en quoi l'analyse se distingue du résumé. Ils se rapportent à des textes étudiés dans les pages précédentes.

Analyse du texte « L'habit fait le skieur »

Le texte analysé ici figure page 148.

Dans un article paru dans *Le Monde* du 23 janvier 1991, intitulé « L'habit fait le skieur », Annie Kahn évoque la concurrence entre les nouveaux matériaux utilisés pour la fabrication des vêtements de sport. A ce tableau s'ajoute une réflexion sur la créativité dans l'entreprise moderne.

Le premier de ces matériaux — dans le temps et pour l'occupation des marchés — est le Gore Tex dû à un ingénieur américain. Il a le mérite de laisser sortir l'humidité produite par la transpiration tout en empêchant l'humidité venue de l'extérieur de pénétrer. Par des procédés différents, ses concurrents, le Sympatex qui se fait une place sur les marchés européens et l'Isofilm, produit japonais encore marginal, arrivent au même résultat.

La naissance du Gore Tex montre en quoi la lourdeur des structures d'une grande entreprise peut contrecarrer la créativité. Son inventeur, pour mettre en œuvre ses idées, a, en effet, dû quitter la grande firme où il travaillait. Tout à l'opposé, le Sympatex est né dans le cadre d'une grande firme et grâce à la mise en relation d'ingénieurs travaillant dans des secteurs différents.

Remarques sur cette analyse

Les deux problèmes (concurrence des produits et créativité dans l'entreprise) qui sont entremêlés dans le texte et dans le résumé sont ici séparés. Pour chacun d'entre eux, nous avons recours à une phrase dans le paragraphe d'introduction. Après le paragraphe servant d'introduction (et résumant l'ensemble du texte), chacun de ces problèmes se voit consacrer un paragraphe.

Comme on peut le constater, l'analyse rend bien compte de l'esprit de synthèse du candidat puisqu'elle rend impossible tout démarquage.

Autre exemple

Cette analyse se rapporte à « Éloge de l'âge », texte figurant page 94.

> Dans cet extrait de *Éloge de l'âge*, Christian Combaz attire l'attention sur la récente et importante transformation à laquelle on assiste dans la manière dont les vieux sont perçus et dans la façon dont ils se perçoivent eux-mêmes. Son exposé s'articule sur l'opposition entre les vieux d'autrefois et les nouveaux vieux.
>
> Les vieux d'autrefois acceptaient leur âge et la société les aidaient à le faire puisque la vieillesse y était envisagée d'une manière positive. Christian Combaz évoque à ce propos le souvenir de son grand-père et de ses grands-oncles ; il estime avoir eu de la chance en étant mis ainsi en rapport avec des vieillards de cette espèce en voie de disparition.
>
> Les nouveaux vieux ont perdu cette authenticité. Ils refusent leur âge et cherchent à nier l'évidence, se voulant non pas des vieux mais des adultes prolongés. Conditionnés par les médias, ils se meuvent dans les stéréotypes et n'ont plus le rayonnement des vieux d'autrefois. Ce faisant, ils s'adaptent, il est vrai, à une société qui n'envisage plus les choses et les individus qu'en termes de rentabilité.

Remarques sur cette analyse

— La première phrase résume l'ensemble du texte.

— La seconde phrase souligne la façon dont s'organise l'exposé.

— Les paragraphes 2 et 3 correspondent aux deux termes de la grande opposition qui structure le texte.

— Si le nombre de mots alloués était moindre, il serait possible de supprimer la seconde phrase du deuxième paragraphe. Mais, dans ce cas, ce deuxième paragraphe manquerait de consistance. Il faudrait donc envisager de le regrouper avec le paragraphe suivant.

— Il serait possible d'organiser les matériaux autrement. Après le paragraphe d'introduction, un paragraphe pourrait être consacré à l'opposition « anciens vieux/nouveaux vieux » (dans la façon dont ils se comportent ou se comportaient). Le troisième paragraphe serait, lui, organisé sur l'opposition entre l'ancienne façon de considérer les vieux et la nouvelle.

LA SYNTHÈSE DE DOCUMENTS

La synthèse de documents est une contraction de texte portant non pas, comme le résumé, sur un seul texte, mais sur plusieurs textes ou documents qui peuvent être de nature très différente.

Nous disons « textes et documents » car il peut s'agir d'autre chose que des textes ; par exemple, des tableaux statistiques ou des dessins peuvent s'ajouter aux textes.

Le principal problème est celui du temps. Il faut une certaine aptitude à absorber rapidement une grande quantité d'informations. A dire vrai, on ne peut vraiment y réussir que si l'on se trouve déjà plus ou moins en pays de connaissance. D'où l'importance de posséder une vraie culture générale et d'avoir à l'esprit un cadre théorique pour les principaux problèmes.

Tout ce qui a été dit pour le résumé est réutilisable pour la synthèse de documents. Le « *travail sur le texte* » permet de mettre en évidence les grandes unités de sens et de voir un peu plus clair dans la masse des matériaux fournis.

La seule différence concerne le plan du texte d'arrivée c'est-à-dire de la synthèse rédigée. Il n'est plus possible de retrouver la structure du texte de départ puisqu'il existe plusieurs textes ou documents de départ. Cette dernière partie du travail s'apparente beaucoup plus à l'analyse. Il faut donc dégager le problème dominant et évoquer les réponses qui y sont faites.

A noter que la synthèse de documents ne correspond pas exactement aux mêmes exigences selon les concours. Il est donc nécessaire, tout spécialement dans ce cas, de suivre les conseils donnés au début de ce livre : il faut se procurer les instructions officielles définissant l'épreuve et les rapports de correction des années précédentes. On ne peut vous les refuser, mais il est vrai que certains organismes sont mieux organisés que d'autres sur ce point.

Nous rappelons aussi que vous avez le droit de voir votre copie en cas d'échec et de prendre connaissance des corrections qui ont été portées. C'est un moyen de progresser et, même s'il faut vaincre l'inertie administrative pour y arriver, insistez pour savoir comment votre travail a été évalué.

Mais le problème principal reste à résoudre : comment acquérir cette aptitude permettant de percevoir très vite les lignes de force des textes et documents, à dégager l'idée principale et la problématique ? La réponse est simple : en faisant beaucoup de résumés. Il faut de plus une bonne maîtrise de la langue française et une solide culture générale. Nous consacrerons quelques lignes à ces deux questions.

La contraction croisée

La contraction croisée qui apparaît dans quelques concours de haut niveau consiste à faire un résumé ou une analyse (renseignez-vous selon les cas) dans une langue étrangère à partir d'un texte en français.

Mis à part le fait que le texte d'arrivée est dans une langue étrangère, il n'y a donc pas de différence avec les exercices traditionnels. Tous les conseils donnés dans ce livre conviennent donc.

3
LA MAÎTRISE DE LA LANGUE

Pour plusieurs raisons, la rédaction d'un bon résumé requiert une bonne maîtrise de la langue française.

Cette maîtrise est tout d'abord nécessaire pour bien comprendre le texte de départ et éviter la faute, en général fatale, qu'est le contresens.

La maîtrise de la langue est tout aussi utile quand il s'agit de reformuler. Nous ne pensons pas seulement à la nécessité de remplacer un mot du texte par un autre ; cette maîtrise permet surtout de trouver des expressions permettant de remplacer avec pertinence plusieurs éléments du texte.

Pour améliorer sa maîtrise de la langue, il est nécessaire de posséder quelques outils et de faire un travail systématique. Nous nous permettons de renvoyer sur ce point aux dernières pages de *Tester et enrichir son vocabulaire* de Paul Désalmand (Marabout Service n° 104).

4

L'ACQUISITION D'UNE CULTURE GÉNÉRALE

Il n'est pas possible de faire un bon résumé sans un minimum de culture générale. Cette affirmation se vérifie encore plus pour la synthèse de documents.

Cela n'est pas évident pour tous les candidats. Nombre d'entre eux pensent que le texte de départ leur fournit des matériaux avec lesquels il leur sera toujours possible de se débrouiller. En réalité, les choses se passent différemment. Le temps s'envole si vite le jour de l'examen qu'il est difficile de faire un bon résumé à partir d'un texte portant sur des réalités que l'on ignore complètement. L'expérience prouve que l'on ne fait un bon résumé que sur une question que l'on connaît bien.

Nous n'avons pas le loisir de vous indiquer ici, dans le détail, comment acquérir une solide culture générale. Nous voudrions seulement, en partant de notre expérience de membre de jury, aller à l'encontre d'une idée reçue sur la question. Quand on leur demande comment ils se cultivent, de nombreux candidats aux concours administratifs répondent « En lisant les magazines et les journaux ». Ils suivent, ce faisant, les conseils de leurs professeurs.

Eh bien non. On ne se cultive pas en lisant seulement les quotidiens et les magazines. Nous irons même jusqu'à dire que cette presse n'est vraiment utile sur le plan culturel qu'aux gens qui sont déjà cultivés.

Sans négliger cette lecture, utile pour se tenir au courant de l'actualité, il faut lire et lire attentivement, des ouvrages fondamentaux. Sur chaque problème, il vaut mieux lire un livre essentiel que de grapiller çà et là des bribes de savoir. Commencez déjà par lire avec soin les livres conseillés page 327.

INDEX DES AUTEURS ÉTUDIÉS

Le chiffre indiqué dans cet index correspond à la première page relative à l'auteur étudié.

Alain : 238
Ariès, Philippe : 227
Benda, Julien : 305
Bensaïd, Norbert : 274
Cesbron, Gilbert : 67, 88
Cohen, Albert : 74
Combaz, Christian : 93
Crozier, Michel : 115
Favre, Pierre : 158
Ferro, Marc : 103
Freinet, Célestin : 78
Friedmann, Georges : 292
Jaccard, Roland : 59
Kahn, Annie : 147
Lacouture, Jean : 245
Lagadec, Patrick : 257
Lefort, Claude : 298
Leiris, Michel : 203
Lenoir, René : 212, 232
Lussato, Bruno : 169
Mendras, Henri : 124
Messadié, Gérald : 134
Pascal, Blaise : 267
Platini, Michel : 196
Rousseau, Jean-Jacques : 315
Tocqueville, Alexis de : 180

INDEX DES PROBLÈMES DE MÉTHODE

Un numéro de page est en gras quand un exemple ou un chapitre est consacré au sujet.

Abréviation : 38
Alinéa : 44, 223
Analyse : 331-336
Classement des informations : 62, 71, 119-120, 189-190 (voir aussi « Plan, Structure » et « Proportions dans la réduction du texte »)
Connexions, enchaînements, transitions : 30, 85, 132, **251-280**
Contraction croisée : 338
Décompte des mots : **36-37** (voir « Nombre de mots »)
Démarquage : 19, 23, 38
Écriture : 42
Exemples (traitement des) : 25, 77, 110, 133, **185-220**, 235, 241, 243, 247
Idées personnelles : 14, 123, 271, 333
Idée principale en une phrase : 22, 48, 56-58, 59-64, 228, 335
Nécessité de rédiger dans la langue du XXe siècle : 184, 289-290, 310-311, 318
Ligne directrice, accessoire : 22, 24-25, 70
Mouvement du texte : (voir « Ordre du texte »)

Nombre de mots du résumé : 36-37, 112, 144, 208-209
Ordre du texte, ordre du résumé (déplacement d'éléments) : 14-15, 23-25, **113, 183**, 122-123, 383 (analyse)
Paragraphe :
— nombre de paragraphes : 44, 103, 124, 130, 138, 153, 162-167
— résumé paragraphe par paragraphe : 17, 19, 85, 173-175, 185
— articulation des paragraphes entre eux : 30, 85, 132, **251-280**
— liaisons à l'intérieur du paragraphe : **221-250**
— construction du paragraphe : 22, 23, **221-250**, 251-280 (enchaînements)
— faux-paragraphes : 28, 30, **221-224**
Parenthèses : 38
Phrases courtes : 31-32, 225-226
Phrase (résumé en une) : 31, 48, 56-58, 59-64, 228, 335
Plan, Structure : 24-30, 48, 50, 80-83, **113-183**
Possibilité de dire « Je » : (voir rubrique suivante)
Première personne (rédaction en) : 14, 182
Présentation : **41-46**, 222-223
Proportions dans la réduction du texte : 13, 25-26, 27, 66
Proportions (respect des) : 25-27, 66, 201-202
Références : 36
Reprise des mots du texte : 38-39, 65, 70, 122, 271, **281-291**, 318-319
Résumer tout le texte : 22
Sigles : 37
Signalisation sur le texte : 49, **85-112**
Sous-titre : 45
Style : 33
Synthèse de documents : 336-337
Titre : 35, 48
Unité de sens : 17, 19, 22
Vocabulaire : 108-109, 184-185, 339 (voir aussi « Reprise des mots du texte)

INDEX DES MATIÈRES

Abondance (société d') : 233-237
Amour : 75-77
Art : 170-172
Autorité politique : 315-320
Bien-être : 180-193
Bureaucratie : 116-123
Chômage : 292-297
Communication : 116-123
Confort : 180-193
Consommation (société de) : 233-237
Contraception : 275-280
Créativité : 148-157
Cultures (rencontre des) : 203-211
Démocratie : 180-193
Déontologie : 245-249
Écologie : 257-266
Économie : 233-237
Éducation : 169-179, 239-244
Encroûtement : 79-84
Enfant : 169-179, 239-244
Engagement (de l'écrivain) : 305-314
Entreprise : 116-123
Esclavage : 315-320
Europe : 203-211
Expériences (faire des) : 79-84
Fin (et moyens) : 68-73, 298-304, 305-314
Football : 196-202
Grandeurs naturelles (et d'établissement) : 268-273
Histoire (manières d'envisager l') : 103-112
Informatique (dans l'éducation) : 169-179
Intellectuel : 305-314
Inventions : 134-146
Journalisme : 245-249

Liberté : 315-320
Machiavélisme : 298-304
Manifestations : 159-168
Médecine : 213-220
Médias : 94-102, 275-276
Mère : 75-77
Morale (voir aussi « Fin »)
— morale professionnelle : 245-249
— morale et art : 305-314
Mort : 214
Organisation (de l'entreprise) : 116-123, 148-157
Passion : 239-244
Paysans : 125-133
Pédagogie : 78 (voir aussi « Éducation »)
Phrase journalistique : 31-32
P.N.B. : 233-237
Politique : 68-73, 159-168, 180-193, 298-304, 315-320
Rang social : 268-273
Rentabilité : 213-220, 233-237
Repliement sur soi : 60-66
Schizoïdie : 60-66
Ski : 148
Sport : 196-202
Textile : 148-157
Tiers monde : 63
Torture : 68-73
Travail : 292-297
Vieillesse : 94-102
Violence : 196-202

Au catalogue Marabout

■ *AIDE SCOLAIRE*

- Amancy N. - Ventura T.
  50 modèles de dissertations
  8002 40-0631-8 M9
- Anglard V.
  50 modèles de commentaires composés
  8000 40-0625-0 M12
- Bled
  Dictionnaire d'orthographe
  MS86 40-3086-2 M6
- Boillot H.
  50 modèles de dissertations philosophiques
  8022 40-1077-3 M12
- Bled - Bénac
  Guide d'orthographe
  8008 40-3084-7 M6
- Caparros C.
  Guide de calcul
  8007 40-3082-1 M6
- Clément E..
  Comment passer un examen oral
  8019 40-0997-3 M7
- Clerc G.
  50 modèles de résumés de textes
  8001 4[illegible]26-8 M9
- Désalmand P.
  Tester et enrichir son vocabulaire
  8012 40-0589-8 M9
- Franlain
  100 dictées pièges
  8010 40-0279-6 M7
- Gourmelin M.-J. - Guédon J.-F.
  Les 100 clés du succès aux examens et concours
  GM96 40-0009-7 M7
- Hongre B.
  25 modèles d'explication de texte et de lecture méthodique
  8021 40-1069-0 M12
- Jacquenod R.
  100 expressions latines usuelles traduites et expliquées
  MS1205 40-0902-3 M7
  La ponctuation maîtrisée
  8017 40-0993-2 M9
  Tester et enrichir son orthographe
  8016 40-0874-4 M9
- Jouette A.
  Les pièges du français actuel
  MS125 40-0668-0 M9
- Latapie H.
  Guide pratique de la classe de seconde
  8620 40-1335-5 N
- Lebouc G.
  Tous les verbes français
  1253 40-0912-2 M4
- Le Bras F.
  Les règles d'or pour rédiger un rapport, un mémoire, une thèse
  4165 40-11286-8 M7
- Petit K
  Le dictionnaire des citations du monde entier
  7000 40-0161-6 M9
- Play Bac
  1000 questions d'anglais
  MS1530 40-0698-7 M6
  1000 questions de géographie
  MS1536 40-0745-6 M6
  1000 questions d'histoire
  MS1537 40-0746-4 M6
  1000 questions de philo
  MS1531 40-0699-5 M6
  1000 questions pièges en français
  MS1532 40-0700-1 M6

1000 questions sur les écrivains
MS1534 40-0708-4 M6

1000 questions sur les œuvres
MS1535 40-0744-9 M6

1000 citations à retrouver
MS1533 40-0706-8 M6

- Schuler H.

50 grandes dates de l'histoire mondiale
8529 40-1172-2 N

- Von der Weid J.-N.

Formules de chimie
8029 40-1261-3 N

Formules de maths
8027 40-1258-9 M6

Formules de physique
8028 40-1259-7 N

- Weil M.

Comment acquérir une super-orthographe
4138 40-0873-6 M9

Comment devenir un as en calcul mental
4162 40-1137-5 M7

- Younes G.

Le dictionnaire des synonymes
7002 40-2040-0 M9

- **Réussir la philosophie au bac**
8609 40-1210-0 M9

3/95

IMPRESSION : BUSSIÈRE S.A., SAINT-AMAND (CHER). — N° 1618
D. L. JUIN 1994/0099/213
ISBN 2-501-01631-9
Imprimé en France